本书系浙江省哲学社会科学规划课题成果（课题编号20NDJC354YBM）

全域旅游视域下
文化旅游资源开发与利用

Development and Utilization of
Cultural Tourism Resources from the Perspective
of Holistic Tourism

苏永华　　王美云◎著

ZHEJIANG UNIVERSITY PRESS
浙江大学出版社
·杭州·

图书在版编目（CIP）数据

全域旅游视域下文化旅游资源开发与利用 / 苏永华，
王美云著. —杭州：浙江大学出版社，2024.1
ISBN 978-7-308-24180-9

Ⅰ．①全… Ⅱ．①苏… ②王… Ⅲ．①民族文化－旅
游资源－资源开发－研究－中国 Ⅳ．①F592.3

中国国家版本馆 CIP 数据核字（2024）第 007645 号

全域旅游视域下文化旅游资源开发与利用

苏永华　王美云　著

责任编辑	李海燕
责任校对	董雯兰
责任印制	范洪法
封面设计	雷建军
出版发行	浙江大学出版社
	（杭州市天目山路 148 号　邮政编码 310007）
	（网址：http://www.zjupress.com）
排　　版	杭州好友排版工作室
印　　刷	浙江新华数码印务有限公司
开　　本	710mm×1000mm　1/16
印　　张	13.5
字　　数	242 千
版 印 次	2024 年 1 月第 1 版　2024 年 1 月第 1 次印刷
书　　号	ISBN 978-7-308-24180-9
定　　价	49.00 元

序　言

　　文化与旅游,如同两片相互交织的彩云,两者相互交融、相得益彰,共同谱写着一幅绚烂多彩的人类历史画卷。文化是民族的灵魂,是传承的瑰宝,为人们提供着精神归属,也为旅游提供了内在价值。在游览过程中,人们通过触碰文化的根脉,感受历史的厚重,领略着那些经典和传承背后的价值意蕴。旅游是文化的载体,是人类心灵的放飞之地,通过旅游,人们跨越时光,穿越历史,体验不同地域、不同民族的文化魅力。

　　如今,人们在旅游过程中不再仅仅是单纯地游览风景,更是感受源远流长的历史文化底蕴,体验文化传承的生命力。文化为旅游提供了内在的丰富性和深度,旅游也成就了文化的传承与创新。正如古人云:"行万里路,读万卷书。"只有身临其境,才能对一种文化有更深刻的认知和体验,而恰恰是旅游这一令人身心愉悦的形式,让人们在充分领略不同文化风采和拓宽心灵视野的同时,亦增进了对社会文化的理解。文化与旅游密不可分,它们共同构成了一个国家、一个民族的精神家园,也成就了世界各地文化的多彩风景线。

　　文化旅游资源是连接历史与现实、承载传统与创新的桥梁。作为一个国家或地区的历史、文化、传统的具体体现,文化旅游资源具有较高的经济价值。在全球化浪潮的今天,文化旅游资源的开发与利用已越来越成为地方乃至国家实现经济、文化、社会全方位发展目标的重要抓手,具有相当的现实价值和战略意义。在全域旅游时代,文化旅游资源开发与利用对满足游客需求、促进旅游业转型升级、提升目的地旅游竞争力、保护和传承文化遗产以及促进地方可持续发展而言更是意义非凡。本书从文化旅游资源概念内涵入手,对资源评价、开发利用模式与经验、效应评估等多方面进行了研究,涵盖了从理论研究到实践指导的全方位内容。

　　首先,本书从内涵与构成、评估与优化、社区发展、开发与利用、保护与可持续发展五个方面系统梳理了文化旅游资源的相关研究,在全面了解的基础上建立起清晰的认知框架。其次,本书提出了由文化品质、旅游体验和市场潜力为主要构成维度的文化旅游资源评价指标体系,并利用模糊层次分析法进行了权重测算,为文化旅游资源的开发与利用提供了量化的价值评估方案。然后,本书着重探讨了文化旅游资源的开发与利用模式,基于博物馆文化旅游资源、城市会奖文化旅游资源以及乡村文化旅游资源的专题研究和案例研究,分析了不同类型文化旅游资源开发与利用的特点,并提出针对性的开发策略,在拓展发展思路的同时亦引导大家在实践中把握机遇。最后,本书还探讨了文化旅游资源开发利用的效应评估、可持续发展以及国际化问题,以便进一步从全局上更好理解文化旅游资源的开发与利用,并为制定科学合理的策略提供了参考。

在岁月的涤荡下,文化旅游资源如同一颗颗耀眼的明珠,璀璨而珍贵。希望本书能够成为广大从业者、学者们探讨、交流的平台,共同推动文化旅游资源开发与利用的持续繁荣与发展。相信通过共同努力,我国的文化旅游资源也一定能在世界舞台上展现出更加绚烂多彩的光芒,为世界文明的繁荣贡献中华力量。

目　录

第一章 绪 论

　　旅游不仅仅是看风景,更是感受文化的魅力。作为探索、体验和理解不同地区、民族和文化的独特性的一种旅游形式,文化旅游强调游客通过参观博物馆、历史遗迹、文化节庆以及与当地居民的互动来深入了解和体验目的地的独特文化、历史、传统和艺术。这种旅游形式不仅提供了丰富的文化体验,还促进了跨文化理解和文化遗产的保护,使旅行变得更加有教育性和丰富多彩。根据联合国世界旅游组织(World Tourism Organization,UNWTO)的数据,全世界有近四成的旅游包含了文化元素,且文化旅游者正在以年均约 15% 的速度增长,文化旅游已然成为全球旅游业的重要组成部分。

第一节　研究缘起

一、选题背景

(一)文化旅游成为旅游发展的大趋势

　　1985 年,联合国世界旅游组织对文化旅游进行了广义和狭义的界定。广义上理解,文化旅游是"个体为满足各种需求而参与的拓展视野、增长见识和改进所处环境的一切活动";而从狭义上看,其是"人们基于文化动机而发生的移动,诸如研究性旅行、参观历史遗迹、文化旅行、宗教朝圣旅行、表演艺术、研究自然、民俗和艺术、节日以及其他文化事件旅行"。2017 年,在成都召开的世界旅游组织第 22 届全体大会给予了文化旅游新的理解:"文化旅游是旅游活动的一种类型,学习、发现、体验和消费目的地的物质与非物质的文化景点或产品是旅游者的主要参与动机。"①

　　随着全球旅游业的发展和人们对旅游体验需求的不断提升,文化旅游在旅游业乃至世界经济发展中的地位越来越重要。② 文化旅游成为旅游发展的大趋势与诸多因素密切相关:首先,从旅游消费满足来看,随着生活水平的提高和旅游经验的丰富,人们对旅游的需求从单纯的观光向更深入的文化体验转变③,文化旅游正好满足了这种需求变革。随着旅游市场的不断细分,文化旅游也逐渐分化出更多的主题和形式,如历史文化、民俗文化、艺术文化、美食文化等,这些主题和形式的出现,也使得游客能够更加精准地选择适合自己的旅游消费产品。其次,从旅游产品供给来看,文化旅游的兴起为旅游供给方提供了更多的服务选择。一方面,旅游供给方可以通过挖掘和展示当地的文化内涵,开发出更多具有地方特色和文化内涵的旅游产品,以满足游客对文化旅游的需求;另一方面,文化旅游注重深入了解和体验当地的文化,这也为旅游供给方提供了提高旅游服务质量的契机,旅游供给方可以通过更加专业和细致的文化旅游服务,提升游客的满意度和忠诚度。④⑤ 最后,从旅游产业升级来看,文化旅游是旅游业升级的引擎,通过丰富旅游产品、提高服务质量、促进文化交流,可为旅游业和目的地带来巨大的价值,其不仅提高了旅游产业的附加值和竞争力,也助推了旅游产业的升级和转型。随着旅游市场的不断扩大和旅游消费的不断提升,文化旅游也将在需求扩展、技术创新、协同集聚等方面发挥更加重要的作用,进而推动旅游产业向更高端、更多元化的方向发展。⑥

　　当下,游客越来越渴望深入了解和体验不同文化,他们寻求更多的文化体验,包括参观历史遗迹、博物馆、艺术画廊、传统节庆等,以丰富他们的旅游经历。⑦ 与此同时,越来越多的目的地也将文化元素作为吸引游客的关键卖点,

---

　①　World Tourism Organization. Tourism and Culture Synergies[R]. Madrid:UNWTO, 2018.

　②　黄永林.文旅融合发展的文化阐释与旅游实践[J].人民论坛·学术前沿,2019(11):16-23.

　③　卢敦基,马智慧.文旅融合背景下金庸武侠地理学的价值与开发策略[J].浙江学刊,2020(1):55-60.

　④　马衍明,王重谕.成渝地区双城经济圈文旅融合的优化路径研究[J].四川戏剧,2022(10):164-169.

　⑤　魏妮茜,项国鹏."双碳"背景下文旅融合高质量发展的生态体系构建——基于绍兴的实践探索[J].社会科学家,2022(5):38-44.

　⑥　周春波.文化旅游产业融合与产业升级:机理与路径[J].旅游论坛,2018,11(6):12-21.

　⑦　王晓静.人文城市建设视域下的文化和旅游消费[J].江西社会科学,2021,41(9):246-253.

这些地区在推广自身时尤为强调本地文化、传统和特色,以吸引文化旅游者的关注,并在宣传营销上取得竞争优势。① 通过为游客提供丰富、有意义和深刻的旅行体验,文化旅游已经成为世界各地的重要旅游形式和文化交流的重要方式。其不仅推动了旅游业的发展,也有助于保护和传承目的地的珍贵文化遗产,更促进了文化交流和全球文化多样性的保护,呈现出勃勃的发展生机。

(二)文化旅游资源作为文化旅游发展的核心载体

文化旅游资源是文化旅游发展的核心载体,它们为游客提供了深入了解和体验不同文化的机会,亦是支撑文化旅游发展的重要基础与潜力所在。② 古老的城市、建筑、雕塑、绘画和手工艺品是文化旅游的重要资源,它们传递着历史和文化的信息,吸引着游客探寻过去;博物馆和艺术馆展示了丰富的文化藏品,包括艺术品、文物和珍贵的历史文献,游客可以在这些地方深入了解当地文化的精髓;传统节庆、舞蹈、音乐、戏剧和表演艺术亦是文化旅游的重要组成部分,游客可以亲身参与这些活动,体验当地文化的活力和独特之处;此外,一些地区保留了传统的村庄和民俗文化,提供了追溯历史和文化的机会,游客可以在这些地方了解当地的生活方式、手工艺和传统技艺……作为文化旅游发展的核心支撑,文化旅游资源具有重要的经济、文化和社会价值,其满足了游客对文化体验的需求,鼓励了旅游业的多元化,提供了本地化的就业机会,带动了当地社区的繁荣,并在文化遗产的保护和传承、提高文化的国际国内影响力、促进文化交流和理解以及推动地区经济的可持续发展上亦发挥着重要作用。

不同国家和地区都有着丰富多样的文化旅游资源。一些目的地以历史古迹和博物馆为主,而其他有的地方则以传统节庆、手工艺品和自然文化景观为亮点,还有一些地方将文化旅游资源与文化创意产业相结合,创造出独特的文化产品和体验,包括文化表演、艺术展览、文化市集等。随着全域旅游理念的兴起,文化旅游资源的内涵也得到不断拓展。③ 在对文化旅游资源不断挖掘的同时,越来越多的地区也开始注重发展的可持续性,采取了文化遗产的保护

---

① 耿松涛,张伸阳.乡村振兴背景下乡村旅游与文化产业协同发展研究[J].南京农业大学学报(社会科学版),2021,21(2):44-52.

② 李娜.融合发展:构建"老家河南"文化旅游发展新格局——基于整体论的视角[J].新闻爱好者,2021(12):59-61.DOI:10.16017/j.cnki.xwahz.2021.12.011.

③ 王新歌,张希月,陈田.基于游客的乡愁文化元素认知影响因素研究——以徽州地区为例[J].地理研究,2020,39(3):682-695.

措施,包括限制游客数量、提供教育和培训、推广环保实践,等等。但整体上看,当下文化旅游目的地正不断增加对文化旅游资源的投资,包括历史建筑的修复、博物馆和文化中心的建设以及文化活动的举办等。文化旅游资源和文化旅游线路的开发可谓如火如荼,历史遗迹、博物馆、传统手工艺、传统节庆、表演艺术和自然文化景观等主题的文化旅游有力地吸引着包括历史爱好者、文化探索者等在内的不同类型文化游客。

文化旅游资源的开发和保护可以为多方利益相关者带来多维度的价值,但现实中还存在着文化旅游资源开发不足的问题。[1][2] 这些目的地可能是由于缺乏足够的资金投入到文化旅游资源的开发和维护中,从而限制了资源的吸引力和可访问性;也可能是缺乏有效的管理和规划,无法最大限度地利用文化资源,导致了文化旅游资源的荒废和疏忽;还可能是地方政府或旅游业者未能充分推广文化旅游资源,导致游客流量受限。未充分开发的文化旅游资源可能会浪费地区经济本应具有的潜在机会:如仅仅是依赖于传统的旅游资源,那么目的地就可能错失了吸引不同类型游客的机会。文化旅游资源开发不足还可能导致社区发展机会的错失,这包括改善基础设施、提供教育和培训、支持当地手工艺和创意产业等等。此外,未开发的文化旅游资源可能会面临风化、破坏或消失的风险,如果不采取适当的保护和维护措施,重要的文化遗产甚至会受到灭失的威胁。故而,统筹考虑对文化旅游资源的开发与保护,对于地区的经济、文化和社区发展至关重要。不足的开发可能白白浪费了潜在的机会,而必要的开发则可以促进可持续发展和文化传承,对政府、社区和旅游业者而言,协同努力推动文化旅游资源的有效开发和管理具有积极的现实价值。

二、研究目标

文化和旅游始终是密不可分的,文化景观、景点和活动为旅游提供了重要

---

① 冯亮,党红艳,金媛媛.晋中市红色文化旅游资源的评价与开发优化[J].经济问题,2018(7):92-98.

② 夏宇,刘阳,赵德品.陕西体育文化旅游资源评价与开发研究[J].体育文化导刊,2016(4):122-126+142.

动力,而旅游本身也产生了文化。① 如果说文化是一个国家活力的源泉②,文化旅游的兴起则将成为千年趋势。③ 作为一种占到国际旅游消费人数近四成的旅游类型,文化旅游在地方文化资源挖掘和旅游产品业态提升上所展现的价值,将成为中国特色社会主义进入新时代后应对人民日益增长的美好生活需要和不平衡不充分的发展之间的矛盾的重要支撑。文化旅游逐渐从有形地点的消费转向基于非物质文化和创造力的体验④。这一趋势变化迫使我们必须在已有的更多地倾向于有形文化资源的研究上更进一步。

本研究的主要目标有如下几个方面。

一是文化旅游资源与文化旅游发展评价。在厘清文化旅游资源内涵的基础上,通过定义评价目标、确定评价指标、数据收集和分析、建立权重、建立评估模型等步骤,构建文化旅游资源评价模型,以帮助决策者、投资者和规划者更好地了解和评估文化旅游资源的潜力和可行性。文化旅游资源的开发与利用影响着地方旅游业的发展。本书从文化发展、旅游发展和融合发展三个维度出发,对地方文化旅游发展水平进行评价,旨在检测文化旅游资源开发是否达到预期目标,并发现可能存在的问题,为改进未来的开发策略提供有益参考。

二是文化旅游资源开发利用理论与策略。文化旅游资源开发是一个复杂且具有挑战性的过程,需要考虑多方面的因素,包括文化保护、经济增长、社区参与等。成功的开发可以带来经济增长、文化传承和社会交流的多重益处,同时也是确保文化旅游业可持续发展的关键步骤。基于博物馆旅游资源、城市会奖旅游资源、乡村文化旅游资源的研究,本书进一步明确了文化旅游资源开发利用的影响因素和内在机制,并总结提炼出具有一定代表性的经验做法,在此基础上,通过策略研究,为政府、企业和社区提供决策参考和行动指南。

三、研究意义

在党的十九大报告中,习近平总书记深刻地指出:"没有高度的文化自信,

---

① Richards G. Cultural tourism: A review of recent research and trends[J]. Journal of Hospitality and Tourism Management, 2018, 36: 12-21.

② 邵培仁. 文化产业经营通论[M]. 成都:四川大学出版社,2007:3.

③ Helgadottir G. Issues in cultural tourism studies[J]. 2nd edn. Journal of Tourism History, 2011, 3(3): 339-340.

④ Richards G. Book review[J]. Tourism Management, 2017, 60: 5-6.

没有文化的繁荣兴盛,就没有中华民族伟大复兴。"①中国是拥有 5000 多年历史的文明古国和充满发展活力的东方大国,如何充分挖掘地方异彩纷呈的文化旅游资源,把文化和旅游巧妙结合起来,在传承和弘扬中华优秀传统文化和推动我国文化旅游事业发展迈上新台阶上具有现实意义。

从旅游到文化隔着一座山,这座山是学问。从文化到旅游只差一张纸,这张纸就是市场。文化旅游目的地如何在"纸"上做好文章,值得关注。毋庸置疑,文化如今早已成为游客选择目的地最重要的动机之一,在传统旅游转向文化旅游、物质化文化旅游转向体验化文化旅游的大背景下,在进一步加深文化旅游本质内涵的理解、构建资源和发展水平双重评估框架、寻求文化旅游资源合理利用和有效保护对策等方面,本书研究进一步丰富和拓展了文化旅游和文化旅游资源的理论研究,有着积极的学术研究价值。

从具体实践上看,文化及相关特色产业、旅游产业均是 21 世纪的朝阳产业,随着科技的不断进步和人民生活水平的持续提升,它们还将会不断创新和发展,为人们带来更加丰富多样的文化与旅游体验。在文化赋能、旅游助推的文旅融合发展背景下,深入挖掘、开发、保护与利用地方特色文化资源,对于全方位提升地方文化旅游竞争力,打造新时代文化旅游"金名片"有着重要意义,并在提高旅游品质和游客体验、推动经济发展和社会就业、促进文化传承和创新、增强社会凝聚力和文化自信心、促进跨领域合作和跨界交流上展现出积极的现实价值。本书所涉相关案例和行业研究在实践上亦能为地方进行文化旅游资源开发和发展文化旅游提供有用的决策参考。

第二节 研究设计

一、研究内容

本书研究聚焦文化旅游资源开发与利用、传承与保护问题,具体包含以下几方面的内容:一是在进一步明晰文化旅游的概念、内涵、分类和价值基础上,通过文献梳理,从内涵与构成、评估与优化、开发与利用等方面系统梳理已有

---

① 习近平.决胜全面建成小康社会 夺取新时代中国特色社会主义伟大胜利[N].人民日报,2017-10-28(001).

文化旅游资源研究成果;二是从文化品质、旅游体验和市场潜力三个维度构建文化旅游资源评价指标体系,并采用模糊层次分析法(FAHP)来进行指标赋权和模型实证;三是聚焦全域旅游视域下的文化旅游资源开发实践,通过博物馆旅游资源、城市会奖旅游资源和乡村文化旅游资源研究,探讨体验经济时代文化旅游资源开发的影响因素、内在机制和经验模式;四是在对文化与旅游产业空间互动研究基础上,进一步探索基于文化旅游融合指数的文化旅游发展评价;五是从可持续发展角度寻求文化旅游资源的开发与利用路径,并基于"一带一路"倡议背景,就新时期文化旅游资源"走出去"进行策略探讨。

二、研究方法

本书研究采用了包括文献研究与案例分析相结合、定性分析与定量分析相结合、统计分析与计量分析相结合的多种研究方法。

(一)文献研究与案例分析相结合

在文献研究上,首先,通过查阅图书馆、博物馆、档案馆等相关机构的文献资料,以及利用互联网搜索等手段,收集与文化旅游资源相关的文献资料,包括学术论文、研究报告、书籍、二手数据等。接着,对收集到的文献资料进行仔细阅读和分析,全面了解该领域的研究现状、研究成果和发展趋势,以及文化旅游资源开发、保护和管理的现状和问题。最后将文献资料中涉及的内容进行归纳总结,为研究提供理论依据和参考,与此同时,结合自身实践经验对相关文献进行理解和分析,深化对该领域研究的认识和理解。研究还选取了来自杭州会奖旅游、浦江孝廉旅游的案例,通过这些案例研究,进一步掌握文化旅游资源的开发、保护和管理的具体情况,以及不同地区、不同文化资源背景下的文化旅游资源开发与管理的成功经验与教训。同时,深入挖掘案例所呈现出的文化旅游资源开发与管理的内在规律与趋势,从而为未来的文化旅游资源开发和管理工作提供参考和借鉴。

(二)定性分析与定量分析相结合

在文化旅游资源价值评价上,本研究采用了模糊层次分析法这一定性分析与定量分析相结合的多准则决策方法。在决策过程中,人的主观感受和判断往往会对结果产生重要影响,模糊层次分析法通过数学模型将主观因素转化为定量数据,从而能够更好地反映主观因素的影响。结合专家调查,这一方法通过建立层次结构和构造判断矩阵,为多指标、多因素评价和最优方案选择提供了依据。相比层次分析法,模糊层次分析法在处理复杂问题的决策中更为准确可靠,同时也能更好地考虑主观因素和多维度问题。

(三)统计分析与计量分析相结合

在文化旅游发展水平评价上,本研究采用了主成分分析方法。作为一种统计方法,它通过对原始数据的降维处理,可以用较少的综合指标代替原始数据中众多的指标,从而简化了数据分析和处理的过程,具有降维简化、消除指标间相关影响、减少计算工作量、符合人类的认知习惯、易于解释、提高准确性和稳定性、应用广泛等优势。此外,本书还采用了向量自回归模型、空间杜宾模型等计量分析方法,就相关专题进行了研究。这些计量分析方法一定程度上提升了决策的准确性和可靠性,原因在于其基于数据和事实,通过运用数学模型和统计工具对数据进行处理和分析,能够揭示出变量之间的内在关系和规律,从而为决策提供有力的依据。

三、技术路线

文化旅游资源开发与利用的产生背景是多方面的,它既与旅游业的快速发展、文化遗产保护意识的提高、地方特色的挖掘和传承紧密相连,亦与经济发展的需要以及政府政策的支持等因素密切相关。本书借助性和量化研究方法,从遗产保护、文化旅游发展和可持续发展背景出发,就文化旅游资源开发的概念与内涵、因素与机制、方法与路径等问题展开研究,最终提出面向未来的文化旅游资源开发与利用对策建议。本书研究的技术路线如图1.1所示。

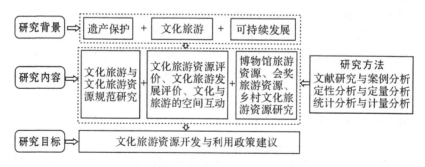

图 1.1 研究技术路线

第二章　文化旅游与文化旅游资源

第一节　文化旅游

一、文化旅游的兴起

旅游业被称为世界上最大的产业,这是由其创造的就业机会及其服务的客户数量决定的。根据世界旅行和旅游理事会 2017 年的数据,在全球范围内,旅行和旅游业在 2016 年就已达 GDP 的 10.2%(7.6 万亿美元),支持了 2.92 亿人就业,占全球工作岗位的十分之一。自 20 世纪 80 年代以来,文化旅游已成为一种全球流行的旅游形式,其在树立国家正面形象、激发民族自豪感、延长游客的平均停留时间,甚至恢复濒临灭绝的传统上的作用也得到广泛认可。

大众旅游一直停滞不前并呈下降趋势,这推动了对替代旅游的探索,包括文化旅游。[①] 事实上,自 20 世纪 80 年代以来,许多工业化的西方城市利用文化娱乐活动来再生其城市地区,这种现象被视为文化导向的旅游发展形式。[②] 到 20 世纪 90 年代,以文化为导向的旅游被纳入欧洲和北美的振兴项目,尤其

---

① Markwick M. Malta's tourism industry since 1985: Diversification, cultural tourism and sustainability[J]. Scottish Geographical Journal, 1999, 115(3): 227-247.

② Pintilii R D, Merciu F C, Peptenatu D, et al. Sports and leisure time tourism——A way of revitalising emergent spaces from the metropolitan area of Bucharest[J]. Analele Universității din Oradea-Seria Geografie, 2011, 2: 323-332.

是城市文化旅游。^① 当前旅游业大众市场已经开始分裂成各种利基,其中文化旅游成为最重要的一个。^② 文化旅游作为历史悠久的旅游类型之一,也是全球旅游中增长最快的部分之一,正在成为当今经济中商业和就业的重要来源。^③ 在旅游业贡献之外,文化游客还可以帮助创造新的创意或信任空间^{④⑤⑥},这使得文化旅游越来越成为大多数旅游目的地的主要部分,学者们也纷纷对文化旅游概念、分类以及相关理论问题给予了关注。^{⑦⑧}

二、文化旅游研究综述

在联合国世界旅游组织看来,文化旅游是人们为满足特定文化动机而从事的文化动机的旅游活动,这些活动可以包括观看表演、参加地方庆祝活动、节日或狂欢节、参观历史或纪念场所、研学旅行、欣赏自然景观和民间艺术以及朝圣。^⑨ 根据上述定义,文化旅游实际上涵盖广泛的文化活动,从休闲文化观光到专注的、参与的学习。在联合国世界旅游组织给予的文化旅游定义之外(广义和狭义的界定参见本书第一章),国际古迹遗址理事会(ICOMOS)也对文化旅游概念进行了界定,认为其是一种将重点置于文化与文化环境上的旅游。这里的文化环境既包括价值与生活方式、目的地景观、视觉与表演艺

---

① Turok I. The distinctive city: Pitfalls in the pursuit of differential advantage[J]. Environment and Planning A, 2009, 41(1): 13-30.

② Richards G. Increasing the attractiveness of places through cultural resources[J]. Tourism Culture & Communication, 2010, 10(1): 47-58.

③ Georgieva B, Oriade A, Rahimi R. The competitiveness of cultural tourism destinations: Case of Stara Zagora in Bulgaria[J]. 2017, 2(14):1-18.

④ Markwick M. Valletta ECoC 2018 and cultural tourism development[J]. Journal of Tourism and Cultural Change, 2018, 16(3): 286-308.

⑤ Richarads G. Cultural Attractions and European Tourism [M]. Wallingford: CABI Publishing, 2001.

⑥ Richards G, Palmer R. Eventful Cities[M]. London: Routledge, 2012.

⑦ Hughes H L. Redefining cultural tourism[J]. Annals of Tourism Research, 1996, 23(3): 707-709.

⑧ Zhu T X, Lu L. Progress of research on cultural tourism in the past decade: A research review of "tourism management"[J]. Annals of "Tourism Research" and "Tourism Tribune". Tourism Tribune, 2005, 20(6): 82 88.

⑨ World Tourism Organization. Identification and Evaluation of Those Components of Tourism Services Which Have a Bearing on Tourist Satisfaction and Which Can Be Regulated, and State Measures to Ensure Adequate Quality of Tourism Services[R]. Madrid: World Tourism Organization, 1985.

术、传统、工业、遗产和东道主社区或当地居民的休闲活动,还包括出席文化活动、参观古迹遗址和博物馆并与当地人民融洽交流。它不应在广泛的旅游活动范围内得到定义,但应包括全体游客在该地点所经历的所有感受,而这些感受往往是其在原有生活环境中并不曾经历的。①

　　文化旅游作为文化和旅游融合的形式已经存在了很长时间,但这种融合长期没有一般或正式的定义。早期这种整合被视为一种特殊兴趣旅游,游客主要是寻求文化体验。② 与休闲旅游相比,文化旅游的区别在于其追求古董或艺术产品的意图以及与目的地相关联的各种类型文化遗产,如语言、宗教、节日、习俗和建筑等。③ 一般来说,这种形式的旅游涉及相同的四个要素:旅游、文化遗产资产的使用、经验和产品的消费以及游客。④ Puchnarewicz 指出了文化与旅游之间的五种关系:旅游是文化的功能,旅游是文化的要素,旅游是文化的信息,旅游是文化之间的相遇,旅游是文化变化的一个因素。⑤

　　Vong 报告了澳门非文化游客和文化游客之间的显著差异:非文化旅客来澳主要是为了购物、赌博和光顾餐厅,而大多数文化游客则是首次抵达、是国际游客,在他们精心策划的旅游行程中,澳门文物古迹占据着主导地位。⑥ 还有一些研究也强调,文化游客不同于休闲观光游客,其不满足于对目的地文化元素的浅层消费,而是对了解目的地并积极寻求文化体验的机会有强烈的

　　① ICOMOS. International cultural tourism charter[EB/OL]. (2011-11-11)[2022-12-15]. https://www. icomos. org/en/179-articles-en-francais/ressources/charters-and-standards/162-international-cultural-tourism-charter.

　　② Dolnicar S. A review of data-driven market segmentation in tourism[J]. Journal of Travel & Tourism Marketing, 2002, 12(1): 1-22.

　　③ Stylianou-Lambert T. Gazing from home: Cultural tourism and art museums[J]. Annals of Tourism Research, 2011, 38(2): 403-421.

　　④ Bowen H E. Cultural tourism: The partnership between tourism and cultural heritage management[J]. Journal of Park and Recreation Administration, 2003, 21(3).

　　⑤ Puchnarewicz E. Dziedzictwo kulturowe regionów świata i jego znaczenie w turystyce[M]. Kraków: Przygotowanie do druku Libron, 2011: 43-44.

　　⑥ Vong F. Application of cultural tourist typology in a gaming destination-Macao[J]. Current Issues in ToQi S, Wong C U I, Chen N, et al. Profiling Macau cultural tourists by using user-generated content from online social media[J]. Information Technology & Tourism, 2018, 20: 217-236. urism, 2016, 19(9): 949-965.

愿望。①② McKercher③ 将文化游客定义为想要参观与文化相关的地方或直接参与体验的人。而 Liu④ 则将文化游客定义为访问其他地区或国家的主要目的是在旅途中享受文化体验的游客,其行程与考古和历史遗迹、宗教中心、表演或节日以及广泛的其他活动相关联。Richards 认为,文化游客是那些到一个特定的目的地旅游,而不是他们的常住地,并在那里停留至少 24 小时但不到一年的人,他们的主要动机往往是收集新的信息和经验,以满足文化需求。⑤ 相关研究表明,虽然文化游客的逗留时间相对短于传统游客,但人均日支出最高。

　　文化旅游似乎是最早的表达和交流目的的流动形式之一,而不仅仅是工具性的。对他人的文化、习惯、习俗和人工制品的兴趣,以及突破知识界限的普遍愿望,是人类本身共同存在的特征。⑥ 从具体形式上看,Rech 研究指出,文化游客对访问地点的历史遗迹、文化遗产、城市景观、文化行程和当地传统显示出偏爱,文化旅游的概念主要与博物馆体验、历史、艺术和纪念碑等有关,其中城堡和教堂尤为突出,这与传统上归因于高雅文化的内容相关联。⑦ 在 Seidl 看来,文化旅游包括了城市徒步之旅、观光/摄影、博物馆/画廊参观、国家公园参观、野生动物观赏以及参加当地音乐/文化活动等诸多形式。⑧ Richards 认为遗产有两种不同的类型,非物质遗产(传统、创造性技能、特定节日和活动)和物质遗产(博物馆、纪念碑、建筑、宗教或军事性质的建筑、传统的和保存完好的村庄和花园等),文化旅游就是一种出于对历史、艺术、科学或遗

---

① Christou E. Heritage and cultural tourism: a marketing-focused approach[M]//International Cultural Tourism. London: Routledge, 2006: 3-15.

② Silberberg T. Cultural tourism and business opportunities for museums and heritage sites[J]. Tourism Management, 1995, 16(5): 361-365.

③ McKercher B. Towards a classification of cultural tourists [J]. International Journal of Tourism Research, 2002, 4(1): 29-38.

④ Liu Y D. Cultural events and cultural tourism development: Lessons from the European capitals of culture[J]. European Planning Studies, 2014, 22(3): 498-514.

⑤ Richards G. Production and consumption of European cultural tourism[J]. Annals of Tourism Research, 1996, 23(2): 261-283.

⑥ Rech G, Migliorati L. Social Representations about cultural tourism in the time of COVID-19: A case study of Langhe, Monferrato and Roero (Italy)[J]. Sustainability, 2021, 13(11): 6301.

⑦ Rech G, Migliorati L. Social Representations about cultural tourism in the time of COVID-19: A case study of Langhe, Monferrato and Roero (Italy)[J]. Sustainability, 2021, 13(11): 6301.

⑧ Seidl A. Cultural ecosystem services and economic development: World heritage and early efforts at tourism in Albania[J]. Ecosystem Services, 2014, 10: 164-171.

产的兴趣而进行的旅游。[①] 在 Lu 和 Liu 看来,文化旅游与传统文化、文物、古建筑、文化名人遗址、名人事迹等旅游吸引物相关。[②] Yeniasır 和 Gökbulut 则认为,文化旅游旨在参观历史遗迹和博物馆,参与当地人的环境,品尝该地区的传统美食。[③] 此外,文化旅游被认为是体验正在消失的生活方式的旅行,以当地色彩和风景如画的环境为主要吸引力,因此此类旅游的吸引力包括观看民间舞蹈表演、品尝当地美食以及购买艺术品、工艺品和外国古玩。[④]

　　总体来看,"文化旅游"一词有许多定义和解释[⑤]和它的用法与许多混乱有关。[⑥] 文化旅游的概念最早是在 20 世纪 70 年代后期在学术上引入的,当时研究人员发现了一个利基市场,他们更喜欢体验文化环境而不是参观大众旅游地点。[⑦⑧] 早期文献将参观自然历史景点视为文化旅游的主要实践,从那时起,更多的研究确定,活动和节日等无形文化资产也是产生文化旅游的景点。在 21 世纪第二个十年之前,文化旅游的学术定义仍是一种类型化的旅游活动。[⑨] 在过去的几十年里,文化旅游定义种类繁多,但大多倾向集中于人们为文化目的而移动的单一概念上。文化旅游作为一种旅游活动,人们在其中的基本动机是学习、发现、体验和消费旅游目的地的有形和无形文化景点/产

①　Richards, Greg, ed. Cultural Tourism in Europe[M]. New York: Oxford University Press, 1996:67.

②　Lu C, Liu S. Cultural tourism O2O business model innovation: A case study of CTrip[J]. Journal of Electronic Commerce in Organizations (JECO), 2016, 14(2): 16-31.

③　Yeniasır M, Gökbulut B. Perception and attitudes of local people on sustainable cultural tourism on the islands: The case of Nicosia[J]. Sustainability, 2018, 10(6): 1892.

④　Nash D. Anthropology of Tourism[M]. Oxford: Pergamon, 1996:5.

⑤　Sofield T H B, Birtles R A. Indigenous Peoples' Cultural Opportunity Spectrum for Tourism (IPCOST)[J]. Indigenous Peoples' Cultural Opportunity Spectrum for Tourism (IPCOST), 1996: 396-433.

⑥　Hughes H L. Redefining cultural tourism[J]. Annals of Tourism Research, 1996, 23(3): 707-709.

⑦　Smith, V. L. Hosts and Guests[M]. Philadelphia: University of Pennsylvania Press, Philadelphia, 1977:1-20.

⑧　Tighe A J. The arts/tourism partnership[J]. Journal of Travel Research, 1986, 24(3): 2-5.

⑨　Istoc E M. Urban cultural tourism and sustainable development[J]. International Journal for Responsible Tourism, 2012, 1(1): 38-57.

品。[①②] 文化旅游还被认为是以当地习惯、语言和其他人文艺术相关资源为特征的旅游活动的发展，因此可以将此类旅游看作精神层面上的一种旅游形式。[③④]

　　Silberberg 将文化旅游定义为"完全或部分出于对社区、地区、团体或机构的历史、艺术、科学或生活方式/遗产的兴趣而由所在社区以外的人进行的访问"[⑤]。Shi 等认为，文化旅游是一种新的旅游形式，它包括参观历史遗迹、欣赏不同国家的艺术、体验传统文化、观看著名文物和参加各种文化活动。[⑥] Richards 指出了文化旅游的概念定义和技术定义：概念定义是指"人们从其正常居住地流向文化景点，目的是收集新的信息和经验以满足其文化需求"，技术定义是指"人们在其正常居住地之外向特定文化景点的所有流动，例如遗产地、文化表现形式、艺术和戏剧"[⑦]。Diaconescu 等认为，文化旅游一方面可以定义为进入文化场所的动机，例如参加艺术节和其他文化场所和活动的旅行，也可以定义为学习的目的。因此，从更广泛的意义上讲，如果现有形式的旅游不能满足人类对多样性的基本需求，从而提高个人发现新知识、经验和遭遇的文化意识，则可以将此类旅游定义为文化旅游。[⑧]

　　国内学术界对于文化旅游的理解也仍未形成统一认识，这也导致了文化

① McKercher B, Wong C, Lau G. How tourists consume a destination[J]. Journal of Business Research, 2006, 59(5): 647-652.

② Richards G. Cultural Tourism: Global and Local Perspectives[M]. Hove: Psychology Press, 2007.

③ Buzinde C N. Theoretical linkages between well-being and tourism: The case of self-determination theory and spiritual tourism[J]. Annals of Tourism Research, 2020(83): 102920.

④ Sacco P L, Ferilli G, Tavano Blessi G. From culture 1.0 to culture 3.0: Three socio-technical regimes of social and economic value creation through culture, and their impact on European Cohesion Policies[J]. Sustainability, 2018, 10(11): 3923.

⑤ Silberberg T. Cultural tourism and business opportunities for museums and heritage sites[J]. Mourism Management, 1995, 16(5): 361-365.

⑥ Shi Y, Gao Y, Cao R. Research on the Construction of Analytic Hierarchy Process of Cultural Tourism Competitiveness[C]//The 4th International Conference on Economy, Judicature, Administration and Humanitarian Projects (JAHP 2019). Amsterdam Atlantis Press, 2019: 853-856.

⑦ Richards G. Tourism attraction systems: Exploring cultural behavior[J]. Annals of Tourism Research, 2002, 29(4): 1048-1064.

⑧ Diaconescu R, Stanciugelu S, Copot D, et al. State and private sector involement in developing and promoting cultural and religious heritage[J]. European Journal of Science and Theology, 2013, 9(3): 207-217.

旅游的概念常被泛化使用,行业边界也异常模糊。① 整体而言,学者们基于各自研究提出的文化旅游定义主要有三类:一是"类型说",这些研究认为文化旅游是一种内容丰富的旅游类型②③;二是"体验说",这一学说下文化旅游被认为是一种深层次的旅游体验④⑤;三是"产品说",将文化旅游视为一种新型旅游产品是这一学说的核心观点⑥⑦。郑哲研究后指出,文化旅游的边界从本质上来看原本就是模糊不清的,事实上,文化旅游已经变成一个"伞形词语",它所涵盖的旅游类型范围异常巨大,包括且不限于民族旅游、历史旅游、艺术旅游等,甚至可以这么理解,一切旅游均包含着一定的文化性,没有文化构成和文化含义的旅游实际上并不存在。⑧

三、文化旅游的内涵界定

本书对文化旅游理解是一种广义视角的文化旅游,认为文化旅游是旨在深入了解、体验和尊重不同地区、社区或国家的文化、遗产、艺术、习俗、宗教、语言和生活方式的一种旅游活动。它包括与当地居民互动,参观和体验历史遗迹、博物馆、艺术展览、宗教场所、传统节庆和手工艺品市场等,目的是更好地理解和欣赏当地的文化特质并实现自我休闲与成长。

值得注意的是,对文化旅游采取广义定义,将文化旅游视为人们为了收集信息和享受新体验以满足其文化需求而从通常居住地前往其他目的地的活动。那么文化旅游能够涵盖的活动类型就相当广泛,包括参观博物馆、纪念碑、考古遗址等,参加表演和音乐艺术节和演出,接受历史名城和文化遗址的导游服务,以及参加具有非物质文化遗产代表性的庆祝活动和活动等。此外,将文化游客界定为在旅行中至少停留一晚的人且其动机本质上是文化性的,

---

① 李刚.京津冀城市群区域文化旅游竞争力评价及对策[J].社会科学家,2022(4):68-74.

② 马勇,王宏坤.基于全产业链的我国文化旅游发展模式研究[J].世界地理研究,2011,20(4):143-148.

③ 贺小荣,陈雪洁.中国文化旅游70年:发展历程、主要经验与未来方向[J].南京社会科学,2019(11):1-9.

④ 谢彦君,周广鹏.旅游文化及其相关范畴、命题的理论透视[J].旅游科学,2012,26(1):26-35.

⑤ 王英杰,张苏秋.文化符号对城市经济增长影响的实证研究[J].经济与管理研究,2017,38(5):24-33.

⑥ 蒙吉军,崔凤军.北京市文化旅游开发研究[J].北京联合大学学报,2001(1):139-143.

⑦ 王京传,赵修华.我国茶文化旅游的发展[J].中国茶叶,2005(6):22-23.

⑧ 郑哲.文化旅游的符号建构[J].四川大学学报(哲学社会科学版),2013(5):90-95.

即旅行过程中的文化参与或文化消费，这理所当然也绝不排除那些将文化访问与其他休闲活动结合起来的人——所谓的"杂食性旅游者"。[①]

第二节　文化游客主要类型

一、国外文化游客分类研究

Christou 认为，有兴趣参观遗产地的游客往往年龄更大也更富有，他们对可以提供教育经验的活动感兴趣。但是，将游客分类到合适的文化领域是非常具有挑战的，因为访问注意力和行为通常由多种原因驱动，游客经常以混合形式展示他们的访问意图。[②] 研究人员质疑所有自称文化游客或被认定为文化游客的人是否具有相同的文化兴趣深度，从而质疑他们是否构成一个同质的群体，文化游客的类型学议题由此提出。

McKercher[③] 和 Du Cros[④] 基于 Timothy[⑤] 的工作开发和评估了另一种文化游客类型学，其从两个维度对文化游客进行分类：文化作为他们访问动机的中心地位和他们所寻求的体验深度。研究揭示了五种类型的文化游客（见图 2.1）：对文化具有高度中心地位并寻求具有深刻文化体验的目的性文化旅游者；中心性高但满足于浅层体验的观光文化游客；具有适度中心地位并且也在寻找浅层体验的休闲文化游客；中心性低且并不真正寻求文化体验的偶然文化游客；最后，对意外的文化游客而言，文化在他/她的动机中也很低，如果有的话也就是碰巧在目的地遇到了有意义的文化体验。

---

① Herrero-Prieto L C, Gomez-Vega M. Cultural resources as a factor in cultural tourism attraction：Technical efficiency estimation of regional destinations in Spain[J]. Tourism Economics，2017, 23(2)：260-280.

② Christou E. Heritage and cultural tourism：A marketing-focused approach[M]//International Cultural Tourism. London：Routledge, 2006：3-15.

③ McKercher B. Towards a classification of cultural tourists[J]. International Journal of Tourism Research, 2002, 4(1)：29-38.

④ McKercher B, Du Cros H. Testing a cultural tourism typology[J]. International Journal of Tourism Research, 2003, 5(1)：45-58.

⑤ Timothy D J. Tourism and the personal heritage experience[J]. Annals of Tourism Research, 1997, 24(3)：751-754.

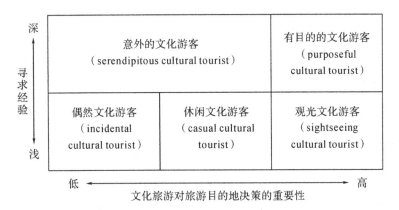

图 2.1　文化游客类型

具体来看,"有目的的文化游客"(高中心性/深度体验)追求各种文化体验,主要目的是在访问目的地时了解他人的文化和遗产,并具有深层次的文化体验。"观光文化游客"(高中心性/浅体验)以了解他人的文化和遗产为主要原因,但追求以娱乐为基础的体验。"休闲文化游客"(适度的中心性/浅层体验)出于文化旅游以外的原因参观文化景点,并追求浅层文化体验。"偶然文化游客"(中心性低/体验浅),其文化旅游参与率低于"休闲文化游客",偶然参观文化旅游景点,文化体验深度浅。最后,"意外的文化游客"(低中心性/深度体验)原本没有文化旅游的目标,但他们深刻地体验文化。在 McKercher 看来,前四种类型包括了任何目的地的绝大多数文化游客,但事实上,观光型文化游客可能比有目的的文化游客更常见,因为大多数游客都是享乐者,而不是人类学家。

Qi 等[①]使用文本挖掘技术分析从 TripAdvisor 收集的用户生成的内容数据,对评论作者可能所属的文化旅游类型进行了分类,其对 McKercher 的分类研究形成了进一步的阐释:一是观光文化游客(sightseeing cultural tourist,简称 SiCT),参观一些著名的遗产似乎是这群游客的主要动机,因为他们的文化体验相当狭窄和肤浅;二是有目的的文化游客(purposeful cultural tourist,简称 PCT),有目的的文化游客的主要动机是让自己接触到深刻的文化体验,这种类型的文化游客更喜欢参观多个遗产景点,包括建筑物、博物馆、教堂和

---

① Qi S, Wong C U I, Chen N, et al. Profiling Macau cultural tourists by using user-generated content from online social media[J]. Information Technology & Tourism, 2018, 20: 217-236.

寺庙；三是意外的文化游客(serendipitous cultural tourist,简称 SeCT),这种类型的游客一开始不是出于文化原因旅行,但最终却有深刻的临时文化旅游体验；四是偶然文化游客(incidental cultural tourist,简称 ICT),文化旅游在偶然文化游客的目的地决策过程中没有发挥任何有意义的作用,事实上,他们可能只是偶然到访；五是休闲游客(casual tourist,简称 CT),这种类型的游客可以说是对文化和遗产的兴趣有限,因为他们不寻求真正的文化体验。五种文化旅游类型之间没有年龄、性别和地域差异,但大多数是以观光为目的的文化游客。

González Santa Cruz 等研究确定了三个具有不同动机的旅游集群,分别为替代游客、自然遗产的被动游客以及文化和自然遗产的积极游客。其中寻求文化和自然遗产的游客群体最具代表性,这部分汇集了更大比例的国际游客,他们具有更高的学历,对目的地经济发展产生了更大的影响并作出了贡献——更高的收入贡献、更高的平均每日支出以及更多的过夜住宿次数。[①]

此外,参考 McKercher 文化旅游类型学模型,Hurtado 等[②]研究发现,地质旅游也包括五种类型,分别为有目的的地质旅游者(非常高的动机/积极的体验)、有意的地质旅游者(高动机/积极体验)、意外的地质旅游者(中等动机/积极体验)、附带的地质旅游者(低动机/积极体验)、偶然的地质旅游者(低动机/消极体验)。其中,有目的的地质游客是最常见的类型,这与 McKercher 的文化旅游人类学研究结果迥异——观光游客是最常见的类型。

二、国内文化游客分类探索

国内学者也尝试对文化旅游者进行了分类。余召臣指出,文化旅游发展背景下当地居民常也以旅游者类似的方式消费旅游目的地,因此传统型文化旅游的"居民"和"游客"二分法分类不能解决居民和游客之间的重合问题。[③] 彭惠军等利用聚类分析得出,寺庙旅游者可以分为开光客、虔诚香客、许愿游

① González Santa Cruz F, Torres-Matovelle P, Molina-Molina G, et al. Tourist clusters in a developing country in South America: The case of Manabí Province, Ecuador[J]. Sustainability, 2019, 11(16): 4329.

② Hurtado H, Dowling R, Sanders D. An exploratory study to develop a geotourism typology model[J]. International Journal of Tourism Research, 2014, 16(6): 608-613.

③ 余召臣. 新时代文化创意旅游发展的内在逻辑与实践探索[J]. 四川师范大学学报(社会科学版),2022,49(2):80-87.

客、许愿香客以及观光游客五种类型。① 林晓洁和陈钢华利用 Chen 和 Huang 改进后的文化游客分类方法（有目的的、偶然的、观光的和休闲的文化游客）②，利用名人中心性与旅游体验深度将女性粉丝游客划分为铁杆粉丝型、走马观花型、败兴而归型和喜出望外型四类。③

第三节　文化旅游资源

一、文化旅游资源价值理解

文化旅游的发展历程是一个丰富多彩的过程。从古代的宗教朝圣到当代的多元化体验，无不反映出人类对文化和历史的永恒兴趣和热爱。文化旅游早期被认为是一种针对受教育程度较高的个人的旅游形式。如今，文化已然成为一个流行的旅游主题，文化旅游也为人们提供了新的选择和机会，并创造了新的文化身份、习俗和关系。文化景点是文化旅游者访问目的地的主要原因，其为游客提供了了解和欣赏一个地方本质的机会：文化旅游体验的消费者被目的地的一系列有形和无形产品所吸引，包括历史、艺术、建筑、音乐、文学、传统和烹饪遗产。④ 在有些学者看来，文化旅游者的旅游目的就是发现文化景点，这包括了历史城市、考古遗址、纪念碑和博物馆等，这些游客着迷于文化景点的真实性和独特性，而以博物馆为代表的文化旅游资源则被定义为城市旅游的有效营销工具和城市发展的旗舰。⑤

1964 年，欧洲委员会的一个工作组提出了一系列欧洲文化路线的想法，主要目标是通过旅行提高人们对欧洲文化的认识，建立文化旅游网络，并利用欧洲文化遗产作为刺激社会、经济和文化发展的手段，从而提高当地人民的生

---

① 彭惠军，黄翅勤，罗文，王鹏.佛教寺庙旅游者类型研究——基于观察法的实证分析[J].旅游科学，2012，26(2)：50-58＋66.

② Chen G, Huang S. Towards an improved typology approach to segmenting cultural tourists [J]. International Journal of Tourism Research, 2018, 20(2): 247-255.

③ 林晓洁，陈钢华.影视名人的女性粉丝游客：类型与特征[J].旅游学刊，2022，37(6)：121-134.

④ Richards G. Cultural tourism: A review of recent research and trends [J]. Journal of Hospitality and Tourism Management, 2018, 36: 12-21.

⑤ Jansen-Verbeke M, Van Rekom J. Scanning museum visitors: Urban tourism marketing[J]. Annals of Tourism Research, 1996, 23(2): 364-375.

活质量。然而,这一想法直到 20 世纪 80 年代才随着圣地亚哥·德·孔波斯特拉朝圣者之路的建立才实现。[①] 文化旅游路线的开发有赖于文化旅游资源的支持。Terzi 等指出,城市是人类文明的物理和空间表征,旅游规划者可以识别城市中的文化资产并将其转化为旅游景点。[②] Liu 亦指出,城市文化旅游就是一种将城市文化资产转化为旅游景点的旅游,被认为是一种针对受教育程度较高的个人的旅游形式。[③] 在 Lin 等看来,开展以当地文化资源为主题的旅游活动将是未来旅游决策的发展选择之一。[④]

文化资源涵盖了人类历史进程中所积累的各类物质与非物质的文化财富,是凝聚着无差别劳动的物质产品与精神产品;而旅游资源则可被视为基于功能属性的资源概念,是指某一地区存在的各种事物和因素的总和,包括自然和人文旅游资源,其可以吸引游客并可以被旅游业利用,进而产生经济、社会和环境效益。文化旅游是以语言、人文等特色资源为景点,将旅游活动和文化发展融为一体的旅游现象,是一种长期建构的生活方式。[⑤][⑥] González Santa Cruz 等研究指出,可以从服务、该地区的吸引力以及可达性和基础设施三个维度对旅游资源进行评价。以马纳比为案例的研究表明,游客访问原因越多

[①] 圣地亚哥·德·孔波斯特拉朝圣者之路是世界文化遗产之一。早在中世纪时期,这条路线便是成千上万虔诚朝圣者们的终极目标,他们为了到达西班牙的圣地亚哥·德·孔波斯特拉,必须穿越法国。这条路线上的各种教堂、修道院、学校、医院、旅馆、桥梁、支石墓、小路等共 78 处被列入世界遗产项目,其中包括已单独列入世界文化遗产的圣米歇尔山、韦兹莱大教堂、亚眠大教堂、布尔日大教堂。

[②] Terzi F, Türkoğlu H D, Bölen F, et al. Residents' perception of cultural activities as quality of life in Istanbul[J]. Social Indicators Research, 2015, 122: 211-234.

[③] Liu S T. Comparing the perspectives of municipal tourism departments and cultural departments on urban cultural-tourism development [J]. Journal of Destination Marketing & Management, 2020, 16: 100432.

[④] Lin H H, Chen I Y, Lu S Y, et al. Can cultural tourism resources become a development feature helping rural areas to revitalize the local economy under the epidemic? An exploration of the perspective of attractiveness, satisfaction, and willingness by the revisit of Hakka cultural tourism[J]. Open Geosciences, 2022, 14(1): 590-606.

[⑤] Buzinde C N. Theoretical linkages between well-being and tourism: The case of self determination theory and spiritual tourism[J]. Annals of Tourism Research, 2020, 83: 102920.

[⑥] Sacco P L, Ferilli G, Tavano Blessi G. From culture 1.0 to culture 3.0: Three socio-technical regimes of social and economic value creation through culture, and their impact on European Cohesion Policies[J]. Sustainability, 2018, 10(11): 3923.

样化,旅游资源的感知价值就越大,且有助于提升目的地的形象。① 文化旅游资源为地方和国家旅游业吸引力提供了更多可能。从广义上讲,文化旅游资源就是能够为游客提供文化体验的旅游资源,包括文物、建筑物、遗址和具有历史、艺术、科学价值的文物,以及口头传统和表现形式、表演艺术、社会习俗、仪式、节日、实践经验和知识、手工艺品等。对旅游者而言,无论是作为访问的具体目标还是作为逗留期间要进行的活动的一部分,文化旅游资源都决定了部分游客流和个人在计划旅行时的偏好。②

国际古迹遗址理事会(ICOMOS)认为,文化资源包括一个社区的所有有形的和无形的遗产以及生活文化元素。文化旅游侧重于不同的目的地、景点或体验元素,作为旅游的一种类型和利基行业,注重可持续性、数量较少以及提供真实而有意义的体验是其重要特点。③④ 文化旅游行程中描述的许多活动都涉及与地方资源的互动,游客通过访问实现了文化的体验。一个共同的立场是,作为知识资源的文化遗产应该通过旅游媒介转化为资本,也即是说旅游业当仁不让是文化价值开发应用的核心场域。⑤ Xiang 和 Wall 在提及文化遗产旅游原则时亦指出,以文化或自然遗产资源为基础是首要原则。⑥

二、文化旅游资源分类

中国文化旅游资源众多,它们承载着中华五千年的传统文化,具有民族特色、地域特色、独特的文化吸引力,在人们了解历史、了解家乡,增强民族凝聚

---

① González Santa Cruz F, Torres-Matovelle P, Molina-Molina G, et al. Tourist clusters in a developing country in South America: The case of Manabì Province, Ecuador[J]. Sustainability, 2019, 11(16): 4329.

② Guccio C, Lisi D, Mignosa A, et al. Has cultural heritage monetary value an impact on visits? An assessment using Italian official data[C]//ACEI: ACEI Working Paper Series AWP-10-2016. Melbourne: Association for Cultural Economics International, 2017.

③ Hurtado H, Dowling R, Sanders D. An exploratory study to develop a geotourism typology model[J]. International Journal of Tourism Research, 2014, 16(6): 608-613.

④ Stone P. Niche tourism: Contemporary issues, trends and cases[J]. Journal of Vacation Marketing, 2005, 11(2): 191.

⑤ Graham B. Heritage as knowledge: Capital or culture? [J]. Urban Studies, 2002, 39(5-6): 1003-1017.

⑥ Xiang Y, Wall G. Heritage conservation and local communities: Pressing issues in the developing countries[C]//The Proceedings of the 3rd Sino-Korea International Tourism Conference, 2005.

力、文化认同感以及自信心和自豪感上发挥重要作用。①② 在文化旅游资源概念理解上,章怡芳认为,文化旅游资源是指人类所创造的能够吸引旅游者的文化资源总和,能诱发旅游动机和旅游行为,并使旅游者获得物质享受和精神文化满足。③ 陈丽军等研究了农耕文化旅游资源,认为其是指对旅游者具有吸引力的农耕文化因素。④

孙培贤等按照建筑设施、自然、生产生活、民俗风情等不同旅游文化属性对其进行了归类(见图2.2)。⑤ 刘新秀等从物质和非物质文化遗产的视角对乡村文化旅游资源进行了分类(见图2.3)。⑥ 简王华将民族文化旅游资源的概念界定为以民族村寨为核心载体的各种事物和因素,其涵盖范围较为广阔,从类型上看,包含了社会生活民俗、游艺生活民俗、物质生活民俗和心意生活民俗等人文资源,还包括了具有民族文化特质的自然与生态环境等。⑦ 孙春等在界定京杭运河生态体育文化旅游资源时指出,文化旅游资源是多元化的资源总称,主要包括世界文化遗产旅游资源、生态体育文化赛事资源以及冰雪文化旅游资源等,是提升民众获得感与幸福感的重要载体。⑧

---

① Guilarte Y P, González R C L, Quintá F X A, et al. Heritage information system to promote cultural tourism and the use of digital mapping in primary and secondary schools[C]//Cultural and Tourism Innovation in the Digital Era: Sixth International IACuDiT Conference, Athens 2019. Basel: Springer International Publishing, 2020: 17-35.

② Zheng X. Countermeasures for development of Fujian cultural tourism based on SWOT analysis[C]//3rd International Conference on Culture, Education and Economic Development of Modern Society (ICCESE 2019). Amsterdam: Atlantis Press, 2019: 2125-2128.

③ 章怡芳.文化旅游开发中的资源整合策略[J].思想战线,2003(6):58-61.

④ 陈丽军,夏庆利,王庆.农耕文化旅游资源开发的模式分析[J].湖北农业科学,2012,51(4):862-864.

⑤ 孙培贤,卜俊,周涛.基于旅游文化资源分析的厦门旅游纪念品设计研究[J].包装工程,2023,44(4):343-350.

⑥ 刘新秀,徐珊珊,曹林奎.崇明岛乡村文化旅游资源及其开发策略研究[J].上海农业学报,2018,34(5):126-132.

⑦ 简王华.广西民族村寨旅游开发与民族文化旅游品牌构建[J].广西民族研究,2005(4):187-191.

⑧ 孙春,林志刚,陈浩.京杭运河生态体育文化旅游资源开发研究[J].山东体育学院学报,2019,35(4):66-70.

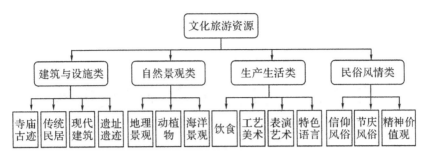

图 2.2 文化旅游资源分类

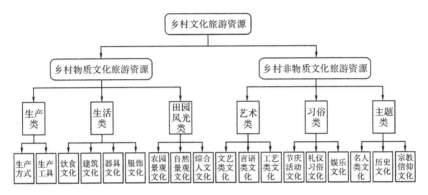

图 2.3 乡村文化旅游资源分类

三、文化旅游资源内涵界定

综上,本书对文化旅游资源作如下界定:文化旅游资源是一种特定地区或目的地的可视、可触及的非物质或物质性元素,这些元素包括但不限于历史遗迹、文化景观、传统手工艺、艺术表演、文化节庆、民间传统、博物馆、图书馆、档案馆、文化遗产、文化景点和文化活动等,通常反映了一个社会或群体的历史、价值观、传统和创造力,具有吸引游客、促进文化交流与理解、推动地方经济发展和保护文化遗产的作用。显而易见,文化旅游资源在旅游业中扮演着重要的角色,不仅有助于吸引游客并丰富他们的旅游体验,同时也有助于文化的传承和保护。

第三章　文化旅游资源研究进展

　　自 20 世纪 80 年代以来,文化旅游在国际旅游市场日渐兴盛并逐步成为消费主流。文化游客被认为是一个重要且独特的细分市场,这一群体的旅游动机不仅是身体的滋养和放松,更包含了当地文化与遗产景点的亲近与交流,因此也被视为以体验为导向的旅游阶层。[1] 实际上,大多数休闲游客在观赏各种景点之余也在寻求一种融入当地历史与当地文化的感觉——即便其文化消费是次要的,故也可视为一般文化游客。[2] 对旅游目的地而言,文化旅游是不容忽视的关键组成部分,并被视作应对旅游产品标准化、同质化和商品化威胁和对抗游客数量停滞或下降、替代目的地引致的竞争加剧的重要法宝。[3][4] 不仅如此,文化旅游还被认为是用于抵消旅游目的地季节性的主要资源之一。[5]

　　互联网沟通的便利性导致了各国旅游决策和产业发展模式的差异越来越小,而随着旅游产品同质化程度的加剧和旅游目的地独特差异的消失,游客的旅行意愿也越来越难以被激发。[6] 人们参加旅游活动需要受到旅游景点的某些吸引因素的刺激,但随着生活质量的提高和旅行时间的缩短,越来越多的人

---

① Tighe A J. The arts/tourism partnership[J]. Journal of Travel Research, 1986, 24(3): 2-5.

② Jovicic D. Cultural tourism in the context of relations between mass and alternative tourism [J]. Current Issues in Tourism, 2016, 19(6): 605-612.

③ Edensor T. Performing tourism, staging tourism: (Re) producing tourist space and practice [J]. Tourist Studies, 2001, 1(1): 59-81.

④ Cetin G, Bilgihan A. Components of cultural tourists' experiences in destinations[J]. Current Issues in Tourism, 2016, 19(2): 137-154.

⑤ Vergori, A. S., Arima S. Cultural and non-cultural tourism: Evidence from Italian experience[J]. Tourism Management, 2020, 78 (6): 104058.

⑥ Nazmfar H, Eshghei A, Alavi S, et al. Analysis of travel and tourism competitiveness index in middle-east countries[J]. Asia Pacific Journal of Tourism Research, 2019, 24(6): 501-513.

希望探索或体验不同民族文化的魅力,他们的精神和文化需求不再停留在纯粹的智力层面。[1][2] 在目的地进行的难忘和愉快的活动、事件对游客感知具有积极的影响,但这些旅游体验的产生或多或少地都与文化旅游资源有着密切的联系,实际上,旅游业的发展在很大程度上亦取决于当地旅游资源的丰富性、多样性和质量。[3] 文化旅游资源是地区独特的宝贵财富,它代表了历史、传统和特有的文化元素,其不仅能丰富旅游体验,更能传承历史、弘扬文化。因此,回顾与展望文化旅游资源开发与利用的相关研究,既有利于系统梳理和有效推动这一领域的理论研究,在指引创造更丰富、更有深度的旅游体验以及地方文化的传承和创新上亦能作出贡献。

第一节　研究方法与数据来源

一、研究方法

为对文化旅游资源研究相关文献进行全面梳理和深入理解,研究采用系统文献综述法(Systematic Literature Review)[4],主要围绕以下三个研究方向开展文献述评:一是国内外文化旅游资源研究现状如何? 二是国内外文化旅游资源研究文献呈现出怎样的研究热点与趋势? 三是已有文献对未来文化旅游资源研究有何启示?

国内外文献检索依托 Web of Science 和 CSSCI 两大引文数据库进行。为检索国外有关文化旅游资源研究相关文献,在 Web of Science 中将检索条件设置如下:检索式为"TS＝"cultur * touris * " AND TS＝touris * resourc * ",

---

① Park I J, Kim J, Kim S S, et al. Impact of the COVID-19 pandemic on travelers' preference for crowded versus non-crowded options[J]. Tourism Management, 2021, 87: 104398.

② Stankov U, Gretzel U. Tourism 4.0 technologies and tourist experiences: A human-centered design perspective[J]. Information Technology & Tourism, 2020, 22(3): 477-488.

③ Hoang H T T, Truong Q H, Nguyen A T, et al. Multicriteria evaluation of tourism potential in the central highlands of vietnam: Combining geographic information system (GIS), analytic hierarchy process (AHP) and principal component analysis (PCA)[J]. Sustainability, 2018, 10(9): 3097.

④ Dixon-Woods M. Systematic reviews and qualitative methods[C]// Silverman D. Qualitative Research: Theory, Method and Practice. 3rd edn. London: Sage, 2010: 331-46.

检索时间范围设定为 2013—2022 年,文献类型为论文,数据库限定为 Web of Science 核心合集,共计检索文献 263 篇。与此相一致,在 CSSCI 数据库中,共计检出相关文献 303 篇。基于对检出文献标题和摘要的泛读和进一步的全文精读,剔除与研究主题不相符的文献,最终确定 566 篇中英文论文作为文献分析的基础。

二、数据来源

基于国内外 566 篇研究文献的统计结果显示,10 年来文化旅游资源相关的研究成果数量整体上呈现上升趋势(见图 3.1),且从 2020 年开始出现加速增长。从国内外成果数量对比来看,2019 年前中文文献数量都要高于英文文献,但从 2020 年开始这一状况发生了反转。从成果发表的刊物来看,共有 247 种中外学术期刊刊发了与研究主题相关的学术论文(中文期刊 117 种)。其中,国外载文量最多的三种期刊分别为 *Sustainability*(50 篇)、*Journal of Sustainable Tourism*(17 篇)和 *Journal of Coastal Research*(11 篇),而中文刊载量较多的三种期刊为《贵州民族研究》(31 篇)、《社会科学家》(22 篇)、《资源开发与市场》(20 篇)。

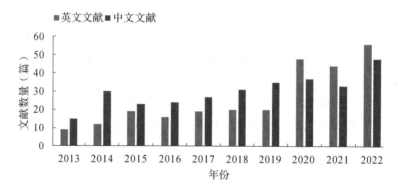

图 3.1 "文化旅游资源"主题的中英文文献数量变化情况

第二节　文化旅游资源研究进展

一、文化旅游资源内涵与构成

文化旅游可被视为一种将目的地文化资产转化为旅游景点的旅游形式。[①] 旅游资源是旅游者消费旅游产品的核心内容,而文化则是旅游资源吸引力的关键组成部分。[②] 早期文献将自然历史景点视为文化旅游的主要资源类型,但随着认识的加深,越来越多的研究确认活动和节日等无形文化资产亦是产生文化旅游的重要资源。文化旅游资源作为旅游资源的子概念,从狭义上讲,是文化与旅游的有机结合,从广义视角来看,则涵盖了任何能够为游客带来文化体验的旅游资源。[③] Jovicic 认为,文化旅游资源的内涵正在向娱乐、价值观和规范等无形的文化形式转变。[④] 而在 Fang 看来,文化旅游资源是客观存在于一定地理空间中,主要因其文化价值或被赋予文化元素而对游客具有吸引力的事物或要素,可以被旅游业利用,产生社会、经济和生态效益,这实际上也是一种广义的理解。[⑤]

一座城市可以生产和保存各种有形和无形的文化资产供旅游规划者转化为旅游景点[⑥],包括具有艺术、历史或科学价值的文物、建筑遗址和口头传统、表演艺术、社会习俗、礼仪、节日、实践经验和知识以及工艺等,而博物馆、画廊、剧院、音乐会、历史街道、纪念碑、宗教建筑、遗产乃至地方语言也正是城市的核心文化旅游资源。Cetin 和 Bilgihan 的研究显示,在文化视角下游客关注

[①]　Du Cros H, McKercher B. Cultural Tourism[M]. London:Routledge, 2015:109.

[②]　Ma L. Cultural production and cultural consumption in tourism[J]. Tour. Trib, 2020, 35:9-11.

[③]　Hou S, Zhang S. Application of artificial intelligence-based sensor technology in the recommendation model of cultural tourism resources[J]. Journal of Sensors, 2022,16(9):3948298.

[④]　Jovicic D. Cultural tourism in the context of relations between mass and alternative tourism [J]. Current Issues in Tourism, 2016, 19(6): 605-612.

[⑤]　Fang W. Cultural tourism industry feature extraction based on multiscale feature fusion algorithm and artificial intelligence[J]. Mathematical Problems in Engineering, 2022(6):5946166.

[⑥]　McManus C, Carruthers C. Cultural quarters and urban regeneration—The case of Cathedral Quarter Belfast[J]. International Journal of Cultural Policy, 2014, 20(1):78-98.

了包括遗产、艺术、历史、娱乐、时尚、服装、文化活动、建筑和食品等在内的文化旅游资源类目,因此建议旅游目的地在营销传播中应将广告和促销建立在目的地独特的体验元素上,并侧重于当地线索、当地人、当地遗产、艺术和文化。[1] Yeniasır 和 Gökbulut 对文化遗产观念的调查表明,47%的人将传统房屋和纪念性建筑评估为文化遗产,这也是文化遗产最流行的内涵理解,此外,传统和习俗、当地的食物和美食文化、手工艺品也囊括在文化遗产的范畴之中。[2]

Liang 等认为,游客与旅游目的地的互动过程塑造了旅游目的地的文化旅游资源,也影响着游客的旅游消费决策,而文化旅游资源主要是指历史遗迹、风景名胜区、宗教民族设施、相关风俗习惯、民俗礼仪等。[3] 在 Rech 和 Migliorati 看来,正是由于社会和文化与旅游关系的广度和时间根源,文化旅游这个伟大的"容器"可以归因于娱乐和度假、美食和美酒的体验以及参观文化遗产和建筑,而享受某个地区居民的地理特征、环境和生活方式以及历史遗迹、重要景点和仪式习俗,亦是一种文化体验。[4]

国内研究者也对文化旅游资源的内涵与构成予以了关注。许春晓、胡婷研究指出,作为旅游资源子概念的文化旅游资源,可以从广义和狭义两种视角予以界定,但他们倾向使用广义的理解,认为具有文化价值抑或赋存了文化元素的各类事物或因素都可视为文化旅游资源,具体类型包括了历史建筑与文化空间、文化旅游商品、人文活动和人类文化遗址遗迹四大主类。[5] 程乾、方琳认为,文化旅游开发有赖于文化旅游资源,而历史文化名城、国家重点文物保护单位、自然与文化遗产等构成了文化旅游资源主体。[6] 许亚元、姚国荣在研究中将旅游资源划分为自然旅游资源(景观、景点)和文化旅游资源,后者主

① Cetin G, Bilgihan A. Components of cultural tourists' experiences in destinations[J]. Current Issues in Tourism, 2016, 19(2): 137-154.

② Yeniasır M, Gökbulut B. Perception and attitudes of local people on sustainable cultural tourism on the islands: The case of Nicosia[J]. Sustainability, 2018, 10(6): 1892.

③ Liang F, Pan Y, Gu M, et al. Cultural tourism resource perceptions: Analyses based on tourists' online travel notes[J]. Sustainability, 2021, 13(2): 519.

④ Rech G, Migliorati L. Social Representations about cultural tourism in the time of COVID-19: A case Study of Langhe, Monferrato and Roero (Italy)[J]. Sustainability, 2021, 13(11): 6301.

⑤ 许春晓,胡婷.文化旅游资源分类赋权价值评估模型与实测[J].旅游科学,2017,31(1):44-56+95.

⑥ 程乾,方琳.生态位视角下长三角文化旅游创意产业竞争力评价模型构建及实证[J].经济地理,2015,35(7):183-189.

要包含了文化、艺术、历史和特色饮食四个方面。[①]

二、文化旅游资源评估与优化

在科学分类基础上,对文化旅游资源进行价值评估是支撑文旅精品发展的重要前提和基础。文化旅游资源的核心还是文化,值得注意的是,除少数非常强大的资源外,如艺术、历史、音乐等人类共同的文化语言可实现广泛的认同,许多文化旅游资源仍是区域性的——语言、表达和地域文化的局限导致能够接受和认同这些文化的受众不够广泛且无法形成有吸引力的旅游资源(如各种地方戏剧以及少数民族服饰等)。[②]客观合理地评价文化旅游资源对区域旅游的发展有着重要意义,通过多标准评估,可计算出其实际经济价值从而更好地实现合理利用。[③]

1. 文化旅游资源评估的指标选取

旅游领域的早期评价模式是基于旅游资源的总体评估,囊括了各种类型旅游景点的共同指标,然而,这些模型存在着过于笼统的弊病——对不同类型的景点(文化、自然等)特有的一些具体指标缺乏考虑,且评价只关注了旅游资源的商业价值,忽视了资源的现状、脆弱性和保护需求。如今,文化旅游资源评价模型变得越来越具体和复杂,引入了各种不同的子指标,除了文化、物理和产品价值外,还包括了遗产的体验部分等诸多内容。[④]

Božić 和 Tomić 在文化路线评估模型(CREM)中提出,评估指标应包括文化线路的主要价值和旅游特定价值两组指标,其中文化线路的主要价值指标由科学价值、路线特定价值、经济意义以及保护和保存价值构成,旅游特定价

---

①　许亚元,姚国荣.基于在线点评的黄山风景区旅游形象感知研究[J].世界地理研究,2016,25(2):158-168.

②　Fang W. Cultural tourism industry feature extraction based on multiscale feature fusion algorithm and artificial intelligence[J]. Mathematical Problems in Engineering, 2022(6): 5946166.

③　Hoang H T T, Truong Q H, Nguyen A T, et al. Multicriteria evaluation of tourism potential in the central highlands of vietnam: Combining geographic information system (GIS), analytic hierarchy process (AHP) and principal component analysis (PCA)[J]. Sustainability, 2018, 10(9): 3097.

④　Laing J, Wheeler F, Reeves K, et al. Assessing the experiential value of heritage assets: A case study of a Chinese heritage precinct, Bendigo, Australia[J]. Tourism Management, 2014, 40: 180-192.

值则由旅游产品的功能价值和附加价值组成。[①] Hoang 等将旅游潜力评价分为两个部分:在内部潜力标准中,文化历史价值对旅游业发展的影响最大,其次是审美艺术价值、娱乐价值、科学价值和生物多样性;而在外部潜力标准中,住宿的可及性和质量比其他标准更重要。[②]

我国早在 2003 年就发布并实施了《旅游资源分类、调查与评价》(GB/T18972-2003)国家标准,从资源要素价值、资源影响力和附加值三个方面对旅游资源界定了五级评价、Jiang 等利用上述指标对山区旅游一体化发展适宜性进行了评估,结果显示大部分的人文旅游资源质量较低。[③] Io 通过调查文化游客对澳门粤剧的内在属性和体验属性的感知,确定了表演艺术遗产核心吸引力的五个维度框架,包括作为粤剧内在和原创性属性的"艺术工艺"维度,以及核心体验属性的四个维度——"真实性和怀旧"、"文化意义"、"方便消费"和"享受"。[④] Hou 和 Zhang(2022)指出,文化旅游资源评价应遵循简明科学、系统性、代表性、可比性、可操作性以及定性、定量相结合的基本原则,评价内容应包括文化旅游景观资源、文化旅游环境资源和文化旅游发展条件。[⑤]

2. 文化旅游资源评估的方法优化

对文化旅游资源评价指标进行加权是多标准评估的一项挑战,因为有必要确定所有这些指标在评估中是否具有相同的权重,或者是否应该给予它们不同的权重系数。[⑥] 之前的遗产评估模型主要缺点在于它们在评估过程中对每个子指标给予同等重视,因此,它们对总分具有相同的影响,而 Tomić 和

---

① Božić S, Tomić N. Developing the cultural route evaluation model (CREM) and its application on the Trail of Roman Emperors, Serbia[J]. Tourism Management Perspectives, 2016, 17: 26-35.

② Hoang H T T, Truong Q H, Nguyen A T, et al. Multicriteria evaluation of tourism potential in the central highlands of vietnam: Combining geographic information system (GIS), analytic hierarchy process (AHP) and principal component analysis (PCA)[J]. Sustainability, 2018, 10(9): 3097.

③ Jiang H, Yang Y, Bai Y. Evaluation of all-for-one tourism in mountain areas using multi-source data[J]. Sustainability, 2018, 10(11): 4065.

④ Io M U. Understanding the core attractiveness of performing arts heritage to international tourists[J]. Tourism Geographies, 2019, 21(4): 687-705.

⑤ Hou S, Zhang S. Application of artificial intelligence-based sensor technology in the recommendation model of cultural tourism resources[J]. Journal of Sensors, 2022,16(9):3948298.

⑥ Sánchez Rivero M, Sánchez Martín J M, Rengifo Gallego J I. Methodological approach for assessing the potential of a rural tourism destination: An application in the province of Cáceres (Spain)[J]. Current Issues in Tourism, 2016, 19(11): 1084-1102.

Božić 在 M-GAM 模型中通过对子指标给予不同的权重,从而获得了更客观和现实的最终结果。[①] Leyva 则是应用模糊程序进行评估以应对上述挑战。[②] Božić 和 Tomić 构建了文化路线评估模型(CREM),以便将文化路线作为复杂的旅游产品进行评估,而不仅仅是评估路线上的文化资产作为单独的旅游产品,其也是在评估过程中采用了子指标权重不相等的方法。[③] Lim 等通过价值评估方法分析改造的支付意愿以衡量韩国首尔曹溪寺(Jogyesa Temple)转型为文化旅游资源的公共价值,通过采用单界二分类选择价值评估模型和尖峰模型分别推导支付意愿响应并分析零观测值支付意愿数据,从而确定转型在经济上是否可取以及是否应做出实施转型的决定。[④] Figueroa 等提出了采用两阶段模型,利用数据包络分析估计区域绩效,并利用 Bootstrap 技术和截断回归模型分析外部变量对效率的影响。实证结果表明,文化禀赋和文化活动与自然资源共同决定了智利在优化旅游流,尤其是吸引国际旅游方面的区域效率。[⑤]

国内学者对文化旅游资源评价也进行了研究。阚如良、王桂琴、刘晗指出,文化旅游资源的市场潜力激活,不能仅从文化价值角度来评价,而应更多地从市场价值来评估,网络知名度便是对文化旅游资源的市场价值最直接有效的评价。[⑥] 许春晓、胡婷运用模糊评价和层次分析方法,综合主客观赋权,从经济价值、遗存价值、观赏价值、体验价值、环境价值、教育价值六个维度建

---

①　Tomić N, Božić S. A modified geosite assessment model (M-GAM) and its application on the Lazar Canyon area (Serbia)[J]. International Journal of Environmental Research, 2014, 8(4): 1041-1052.

②　Leyva E S. Proyección del Modelo FUZZY-SECTUR para evaluar el potencial turístico de un territorio/Proposal of the FUZZY-SECTUR model to evaluate the tourist potential of a territory[J]. Retos Turísticos, 2014, 13(3):1-12.

③　Božić S, Tomić N. Developing the cultural route evaluation model (CREM) and its application on the Trail of Roman Emperors, Serbia[J]. Tourism Management Perspectives, 2016, 17: 26-35.

④　Lim S Y, Kim H Y, Yoo S H. Public willingness to pay for transforming Jogyesa Buddhist Temple in Seoul, Korea into a cultural tourism resource[J]. Sustainability, 2016, 8(9): 900.

⑤　Figucroa V, Herrero L C, Báez A, et al. Analysing how cultural factors influence the efficiency of tourist destinations in Chile[J]. International Journal of Tourism Research, 2018, 20(1): 11-24.

⑥　阚如良,王桂琴,刘晗. 文化旅游业系统整合模式——基于当阳市的实证研究[J]. 资源开发与市场,2015,31(3):356-360.

立了文化旅游资源的分类价值评估模型。[①] 胡婷、许春晓、王甫园运用 PLS-SEM 算法验证了文化旅游资源市场价值(Market Value of Cultural Tourism Resources,MVCTR)的"反映＋形成"复合结构。[②]

三、文化旅游资源与社区发展

2014 年,联合国世界旅游组织以旅游与社区发展为主题庆祝世界旅游日,倡导旅游与社区的有益交融。社区旅游(Community-based Tourism,简称 CBT)10 年来也一直受到旅游学者和从业者的关注,其原因在于,将社区作为分析单位有助于将研究重点缩小到最直接受旅游业影响的相对较小的人群。Taylor 的社区化发展理念是,如果一个项目的实施和管理由社区负责,社区就能够组织自己和资源,使每个人都受益,这与之前只让少数人受益的发展模式形成鲜明对比。[③] Saintenoy 等指出,文化旅游资源创新发展依赖于两个基本要素——与社会变革相关的目的和涉及行为者相互作用的过程,参与性动力是这一进程的最关键因素,但这也是最复杂的,因为利益攸关方的利益和社会代表性可能因对话过程中的不同而有所不同。[④] Goffi 等认为,如果文化价值与有吸引力的自然遗产相结合,将有可能产生互补和差异化的旅游产品,这有助于改善当地社区的生活条件以及经济与社会可持续进步,在发展中国家的目的地尤其如此。[⑤]

社区参与是文化旅游资源开发与利用成功的关键之一。社区参与被认为有助于社区从旅游业中获益,不仅如此,它还为当地社区提供了一个确定自身需求和目标的机会,以确保地区文化旅游资源开发的类型和性质能够以尊重

[①] 许春晓,胡婷.文化旅游资源分类赋权价值评估模型与实测[J].旅游科学,2017,31(1):44-56+95.

[②] 胡婷,许春晓,王甫园.文化旅游资源市场价值及其空间分布特征——以湖南湘西州为例[J].经济地理,2020,40(7):220-230.

[③] Taylor S R. Issues in measuring success in community-based Indigenous tourism: Elites, kin groups, social capital, gender dynamics and income flows[J]. Journal of Sustainable Tourism, 2017, 25(3): 433-449.

[④] Saintenoy T, Estefane F G, Jofré D, et al. Walking and stumbling on the paths of heritage-making for rural development in the Arica Highlands[J]. Mountain Research and Development, 2019, 39(4): D1.

[⑤] Goffi G, Cucculelli M, Masiero L. Fostering tourism destination competitiveness in developing countries: The role of sustainability[J]. Journal of Cleaner Production, 2019, 209: 101-115.

其文化的方式进行。认识到这一点,越来越多的人开始转向利用旅游业作为农村社区变革和控制的积极推动者,但一些利益相关者积累所有控制和决策特权,而其他利益相关者被边缘化的问题也渐次浮现。① 在社区是产品一部分的文化旅游中,居民对旅游发展的意见和态度、支持和自豪感尤为重要,因为他们为地理上有限的领土纳入更广泛的社会、文化和旅游流动的可能性创造了当地的视角。Mgonja 等指出,在文化旅游资源开发与利用计划中,要增加社区参与、改善游客体验和促进这些企业之间利益分享的公平性,就必须改善沟通、提供培训和技术支持、明确利益相关者和规定具体的惠益分享机制。② Katelieva 等研究指出,非物质文化遗产是一种社区资源,虽然专家们对非物质文化遗产旅游利用的看法分歧很大,但总体而言,只要它仍然是社区驱动的,就应该被认为是积极的和必要的。③

　　另有一些研究认为,在某个地区长期生活的人有望为该地区作出更可持续的贡献,并对旅游业产生更积极的态度。Apostolakis 和 Jaffry 研究指出,在个人选择自愿为文化资源作出贡献上,社会和文化网络(正式和非正式)的成员资格对非营利文化组织的自愿捐款水平具有非常积极的影响。④ Diaconescu 等则认为,社区身份与文化遗产的当地/区域元素之间的联系将成为有效的社会激励,并促使"社区意愿"成为小册子和旅游指南讲述的故事的一部分。⑤ 在 Carter 等看来,自然和文化遗产资源需要更多地用于旅游产品开发,以使这些资源对当地社区有意义,并挑战强调短期破坏性开发的做法,这种以社区为重点的必然结果是鼓励对集中发展(例如旅游中心的住宿)进行

---

① Lenao M. Community, state and power-relations in community-based tourism on Lekhubu Island, Botswana[J]. Tourism Geographies, 2017, 19(3): 483-501.

② Mgonja J T, Sirima A, Backman K F, et al. Cultural community-based tourism in Tanzania: Lessons learned and way forward[J]. Development Southern Africa, 2015, 32(3): 377-391.

③ Katelieva M, Muhar A, Penker M. Nature-related knowledge as intangible cultural heritage: Safeguarding and tourism utilisation in Austria[J]. Journal of Tourism and Cultural Change, 2020, 18(6): 673-689.

④ Apostolakis A, Jaffry S. An analysis of monetary voluntary contributions for cultural resources: The case of the British Museum[J]. Tourism Economics, 2013, 19(3): 631-651.

⑤ Diaconescu R, Stanciugelu S, Copot D, et al. State and private sector involvement in developing and promoting cultural and religiousheritage[J]. European Journal of Science and Theology, 2013, 9(3): 207-217.

投资,以引导旅游业发展远离敏感地区,同时提供基础设施以支持社区产品。①

国内学者文晓国、李忠斌、李军在研究特色村寨建设中指出,文化旅游资源开发具有鲜明的社区性或片区性,对该区域民族文化资源进行开发利用所带来的收益权应当且必须归属当地的民族群众。② 唐兵、惠红研究指出,导致当地的民族群众与旅游开发商发生矛盾和冲突的关键原因在于,当地的民族群众提供了最富有旅游吸引力的旅游吸引物——民族文化旅游资源,但巨额收益却被开发商摄取了,故产权安排问题才是社区参与文化旅游资源开发的"元"问题。③ 李军、单铁成认为,社区民众为民族村寨旅游资源开发承担了成本并作出了实质性贡献,要实现可持续发展就必须营造良好的社区环境,采用经济(补偿金等)与非经济补偿(提供就业、政策支持以及可行能力补偿等)措施能有力协调不同参与主体间的利益关系。④

四、文化旅游资源开发与利用

旅游业发展在很大程度上取决于当地旅游资源的丰富性、多样性和质量,自然和文化资源为独特的旅游产品开发提供了坚实的基础。⑤ 目的地的旅游潜力取决于天赋资源和既定资源⑥,目的地的资源特征亦会对旅游发展模式

---

① Carter R W, Thok S, O'Rourke V, et al. Sustainable tourism and its use as a development strategy in Cambodia: A systematic literature review[J]. Journal of Sustainable Tourism, 2015, 23 (5): 797-818.

② 文晓国,李忠斌,李军.论特色村寨建设中社区居民利益保障机制及实现方式[J].贵州民族研究,2016,37(5):27-32.

③ 唐兵,惠红.民族地区原住民参与旅游开发的法律赋权研究——兼与左冰、保继刚商榷[J].旅游学刊,2014,29(7):39-46.

④ 李军,单铁成.民族村寨文化旅游资源开发补偿的理论与实践——以西江苗寨为例[J].湖北民族大学学报(哲学社会科学版),2022,40(4):112-124.

⑤ Hoang H T T, Truong Q H, Nguyen A T, et al. Multicriteria evaluation of tourism potential in the central highlands of vietnam: Combining geographic information system (GIS), analytic hierarchy process (AHP) and principal component analysis (PCA)[J]. Sustainability, 2018, 10(9): 3097.

⑥ Sánchez Rivero M, Sánchez Martín J M, Rengifo Gallego J I. Methodological approach for assessing the potential of a rural tourism destination: An application in the province of Cáceres (Spain) [J]. Current Issues in Tourism, 2016, 19(11): 1084-1102.

产生影响。[①] Kim 研究得出结论,目的地的资源特征甚至可以影响游客的决定。[②] 发展文化旅游的核心是旅游体验,它基于文化产品的真实性,文化旅游资源商业开发不足会影响目的地的可持续经济发展,而过度商业开发则将导致当地文化旅游真实性的丧失。过度商业化和过分强调体验都会给游客带来不适,如何平衡文化旅游地旅游体验与旅游商业化之间的关系,成为一个具有挑战性的问题。文化旅游资源开发是指对现有未开发的文化资源进行挖掘或对开发强度较小的资源进行深化开发利用[③],通常而言,政府和城市是文化旅游资源的开发与利用的两大主体。在 Yuan 等看来,一个地区的旅游资源并不总是与其文化遗产成正比,在充分整合文化资源的同时,认真研究区域旅游资源开发方法很重要。[④]

1. 文化旅游资源规划与开发

对文化旅游需求及其背后态度的研究表明,文化旅游的感知质量与真实性相关。游客来到一个地方不仅仅是为了参观文化资产,更是为了感受文化遗产,换句话说,游客的目的地到访首先是为了它的无形品质——它所能带来的独特感受。大众旅游建立在气候、海洋和山脉等通用资源之上,文化旅游与之形成鲜明对比,是建立在乡土遗产(习俗、物品或服务)、社会组织类型、技能和当地行为者提供的价值观等资源的基础上,而目的地则是特定领土资源的集合。Croes 等研究指出,为了增加基于文化资源的旅游产品的价值,目的地层面需要有能力将不同的合作伙伴聚集在一起,并利用他们所能提供的一切来创造难忘的体验。[⑤] 寻找多元文化社会的可复制条件,促进真实性作为文化资源包容与兼蓄的过滤器变得非常重要。Fang 认为,当前智慧旅游推动传统旅游向现代旅游转型和进一步加速旅游业发展的愿景尚未实现,落实到文

---

① Xue Y, Sun Y. The relationship study on tourist brand recognition, perceived quality and brand loyalty of recreational tourism with nature resources: Taking Beijing as examples[J]. Resour. Sci, 2016, 38: 344-352.

② Kim M K. The effects of destination choice attributes on the perceived value of tourism resources in urban tourism[J]. Journal of MICE & Tourism Research, 2014, 14: 25-43.

③ Zyzak W. Sustainable tourism-sensible tourism[J]. Chemistry-Didactics-Ecology-Metrology, 2015, 20(1-2): 105-112.

④ Yuan C, Gan L, Zhuo H. Coupling mechanisms and development patterns of revitalizing intangible cultural heritage by integrating cultural tourism: The case of Hunan province, China[J]. Sustainability, 2022, 14(12): 6994.

⑤ Croes R, Lee S H, Olson E D. Authenticity in tourism in small island destinations: A local perspective[J]. Journal of Tourism and Cultural Change, 2013, 11(1-2): 1-20.

化旅游资源开发与利用上,核心问题就在于缺乏系统科学的规划——没有一个长远的战略规划来打造文化旅游资源的战略品牌。[①]

Su 和 Lin 研究指出,当一个国家拥有足够的世界遗产地(WHS)时,WHS 的"杠杆效应"将会出现,增加 WHS 的数量将对国际游客人数产生显著而有力的积极影响,拥有 WHS 的国家在文化成就和自然资源的可持续保护以及旅游经济发展上是双赢的。[②] Laing 等指出,有潜力作为旅游产品开发的文化旅游资源实际上并不多,原因在于许多文化遗产在性质上基本相似,虽然它们的文化和自然属性可能对当地社区利益相关者具有很强的内在价值和意义,但它们的旅游和体验价值可能太低(缺乏必要的解释、设施和配套设施),无法提供吸引广大游客市场和细分市场的优质体验。因此,许多遗产资产需要一定程度的发展,包括开发营销、口译和其他访客服务,以使其为市场做好准备并能够被游客体验,进而使其能有效地成为旅游体验的高峰。[③] Vu 等通过香港博物馆旅游的专题研究发现,亚洲和大洋洲游客更喜欢拍摄户外场景照片,来自北美的游客对室内场景和文物更感兴趣,相较而言,来自北美的游客更容易被归类为文化游客,因此,对文化旅游资源开发的建议是加强北美文化旅游产品的相关推广。[④] Piva 和 Prats 研究指出,物质和非物质文化遗产是相互关联的,当一个目的地在市场上推广时,它必须与可识别的遗产联系在一起,至少在区域层面上是如此,当然,在 Bello-Orgnz 等看来社交媒体也被视为文化遗产资源的重要来源。[⑤⑥] 基于绿色增长理念,Wang 提出了文化旅游资源开发利用的四种模式(见表 3.1),分别为政府全控型、政府主导社区参与

① Fang W. Cultural tourism industry feature extraction based on multiscale feature fusion algorithm and artificial intelligence[J]. Mathematical Problems in Engineering, 2022(6): 5946166.

② Su Y W, Lin H L. Analysis of international tourist arrivals worldwide: The role of world heritage sites[J]. Tourism Management, 2014, 40: 46-58.

③ Laing J, Wheeler F, Reeves K, et al. Assessing the experiential value of heritage assets: A case study of a Chinese heritage precinct, Bendigo, Australia[J]. Tourism Management, 2014, 40: 180-192.

④ Vu H Q, Luo J M, Ye B H, et al. Evaluating museum visitor experiences based on user-generated travel photos[J]. Journal of Travel & Tourism Marketing, 2018, 35(4): 493 506.

⑤ Piva E, Prats L. Regional destination and brand identity: The case of piedmont, Italy[J]. Scienze Regionali, 2021, 20(1): 83-105.

⑥ Bello-Orgaz G, Jung J J, Camacho D. Social big data: Recent achievements and new challenges[J]. Information Fusion, 2016, 28: 45-59.

型、社区独立型、自由放任型。①

表 3.1 文化旅游资源开发利用模式

类型	优劣势	特点	适用
政府全控型	对文化资源的利用率低、保护程度高	政府垄断管理,具有强制性,社区参与风险低,但参与积极性低	适用于濒危文化资源管理、资源破坏严重区域或开发不当区域
政府主导社区参与型	对文化资源的利用率和保护程度最高	政府的宏观监控和引导,社区对资源的开发利用应符合政府的要求	适合保护意识好、发展潜力大的地区
社区独立型	文化资源利用率高,保护程度低	城市按照市场需求自主开发利用,积极性高,容易发生资源破坏	适合开发保护意识强、再生能力强、数量多的可再生资源
自由放任型	对文化资源的利用率和保护程度最低	只是单纯受经济利益驱动,没有任何优势,最终会被其他模式所取代,不符合可持续发展原则	兼具四种模式的优缺点

2. 文化旅游资源的创新利用

Richards 指出,文化旅游不仅可以结合不同的资源吸引游客,还可以结合不同的活动娱乐游客。② 因此,物质和非物质遗产、景观、传统知识和手工艺都可以是游客的动机。Jiang 等研究发现,进入消费社会以来,文学被视为一种具有持久经济效应的旅游资源而获得广泛开发与利用,文学阅读激发了人们去文学来源地消费的欲望,游客在文学旅游中的地理消费主要围绕作品中的地理消费、现实地理消费、想象地理消费三条脉络展开,在将其开发为文化消费的文学旅游产品时,需要考察其呈现的渠道和方式,确定其能否激发文学

① Wang L. Sustainable utilization mode of international communication of cultural tourism resources based on the concept of green growth[J]. Mobile Information Systems,2022:1938651.

② Richards G. Cultural tourism: A review of recent research and trends[J]. Journal of Hospitality and Tourism Management, 2018, 36: 12-21.

游客的各种感官和情感。①② 管理考古遗产作为文化旅游资源的标准方法仍然主要集中在提供与过去物质遗迹的体验参与,Ross 和 Saxena 基于葡萄牙阿连特茹创意旅游的案例洞察了有形考古遗产的旅游潜力,并阐述了考古遗迹的记忆如何被开发成为旅游资源。③ Booyens 和 Rogerson 指出,基于文化资源的创意旅游产品还不发达,作为对潜在的国际和国内游客需求的回应,创意小镇旅游的发展潜力很大。④ Bargeman 和 Richards 研究发现,文化旅游显现出随着时间的推移强调不同价值的特征,高雅文化、艺术和历史的表现代表了意大利在旅游早期的吸引力,但在当前的欧洲社会中,城市和农村环境同样被认为是文化旅游目的地,特别是因为对体验的关注以及对美食的追求。⑤ Lin 等指出,要改善农村经济状况,发展未来旅游业,开展以当地文化资源为主题的旅游活动将是未来旅游决策的发展选择之一。⑥

此外,军事景观和战争纪念碑⑦、土著资源⑧、气象资源⑨、农村的生活方式

---

① Jiang L, Xu H. Reading, tourism, and geography consumption in literary places[J]. Tourism Geographies, 2016, 18(5): 483-502.

② Jiang L, Yu L. Consumption of a literary tourism place: A perspective of embodiment[J]. Tourism Geographies, 2020, 22(1): 127-150.

③ Ross D, Saxena G. Participative co-creation of archaeological heritage: Case insights on creative tourism in Alentejo, Portugal[J]. Annals of Tourism Research, 2019, 79: 102790.

④ Booyens I, Rogerson C M. Creative tourism: South African township explorations[J]. Tourism Review, 2019, 74(2): 256-267.

⑤ Bargeman B, Richards G. A new approach to understanding tourism practices[J]. Annals of Tourism Research, 2020, 84: 102988.

⑥ Lin H H, Chen I Y, Lu S Y, et al. Can cultural tourism resources become a development feature helping rural areas to revitalize the local economy under the epidemic? An exploration of the perspective of attractiveness, satisfaction, and willingness by the revisit of Hakka cultural tourism[J]. Open Geosciences, 2022, 14(1): 590-606.

⑦ Gheyle W, Dossche R, Bourgeois J, et al. Integrating archaeology and landscape analysis for the cultural heritage management of a World War I militarised landscape: The German field defences in Antwerp[J]. Landscape Research, 2014, 39(5): 502-522.

⑧ Kelly-Holmes H, Pietikäinen S. Commodifying Sámi culture in an indigenous tourism site[J]. Journal of Sociolinguistics, 2014, 18(4): 518-538.

⑨ Bafaluy D, Amengual A, Romero R, et al. Present and future climate resources for various types of tourism in the Bay of Palma, Spain[J]. Regional Environmental Change, 2014, 14: 1995-2006.

和农业建筑①、传统文化表演与多样化的生态系统以及考古区②、表演艺术③、与战争有关的遗产④、当地/传统的自然相关知识⑤等也都作为重要的文化旅游资源得到研究的关注。

国内对文化旅游资源开发与利用研究上,曾博伟、安爽指出,如果说文化旅游资源保护主要针对的是文化旅游资源的本体价值,那么文化旅游资源开发则主要侧重的便是文化旅游资源的现实价值。⑥ 戴士权、刘绪均研究认为,当前少数民族文化旅游资源开发仍存在一些问题,主要表现在缺乏政府政策和资金扶持、不能满足游客的心理需求、旅游人才匮乏以及缺乏创新等方面。⑦ 马孟丽提出要对特色文化旅游资源进行精细化开发,秉持"市场—资源—产品—市场"的循环逻辑和实践模式,以市场为导向并通过市场化运作方式践行"普通文化资源—特色优势文化资源—品牌文化旅游资源"的发展道路。⑧ 曾瑜在民族特色村寨旅游业发展研究中指出,要充分尊重文化持有人,让文化持有人参与文化旅游资源开发,推动乡村文化旅游发展与乡村振兴的同频共振。⑨

五、文化旅游资源保护与可持续发展

联合国教科文组织颁布的《保护非物质文化遗产公约》第二条明确规定了"保护"的定义:指确保非物质文化遗产生命力的各种措施,包括遗产各个方面的确认、立档、研究、保存、保护、宣传、弘扬、传承(特别是通过正规和非正规教

---

① Yuceer H, Vehbi B O. Adaptive reuse of carob warehouses in Northern Cyprus[J]. Open House International, 2014, 39(4): 65-77.

② Taylor S R. Issues in measuring success in community-based Indigenous tourism: Elites, kin groups, social capital, gender dynamics and income flows[J]. Journal of Sustainable Tourism, 2017, 25(3): 433-449.

③ Bergadaà M, Lorey T. Preservation of living cultural heritage: The case of Basque choirs and their audience[J]. International Journal of Arts Management, 2015, 17(3): 4-15.

④ Butler R, Suntikul W. Tourism and War[M]. London: Routledge, 2013: 2.

⑤ Katelieva M, Muhar A, Penker M. Nature-related knowledge as intangible cultural heritage: Safeguarding and tourism utilisation in Austria[J]. Journal of Tourism and Cultural Change, 2020, 18(6): 673-689.

⑥ 曾博伟,安爽."十四五"时期文化和旅游融合体制机制改革的思考[J].旅游学刊,2020,35(6):3-6.

⑦ 戴士权,刘绪均.吉林省满族体验型旅游产品开发研究[J].黑龙江民族丛刊,2018(1):80-84.

⑧ 马孟丽.特色文化主题下的区域旅游产业化策略[J].社会科学家,2020(3):100-106.

⑨ 曾瑜.铜仁市民族特色村寨旅游业发展态势分析[J].贵州民族研究,2021,42(4):166-172.

育)和振兴。在文化旅游资源开发与利用问题上,有些专家强烈地表示反对非物质文化遗产商品化,他们认为文化商品化会给非物质文化遗产保护带来严重问题。早期旅游研究中简单化的判断是,当一种文化被商品化时,它的原始意义就会受到损害,因此遗产保护与商品化之间的紧张关系通常会引发对真实性的讨论。但实际上,联合国教科文组织明确表示了真实性与识别和保护非物质文化遗产无关,因为非物质文化遗产在不断被重建。Su 指出,在旅游商品化中利用非物质文化遗产有利于非物质文化遗产的可持续性,这是因为,非物质文化遗产的价值或意义不存在于"遗产"本身,而存在于对遗产的使用,或者从业者与他们的非物质文化遗产实践之间的互动中。① 如何通过旅游实现文化遗产的有效保护和合理利用,已成为文化遗产地可持续发展的重要研究课题。

1. 文化旅游资源保护

《保护世界文化和自然遗产公约》在传统上一直不愿强调世界遗产所具有的经济潜力,认为旅游业发展和文化遗产保护是相互竞争的目标,但如今旅游业在当地文化和自然遗产地保护上的重要意义已被明确。② 按照 Yuceer 和 Vehbi 的观点,文化遗产资源的保护侧重于保存而非保护,这对有效振兴设置了障碍。③ Terzić 等指出,如果将重点放在"振兴"而不是"保护"上,那么遗产遗址将被更新,它们的原始视觉将被恢复,它们的旧功能将被概述,它们也将被保留并在当代社会中使用。④ Yu 展示了一个案例,说明仪式这一无意识的遗产如何在一个无意识的社区中通过试图塑造它的各种话语得到保护和继承——"保护"非物质遗产的途径在于整个以遗产为生的社区的共同努力。⑤ Sammells 建议非物质文化遗产为与游客的互动创造新的空间,因此应仔细评

---

① Su J. Understanding the changing intangible cultural heritage in tourism commodification: The music players' perspective from Lijiang, China[J]. Journal of Tourism and Cultural Change, 2019, 17(3): 247-268.

② Lourenço-Gomes L, Pinto L M C, Rebelo J F. Visitors' preferences for preserving the attributes of a world heritage site[J]. Journal of Cultural Heritage, 2014, 15(1): 64-67.

③ Yuceer H, Vehbi B O. Adaptive reuse of carob warehouses in Northern Cyprus[J]. Open House International, 2014, 39(4): 65-77.

④ Terzić A, Jovčić A, Simeunovi-Baji N. Community role in heritage management and sustainable tourism development: Case study of the Danube region in Serbia[J]. Transylvanian Review of Administrative Sciences, 2014: 183-201.

⑤ Yu H. A vernacular way of "safeguarding" intangible heritage: The fall and rise of rituals in Gouliang Miao village[J]. International Journal of Heritage Studies, 2015, 21(10): 1016-1035.

估由此产生的主客关系和社会活动,因为它们必须从长期保护和发展的角度进行规划和管理。[1] 在 Ramos 看来,文化旅游被认为是遗产保护的盟友,因为它可以扩大公众对这一遗产的了解以及获取的可能性,从而提高对保护意识的认识和参与,通过利用经济优势保护文化遗产、创造财政资源、发展教育和调整政策,文化遗产可以自我维持。[2]

文化遗产和旅游业的发展涉及复杂和有争议的问题,一个核心关注点是如何同时保护和发展非物质文化遗产,如在列入名录的历史中心规划和发展文化旅游一直是旅游和文化遗产公共管理的巨大挑战。[3] García-Hernández 等指出,欧洲游客流量的增长对文化遗产价值的保护构成了威胁,主要表现在景观形式、社会经济以及象征等诸多方面,关于城市旅游可持续性的辩论已置于公共辩论的最前沿。[4] Qiu 等及 Su 的观点是,将旅游业与文化景点捆绑在一起,可以为地方政府带来切实的经济效益,并有助于支持文化遗产的保护。[5][6] Ramírez-Guerrero 等提出了一种管理非物质文化遗产的方法,其打破了遗产保护与其社会和旅游用途之间的现有障碍,量化和诊断当前的旅游潜力,并增强文化遗产的旅游体验,以便为社会带来利益。[7] Wang 指出,文化旅游资源开发必须兼顾盈利能力,但不能忽视对生态环境和自然资源的保护,以及当地居民的合法权益,必须以平衡有关各方利益的方式处理旅游资源的开

[1] Sammells C A. Haute traditional cuisines: How UNESCO's list of intangible heritage links the cosmopolitan to the local[M]//Edible Identities: Food as Cultural Heritage. London: Routledge, 2016: 141-158.

[2] Ramos S P. Desafios do planejamento e desenvolvimento do turismo cultural em centros históricos tombados: o caso de Penedo-Alagoas[J]. urbe. Revista Brasileira de Gestão Urbana, 2019, 11.

[3] Ramos S P. Desafios do planejamento e desenvolvimento do turismo cultural em centros históricos tombados: o caso de Penedo-Alagoas[J]. urbe. Revista Brasileira de Gestão Urbana, 2019, 11: e20180075.

[4] García-Hernández M, De la Calle-Vaquero M, Yubero C. Cultural heritage and urban tourism: Historic city centres under pressure[J]. Sustainability, 2017, 9(8): 1346.

[5] Qiu Q, Zheng T, Xiang Z, et al. Visiting intangible cultural heritage tourism sites: From value cognition to attitude and intention[J]. Sustainability, 2019, 12(1): 132.

[6] Su J. Managing intangible cultural heritage in the context of tourism: Chinese officials' perspectives[J]. Journal of Tourism and Cultural Change, 2020, 18(2): 164-186.

[7] Ramírez-Guerrero G, García-Onetti J, Arcila-Garrido M, et al. A tourism potential index for cultural heritage management through the ecosystem services approach[J]. Sustainability, 2021, 13(11): 6415.

发问题；对于自然因素造成的损害，可以采用先进的模拟技术和科学的方法进行修复，建立完善的文化资源补偿机制；对于人为因素造成的损害，要建立健全景区管理规章制度，完善法律法规，加强对执法管理人员的检查，及时制止负面行为。[①]

2. 文化旅游资源可持续发展

文化遗产领域认为，文化价值在用于商业活动时会受到损害，但旅游业支持者坚持认为，文化价值只有在管理不当时才会受到损害。Terzić 等指出，只有当遗产在开发和利用过程中保持其原有的特征和价值时，这才被认为是一种可持续的方法。[②] 随着非物质文化遗产越来越受欢迎并开始吸引越来越多的游客，可能会出现一系列负面的社会影响，例如交通基础设施差异带来的区域发展失衡。[③][④] McManus 和 Carruthers 研究发现，旅游部门倾向于更多地考虑城市文化旅游的有形利益，如经济增长、游客人数和重访率，而文化对应方则更关心项目的无形利益，如保护、教育机会和身份构建。[⑤]

为了在一个地区发展文化旅游，当地人的支持是不可避免的，因为产生文化活动并确保其连续性的最重要因素是当地人民。文化旅游发展的伙伴关系和合理规划是基于不同层面的利益相关者之间的网络和合作（包括政府机构、旅游企业和当地社区等），公民参与文化遗产管理决策过程是为可持续旅游提供依据的第一步。[⑥] 按照 Meimand 等的说法，可以根据当地人的喜好制定更可持续的旅游策略。[⑦] Li 和 Zhou 亦指出，非物质文化遗产仍应植根于当地文

---

① Wang L. Sustainable utilization mode of international communication of cultural tourism resources based on the concept of green growth[J]. Mobile Information Systems, 2022：1938651.

② Terzić A，Bjeljac Ž，Jovičić A，et al. Cultural route and ecomuseum concepts as a synergy of nature, heritage and community oriented sustainable development ecomuseum, Ibar Valley "in Serbia" [J]. European Journal of Sustainable Development, 2014, 3(2)：1-1.

③ Chen Z, Haynes K E. Impact of high-speed rail on regional economic disparity in China[J]. Journal of Transport Geography, 2017, 65：80-91.

④ Zhang J, Zhang Y. Tourism, transport infrastructure and income inequality：A panel data analysis of China[J]. Current Issues in Tourism, 2022, 25(10)：1607-1626.

⑤ McManus C, Carruthers C. Cultural quarters and urban regeneration—The case of Cathedral Quarter Belfast[J]. International Journal of Cultural Policy, 2014, 20(1)：78-98.

⑥ Terzić A, Jovičić A, Simeunovi-Baji N. Community role in heritage management and sustainable tourism development：Case study of the Danube region in Serbia[J]. Transylvanian Review of Administrative Sciences, 2014：183-201.

⑦ Meimand S E, Khalifah Z, Zavadskas E K, et al. Residents' attitude toward tourism development：A sociocultural perspective[J]. Sustainability, 2017, 9(7)：1170.

化,技术提供的机会应依靠区域身份来实现可持续发展。[①]

Diaconescu 等认为,文化是可持续发展的重要因素,也是确保社会凝聚力的生活质量因素,游客体验的一个重要特征来自他们与当地文化和遗产的接触。[②] Brida 等指出,文化旅游的主要特征是真实性和独特性,任何拥有具备这些特征资产的社区都具有相对优势,事实上,它能够吸引具有更高消费倾向的消费者,从而增加他们的过夜停留——停留时间是当地人收入的主要来源,尽管这种关系可能是非线性的。[③] Aranburu 等指出,文化游客对文化目的地有着高度的选择性,他们对时间和空间的消耗也具有高度选择性,由于旅行的高机会成本,文化游客在短时间内密集于消费场所和体验,旅游资源的中心性和城市流动性直接影响文化旅游的环境可持续性,这主要是因为较低的可达性成本、共享的基础设施和更高密度的交通网络。[④] 通过文化创意提升人造旅游资源质量,丰富文化旅游产品尤为重要,这可更好满足游客在优美自然风光、独特的地方文化体验或古老的少数民族情怀上的多层次、多样的现代需求,对此 Jiang 提出了三条路径:一是传统文化资源可以直接作为旅游产品加以利用,二是可以通过文化融合升级现有旅游产品,三是旅游业可以与其他产业相结合。[⑤]

在文化旅游资源保护研究上,国内学者许继红指出,文化旅游资源如果没有开发利用,便也谈不上保护和传承,因为存在着在岁月变迁中流失和自然损毁的风险,要坚持"保护第一"的原则、"以文为本"的宗旨和"全民公益性"的路径。[⑥] 范周认为,要重视对文化旅游资源完整性、原真性和活态性的保护,推动文旅高质量发展需以保护为前提、以市场为导向、以融合为路径、以科技

---

① Li D, Zhou S. Evaluating the authenticity of naxi music in three stages from the perspective of Naxi musicians: An application of Lacan's mirror stage theory[J]. Sustainability, 2021, 13(7): 3720.

② Diaconescu R, Stanciugelu S, Copot D, et al. State and private sector inovlvement in developing and promoting cultural and religious heritage[J]. European Journal of Science and Theology, 2013, 9(3): 207-217.

③ Brida J G, Meleddu M, Pulina M. Factors influencing length of stay of cultural tourists[J]. Tourism Economics, 2013, 19(6): 1273-1292.

④ Aranburu I, Plaza B, Esteban M. Sustainable cultural tourism in urban destinations: Does space matter? [J]. Sustainability, 2016, 8(8): 699.

⑤ Jiang H, Yang Y, Bai Y. Evaluation of all-for-one tourism in mountain areas using multi-source data[J]. Sustainability, 2018, 10(11): 4065.

⑥ 许继红. 后现代语境下山西文化旅游产业发展的困境与反思[J]. 经济问题, 2015(11): 115-120.

为手段。① 在赵华看来,乡村文化旅游资源保护不利主要是出于三个方面的原因:一是外来文化和城市文化对乡村传统文化产生了冲击,导致村民文化认同感丧失;二是传统文化技艺传承的人才培育机制不健全,以致传统文化技艺传承出现了断代危机;三是对传统物质文化资源进行商业化开发时未能合理保护和利用,破坏了传统乡村文化资源。② 在文化旅游资源可持续发展上,秦璇指出,可持续发展是文化旅游资源开发的必由之路,科学的文化旅游资源开发既要坚持文化旅游的独特性,更要实现文化基因的可延续性,从而实现保护性开发。③ 单纬东等认为,文化旅游资源的可持续开发和保护离不开科学技术创新的支撑,否则,轻则影响开发和保护的有效性,重则会造成原生价值的丧失。④ 马孟丽指出,开发者不能只图经济效益而忽略特色文化传承,要辩证看待充分保护与合理利用,以实现人文、经济、自然以及环境的有机结合和全面发展。⑤

第三节　文化旅游资源研究展望

如何充分利用地方文化旅游资源一直是文化旅游公共管理中的巨大挑战。不少文化旅游资源实际上并未能促进所在细分领域的重大转变,进而改善当地居民的生活质量和生活水平,从而使他们能够参与旅游业等经济活动,并提高对文化旅游资源传承和保护重要性的认识。文化旅游发展的障碍之一,是只考虑到当地文化遗产的恢复和保护,而没有足够关注旅游产品的建设及其管理,有必要重新审视文化旅游资源的开发与利用。⑥ 文化旅游资源开发不仅在经济层面具有价值,在文化传承、社会互动、环境保护以及创意产业发展方面也都具有深远意义,未来的文化旅游资源研究将可能更加关注技术

---

① 范周.文旅融合的理论与实践[J].人民论坛·学术前沿,2019(11):43-49.

② 赵华.文旅融合下乡村公共文化服务创新体系研究[J].经济问题,2021(5):111-116.

③ 秦璇.开辟湘西民族区域文化旅游产业发展新路径[J].贵州民族研究,2014,35(9):162-165.

④ 单纬东,许秋红,李想,等.科技创新、异质性文化旅游资源与旅游竞争优势[J].科技管理研究,2014,34(24):182-187.

⑤ 马孟丽.特色文化主题下的区域旅游产业化策略[J].社会科学家,2020(3):100-106.

⑥ Goodey B. Turismo cultural: novos viajantes, novas descobertas[M]//Murta S M, Albano C. Interpretar o Patrimônio: um exercício do olhar. Belo Horizonte: Território Brasiis Consultoria Ltda, 2002: 131-138.

创新、可持续发展、社区参与、文化多样性等方面议题,以紧跟和适应日益变化的旅游市场和社会需求。

一、文化旅游资源的价值评估优化

文化旅游资源的价值涉及经济、社会和环境等多个层面,评估优化也应综合考虑文化价值、经济效益、社区参与、环境保护、游客体验等因素。目前,德尔菲法、问卷调查、主成分分析、模糊综合评价、重要性绩效分析等方法已经广泛应用于文化旅游资源的价值评价当中[①],未来评估可以结合定量方法和定性方法,借助深度访谈、结构方程模型以及更扎实的理论,从指标体系和评估方法优化入手,提升评估有效性和可操作性。

二、文化旅游资源的开发利用创新

技术创新在提升旅游体验、保护文化遗产、促进可持续发展等方面发挥着越来越重要的作用,为更好地满足游客需求和推动创新式发展,未来研究需要关注虚拟现实(VR)和增强现实(AR)、智能导览系统、语音识别和翻译、可穿戴设备、数字化展示、社交媒体互动等技术在文化旅游资源开发利用中的应用研究。此外,研究可以更多关注沉浸式体验、互动性体验、主题性体验和个性化定制体验等多种创新形态在文化旅游资源开发利用上的价值,积极寻求可以使文化旅游资源更具吸引力、满足不同类型游客需求且同时能更好保护和传承文化遗产的实践路径。

三、文化旅游资源的可持续发展

文化旅游资源的可持续发展研究涵盖多个领域,主要探讨资源如何在满足当前需求的同时能够长期保护和传承的中心议题。具体研究内容包括:在文化旅游资源开发中减少环境影响,制定可持续的资源管理计划,保护自然生态和生物多样性;让当地社区更多地参与资源开发决策,分享经济和社会收益,增强社区的归属感和共同责任;保护和传承文化遗产,同时鼓励创新,将传统文化与现代需求相结合,保证文化的活力和延续;文化旅游资源开发与利用

---

① Tang C, Zheng Q, Ng P. A study on the coordinative green development of tourist experience and commercialization of tourism at cultural heritage sites[J]. Sustainability, 2019, 11(17): 4732.

对社会的影响,以及如何通过这一过程促进文化认同和社会凝聚力;游客的行为模式,通过游客流量和压力分析,设计游客管理策略,避免过度拥挤和资源过度消耗;开发可持续性指标和评估体系,定期监测资源的可持续发展状况,进行动态调整和持续改进等。

第四章 文化旅游资源评价

我国现代意义的旅游产业以邓小平同志 1978 年 10 月至 1979 年 7 月间关于发展旅游业的五次重要谈话为标志[1]，而文化旅游热潮则可追溯至 20 世纪 80 年代末、90 年代初[2]。伴随着国家经济改革开放与旅游业发展，越来越多的公众开始意识到文化旅游的重要性和独特魅力。随着时间的推移，我国的文旅融合不断走向深入，文化旅游业日益繁荣兴旺，文化旅游亦逐渐成为人们外出旅游的重要选择。文化旅游由浅入深、从低到高、从不间断的兴起也极大推动了各地对文化旅游资源内涵与价值的整理和挖掘热情——这也进一步促进了文化旅游资源的产业转化与利用。

文化旅游资源是发展文化旅游的先决条件，对文化旅游资源进行科学评价可为地方文化旅游业发展提供决策依据。游客到访受到诸多因素的影响和制约。一般而言，休闲游客通常会停留更长时间，但如果没有有趣的文化旅游景点，他们的重访率就会很低。[3] 在文化旅游中，有关"文化"及其所依据的资源的问题可能超过对"旅游"的关注。[4] 对传统意义上旅游资源匮乏的地方而言，文化旅游资源的开发能够为目的地旅游业发展创造出一种新的可能，对于增强地方文化旅游产品的有效供给亦有着显著的现实意义。[5][6]

---

① 张飞.文旅融合：历程、趋势及河南路径[N].中国旅游报，2020-06-05(003)．

② 吴冬霞.用新理念推动广西旅游业再上新台阶[J].广西大学学报（哲学社会科学版），2003 (4)：11-13.

③ Brida J G, Nogare C D, Scuderi R. Learning at the museum: Factors influencing visit length [J]. Tourism Economics, 2017, 23(2): 281-294.

④ Hunter W C. Syncretism and indigenous cultural tourism in Taiwan[J]. Annals of Tourism Research, 2020, 82: 102919.

⑤ 刘治彦.文旅融合发展：理论、实践与未来方向[J].人民论坛·学术前沿，2019(16)：92-97.

⑥ 胡婷，许春晓.等量齐观还是因群而异？文化旅游资源市场期望价值差异研究[J].资源开发与市场，2022,38(5)：595-602.

概而言之,文化旅游资源评价对促进地区发展、提升游客体验和保护文化遗产等诸多方面都发挥着积极作用。首先,评价能够帮助目的地深入了解自身文化旅游资源的价值和潜力,进而能更好地规划和管理资源,推动文化旅游的可持续发展。其次,通过全面评估有助于设计更具吸引力的旅游线路、活动和展览,以满足游客对文化体验的需求,提升他们的旅游体验。此外,评价有助于保护和传承地方文化,促进本地居民对自身文化的认同感和自豪感,减少文化旅游资源的过度商业化和被破坏。最后,评价也为政府、投资者和业界决策者提供了有关政策制定、资源投资和市场推广的依据,从而更好地促进地方经济增长与社会发展。但是,当下文化旅游资源以定性方法为主体的评价科学性和有效性仍有待提升,通过采用模糊层次评价法(FAHP),决策者可更好地处理模糊性和不确定性所带来的挑战,更准确地把握文化旅游资源的实际价值,进而为文化旅游资源的有效开发与利用奠定基础。

第一节　文献综述与研究设计

一、文献综述

旅游资源是指自然界和人类社会中可以为旅游业开发利用的各种事物和现象,其能对旅游者产生吸引力并可产生经济、社会和环境效益。作为旅游资源的子概念,文化旅游资源可以从狭义和广义两个视角来理解。狭义的文化旅游资源被认为是将文化和旅游进行有机结合的一种旅游资源类型,而广义的文化旅游资源则包括了一个地区或国家所拥有的全部具有文化、历史、艺术、民俗等特色的资源,这些资源可以为游客提供丰富的文化体验和历史感受。在这种理解下,文化旅游资源不仅包括传统的文化名胜、历史遗迹、博物馆、宗教遗迹,还包括当地的传统节日、民俗活动、艺术展演、民间艺术和手工艺品等。[①]

已有文化旅游资源评价研究多从分类评价的技术路径展开。从分类方法上看,两分法、专题型分类法、级别分类法等多种方案并行,但《旅游资源分类、

---

① 许春晓,胡婷.文化旅游资源分类赋权价值评估模型与实测[J].旅游科学,2017,31(1):44-56+95.

调查与评价》(GB/T18972-2003、GB/T18972-2017)国家标准关于旅游资源基本类型的划分和释义得到了最为广泛的引用。在这一标准中,主类中的"A地文景观""B水域景观""C生物景观"和"D天象与气候景观"通常被视为自然旅游资源,而"E建筑与设施""F历史遗迹""G旅游购品"和"H人文活动"则构成了文化旅游资源的主体。实际上,这一分类优点是从全国层面统一并规范了旅游资源分类的口径且较完整地归纳了旅游资源的类型,但也存在着过度细化资源类型导致资源整体价值降低、资源类型过多造成大中尺度旅游资源分类与评价困难、规划的实践性不强和过度学术化倾向以及资源之间以及资源与环境之间关系关照不足等现实问题。①参考国标体系结构划分,李烨和张广海将文化旅游资源划分为传统型和非传统型两类,其中前者包括建筑与设施类、遗址遗迹类、人文活动类以及旅游商品类,后者包括商务会展类和文化创意类。②

在具体评价方法上,文化旅游资源评价经历了从定性、定量到综合评价的发展历程,出现了主成分权重优先法③、"三三六"评价体系④、层次分析法⑤等解决方案。许春晓和胡婷建立了包括4个主类、25个亚类和142个基本类型的文化旅游资源三级结构分类,其中四大主类分别为人类文化遗址遗迹、文化旅游商品、历史建筑与文化空间和人文活动,其后综合利用主客观赋权,运用层次分析与模糊评价的方法从经济价值、体验价值、遗存价值、环境价值、观赏价值和教育价值六个维度对文化旅游资源进行了综合评价。⑥为了更精确地对文化旅游资源进行价值评价,唐建军和姚丝雨将文化旅游资源划分为物质型文化旅游资源(建筑与设施、历史遗迹遗存)和非物质型文化旅游资源(传统艺术、传统技艺和传统礼仪),综合运用层次分析法、德尔菲法以及模糊数学法,从资源品质、开发条件和资源影响力角度评价了物质型文化旅游资源,从

① 黄细嘉,李雪瑞.我国旅游资源分类与评价方法对比研究[J].南昌大学学报(人文社会科学版),2011,42(2):96-100.

② 李烨,张广海.我国文化旅游资源功能区划研究[J].东岳论丛,2016,37(7):78-84.

③ 张捷.区域民俗文化旅游资源的定量评价研究——九寨沟藏族民俗文化与江苏吴文化民俗旅游资源比较研究之二[J].人文地理,1998(1):63-66+62.

④ 卢云亭.现代旅游地理学[M].南京:江苏人民出版社,1988:134-141.

⑤ 王建军,李朝阳,田明中.生态旅游资源分类与评价体系构建[J].地理研究,2006(3):507-516.

⑥ 许春晓,胡婷.文化旅游资源分类赋权价值评估模型与实测[J].旅游科学,2017,31(1):44-56+95.

国家级和省级两个级别对非物质型文化旅游资源进行了评价。[①]

整体来看,目前对文化旅游资源分类定量评价虽已经取得一定成果,但仍存在着一些问题:一是多数研究都采用了分类评价的思想,但是不同研究间对主类、亚类和基本类型的理解并不一致;二是从评价指标体系来看,平均化或"面面俱到"式的赋权往往会扭曲评价结果,导致拥有单一或多项突出特质的文化旅游资源评级偏低,而这与旅游资源开发的实践规律并不相符;三是在评价方法上,虽然有部分采用主客观相统一的评价方法(主成分分析结合层次分析法等),但专家调查、主观赋权的评价仍占据多数。因此,就文化旅游资源评价而言,无论是指标体系还是评价方法都仍有一定的完善空间,探索优化评价不仅有助于准确认识文化旅游资源的价值,对进一步挖掘和开发利用这些资源,为地方文化旅游业发展提供支持亦意义重大。

二、研究设计

(一)文化旅游资源评价指标

文化旅游资源评价指标是用来衡量和评估文化旅游资源质量和价值的标准,这些指标可以帮助决策者、规划者和旅游业从业者了解和提升文化旅游资源的吸引力、可持续性和竞争力。文化旅游资源评价的常见指标主要包括资源本身的因素和外部环境因素。其中,资源本身的因素包括资源的品质和特色,如历史价值、科学价值、文化价值、艺术价值等,以及资源的规模和分布情况,如景区面积、景点数量等,而外部环境因素则主要包括社会经济环境、自然环境、旅游服务环境和旅游市场环境等。此外,文化旅游资源评价还需要考虑资源的可持续利用和保护,包括资源的可重复使用性、环境保护措施的有效性、文化传承和社区发展等。

以《旅游资源分类、调查与评价》国家标准评价框架为基准,结合周彬等[②]、张新友[③]、冯亮等[④]的相关研究,文化旅游资源评价可以从文化品质、旅游

[①] 唐建军,姚丝雨.区域文化旅游资源价值评价研究[J].济南大学学报(社会科学版),2022,32(6):35-43.

[②] 周彬,赵旭东,王宾梅,刘易文.渔文化旅游资源开发潜力评价研究——以浙江省象山县为例[J].长江流域资源与环境,2011,20(12):1440-1445.

[③] 张新友.新疆多民族地区非物质文化遗产旅游资源评价[J].贵州民族研究,2018,39(10):152-157.

[④] 冯亮,党红艳,金媛媛.晋中市红色文化旅游资源的评价与开发优化[J].经济问题,2018(7):92-98.

体验、市场潜力三个维度进行(见表 4.1)。其中,文化品质包括历史文化科学艺术价值、形态与结构完整性、珍稀奇特程度、保存与传承、文化承载力五个二级指标;旅游体验包括旅游资源单体丰度与概率、观赏游憩使用价值、适游期或使用范围、旅游资源单体规模、聚集组合情况五个二级指标;市场潜力包括知名度和影响力、环境保护与环境安全、客源市场条件、区位条件、基础设施五个二级指标,具体指标的含义如表 4.1 所示。

表 4.1　文化旅游资源评价指标体系

目标层	准则层	指标层	指标释义
文化旅游资源评价(A)	文化品质(B1)	历史文化科学艺术价值(C11)	历史价值、文化价值、科学价值、艺术价值
		形态与结构完整性(C12)	形态与结构变异
		珍稀奇特程度(C13)	物种、景观或现象在其他地区易见性
		保存与传承(C14)	文化遗产的保护和继承
		文化承载力(C15)	文化传承与发展的能力
	旅游体验(B2)	旅游资源单体丰度与概率(C21)	旅游资源单体结构和疏密度、自然景象和人文活动周期性发生的频率
		观赏游憩使用价值(C22)	观赏价值、游憩价值、使用价值
		适游期或使用范围(C23)	适宜游览的日期或适宜于游客使用和参与的范围
		旅游资源单体规模(C24)	旅游资源单体规模、体量
		聚集组合情况(C25)	特定区域内特色景点的集中分布状况

续表

目标层	准则层	指标层	指标释义
文化旅游资源评价(A)	市场潜力(B3)	知名度和影响力(C31)	公众知晓的程度以及影响公众行为、决策改变的能力
		环境保护与环境安全(C32)	污染治理情况及安全隐患
		客源市场条件(C33)	游客资源和市场条件
		区位条件(C34)	地理位置、自然环境、文化特色等因素
		基础设施(C35)	交通、住宿、餐饮等配套设施

（二）文化旅游资源评价方法

确定指标权重的方法主要有主观和客观两类赋权法。主观赋权法主要基于专家的知识经验或偏好，将各指标按重要程度进行比较、分配权值或计算得出其权重，常见方法包括专家估测法、层次分析法、二项系数法等。客观赋权法则是根据指标值的变异系数或指标间的相关关系来确定权重，常见方法包括主成分分析法、模糊聚类法、序列对比法等。客观赋权法比较适用于具有相对独立性的客观指标。本书采用了模糊层次分析法（Fuzzy Analytic Hierarchy Process，简称 FAHP）来进行指标赋权，这主要是考虑到传统的 AHP 赋权中将决策者不精确的主观评价视为精确值来处理，从而造成了赋权结果与现实结果存在差距的局限。[①] Van Laarhoven 等学者提出用三角模糊数替代传统 AHP 标度来表示比较结果的思想[②]，模糊数学的引入克服了人类思维的主观性和传统 AHP 方法存在的局限性。模糊 1—9 标度含义如表 4.2 所示。

---

① Saaty T L. A scaling method for priorities in hierarchical structures [J]. Journal of Mathematical Psychology, 1977, 15(3): 234-281.

② Van Laarhoven P J M, Pedrycz W. A fuzzy extension of Saaty's priority theory[J]. Fuzzy Sets and Systems, 1983, 11(1-3): 229-241.

表 4.2　模糊 1—9 标度及其含义

标度	含义
$\tilde{1}$	两因素对目标具有同等重要性
$\tilde{3}$	两因素间判断差异轻微
$\tilde{5}$	两因素间判断差异明显
$\tilde{7}$	两因素间判断差异强烈
$\tilde{9}$	两因素间判断差异极端(最大限度)
$\tilde{2},\tilde{4},\tilde{6},\tilde{8}$	上述两相邻判断的中值
上述各值的倒数	C_i 与 C_j 比较的判断为 $(\tilde{a_{ij}})$,则 C_j 与 C_i 比较的判断 $(\tilde{a_{ji}})=1/(\tilde{a_{ij}})$

FAHP 分析中,可将不同评估专家的判断抽象为三角模糊数 $\widetilde{u_{ij}}(L_{ij},M_{ij},U_{ij})$,其计算方法如下。

$$L_{ij} = \min(B_{ijk}) \tag{1}$$

$$M_{ij} = \sqrt[n]{\prod_{k=1}^{n} B_{ijk}} \tag{2}$$

$$U_{ij} = \max(B_{ijk}) \tag{3}$$

式中,$k = 1,2\cdots,n$,其中 n 为评分专家总数;B_{ijk} 表示第 k 个专家对 C_i 和 C_j 两因素相对重要性的判断。参考鲁光银等的研究[①],$\min(B_{ijk})$ 取值为专家评分的最小值,$\sqrt[n]{\prod_{k=1}^{n} B_{ijk}}$ 为专家评分的几何平均值,$\max(B_{ijk})$ 为专家评分的最大值。

第二节　基于 FAHP 的文化旅游资源评价实证

一、建立层次结构模型

FAHP 第一步是构建层次结构模型,在明确决策问题的目标和准则后,将其分解成多个层次,形成层次结构。一般而言,层次结构由目标层、准则层和方案层组成。其中,目标层是最高层,准则层和方案层是目标层下的子层。

---

① 鲁光银,朱自强,李华,等.公路隧道岩体质量分级的模糊层次分析法[J].中南大学学报(自然科学版),2008(2):368-374.

在文化旅游资源评价中,评价指标按相互影响关系以及隶属关系聚合形成的层次结构模型如图 4.1 所示。

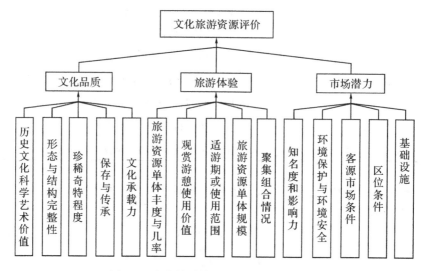

图 4.1　文化旅游资源评价层次结构模型

二、模糊判断矩阵构造

邀请来自政府行业主管部门、协会、企业以及高校的 5 位不同领域专家参照图 4.1 所示层次结构借助表 4.2 所示标度法对指标层和准则层因素两两之间相较于上层因素的重要性实施比较,形成三角模糊数表示的模糊判断矩阵,如表 4.3 至表 4.6 所示。

表 4.3　准则层各因素相对于目标层的模糊判断矩阵

A	文化品质(B1)	旅游体验(B2)	市场潜力(B3)
文化品质(B1)	1,1,1	2,2.77,3	3,3.37,4
旅游体验(B2)	0.33,0.36,0.5	1,1,1	2,2.17,3
市场潜力(B3)	0.25,0.3,0.33	0.33,0.46,0.5	1,1,1

表 4.4　指标层各因素相对于文化品质的模糊判断矩阵

B1	历史文化科学艺术价值(C11)	形态与结构完整性(C12)	珍稀奇特程度(C13)	保存与传承(C14)	文化承载力(C15)
C11	1,1,1	6,7.13,8	2,2.89,5	6,8.3,9	4,5,7
C12	0.13,0.14,0.17	1,1,1	0.13,0.14,0.2	2,3.03,4	0.25,0.38,0.5
C13	0.2,0.35,0.5	5,7.28,8	1,1,1	4,5,7	3,3.32,5
C14	0.11,0.12,0.17	0.25,0.33,0.5	0.14,0.2,0.25	1,1,1	0.25,0.38,0.5
C15	0.14,0.2,0.25	2,2.64,4	0.2,0.3,0.33	2,2.64,4	1,1,1

表 4.5　指标层各因素相对于旅游体验的模糊判断矩阵

B2	旅游资源单体丰度与概率(C21)	观赏游憩使用价值(C22)	适游期或使用范围(C23)	旅游资源单体规模(C24)	聚集组合情况(C25)
C21	1,1,1	0.25,0.33,0.5	5,7.11,9	4,5.1,6	2,3.1,6
C22	2,3.03,4	1,1,1	7,8.56,9	6,7.65,9	3,4.99,7
C23	0.11,0.14,0.2	0.11,0.12,0.14	1,1,1	0.2,0.35,0.5	0.14,0.2,0.33
C24	0.17,0.2,0.25	0.11,0.13,0.17	2,2.89,5	1,1,1	0.2,0.35,0.5
C25	0.17,0.32,0.5	0.14,0.2,0.33	3,4.99,7	2,2.89,5	1,1,1

表 4.6　指标层各因素相对于市场潜力的模糊判断矩阵

B3	知名度和影响力(C31)	环境保护与环境安全(C32)	客源市场条件(C33)	区位条件(C34)	基础设施(C35)
C31	1,1,1	6,8.3,9	1,3.62,5	4,5,7	6,7.65,9
C32	0.11,0.12,0.17	1,1,1	0.11,0.14,0.17	0.14,0.2,0.25	0.25,0.38,0.5
C33	0.2,0.28,1	6,7.06,9	1,1,1	2,4.82,6	3,4.56,6
C34	0.14,0.2,0.25	4,5,7	0.17,0.21,0.5	1,1,1	1,3.03,4
C35	0.11,0.13,0.17	2,2.64,4	0.17,0.22,0.33	0.25,0.33,1	1,1,1

三、三角模糊数去模糊化

参考 Liou 和 Wang 提出的去模糊化方法[①]以及费军和余丽华提出的偏好系数及风险容忍度取值[②],对三角模糊数进行去模糊化,操作如式(4)—(7)所示。

$$(a_{ij}^{\alpha})^{\lambda} = [\lambda \cdot L_{ij}^{\alpha} + (1-\lambda) \cdot U_{ij}^{\alpha}], 0 \leqslant \lambda \leqslant 1, 0 \leqslant \alpha \leqslant 1, i < j \quad (4)$$

$$(a_{ij}^{\alpha})^{\lambda} = 1/(a_{ij}^{\alpha})^{\lambda}, 0 \leqslant \lambda \leqslant 1, 0 \leqslant \alpha \leqslant 1, i > j \quad (5)$$

$$L_{ij}^{\alpha} = (M_{ij} - L_{ij}) \cdot \alpha + L_{ij} \quad (6)$$

$$U_{ij}^{\alpha} = U_{ij} - (U_{ij} - M_{ij}) \cdot \alpha \quad (7)$$

其中,α 为决策者偏好系数,其反映了判断的不确定性,当取值为 0 时判断的不确定性最大,本书中 $\alpha = 0.5$;λ 为决策者风险容忍度,其值越大意味着决策者越悲观,反之亦然,本书中 $\lambda = 0.5$。将表 4.3 至表 4.6 中各模糊判断矩阵中的三角模糊数去模糊化后的判断矩阵如表 4.7 至表 4.10 所示。

表 4.7　准则层各因素相对于目标层去模糊化后的判断矩阵

A	文化品质(B1)	旅游体验(B2)	市场潜力(B3)	权重向量(W_i)
文化品质(B1)	1	2.635	3.435	0.588
旅游体验(B2)	0.380	1	2.335	0.271
市场潜力(B3)	0.291	0.428	1	0.141

$\lambda_{\max} = 3.038; CI = 0.019; RI = 0.52; CR = 0.036$

表 4.8　指标层各因素相对于文化品质去模糊化后的判断矩阵

B1	历史文化科学艺术价值(C11)	形态与结构完整性(C12)	珍稀奇特程度(C13)	保存与传承(C14)	文化承载力(C15)	权重向量(W_i)
C11	1	7.065	3.195	7.900	5.250	0.514
C12	0.142	1	0.153	3.015	0.378	0.065
C13	0.313	6.536	1	5.250	3.660	0.275

---

① Liou T S, Wang M J J. Ranking fuzzy numbers with integral value[J]. Fuzzy Sets and Systems, 1992, 50(3): 247-255.

② 费军, 余丽华. 电子政务绩效评估的模糊层次分析模型——基于公共服务视角[J]. 情报科学, 2009, 27(6): 894-899.

B1	历史文化科学艺术价值(C11)	形态与结构完整性(C12)	珍稀奇特程度(C13)	保存与传承(C14)	文化承载力(C15)	权重向量(W_i)
C14	0.127	0.332	0.190	1	0.378	0.041
C15	0.190	2.646	0.273	2.646	1	0.105

$$\lambda_{max}=5.314; CI=0.079; RI=1.12; CR=0.070$$

表4.9　指标层各因素相对于旅游体验去模糊化后的判断矩阵

B2	旅游资源单体丰度与概率(C21)	观赏游憩使用价值(C22)	适游期或使用范围(C23)	旅游资源单体规模(C24)	聚集组合情况(C25)	权重向量(W_i)
C21	1	0.353	7.055	5.050	3.550	0.276
C22	2.833	1	8.280	7.575	4.995	0.506
C23	0.142	0.121	1	0.350	0.218	0.035
C24	0.198	0.132	2.857	1	0.350	0.062
C25	0.282	0.200	4.587	2.857	1	0.122

$$\lambda_{max}=5.247; CI=0.062; RI=1.12; CR=0.055$$

表4.10　指标层各因素相对于市场潜力去模糊化后的判断矩阵

B3	知名度和影响力(C31)	环境保护与环境安全(C32)	客源市场条件(C33)	区位条件(C34)	基础设施(C35)	权重向量(W_i)
C31	1	7.900	3.310	5.250	7.575	0.5165
C32	0.127	1	0.140	0.198	0.378	0.0344
C33	0.302	7.143	1	4.410	4.530	0.2732
C34	0.190	5.051	0.227	1	2.765	0.1155
C35	0.132	2.646	0.221	0.362	1	0.0603

$$\lambda_{max}=5.336; CI=0.084; RI=1.12; CR=0.075$$

四、层次单排序及一致性检验

层次单排序及一致性检验首先是根据判断矩阵,计算其最大特征根 λ 对应的特征向量,并进行归一化处理,得到权重向量 W_i,然后借助公式 $CI=$

$(\lambda-n)/(n-1)$ 计算一致性指标 CI，其中 n 为判断矩阵的阶数，再通过查找对应的随机一致性指标 RI，利用 $CR=CI/RI$ 计算一致性比率 CR。一般而言，如果 $CR<0.1$，则认为判断矩阵的一致性在可接受的范围内，否则，就需要对判断矩阵进行调整并重新进行一致性检验。去模糊化后各判断矩阵的权重向量和一致性检验结果如表 4.7 至表 4.10 所示，数据显示各判断矩阵的 CR 值均在 0.1 以下，具有满意的一致性。

五、文化旅游资源评价指标的排序权重

文化旅游资源评价指标的排序权重如表 4.11 所示。总体来看，历史文化科学艺术价值、珍稀奇特程度、观赏游憩使用价值、旅游资源单体丰度与概率、知名度和影响力是影响力前五的指标。分维度看，文化品质中历史文化科学艺术价值指标最为重要，旅游体验中观赏游憩使用价值权重最大，而市场潜力中知名度和影响力最为关键。

表 4.11　文化旅游资源评价指标的排序权重

评价指标	权重
历史文化科学艺术价值	0.302
珍稀奇特程度	0.162
观赏游憩使用价值	0.137
旅游资源单体丰度与概率	0.075
知名度和影响力	0.073
文化承载力	0.062
客源市场条件	0.039
形态与结构完整性	0.038
聚集组合情况	0.033
保存与传承	0.024
旅游资源单体规模	0.017
区位条件	0.016
适游期或使用范围	0.010
基础设施	0.009
环境保护与环境安全	0.005

第五章 博物馆文化旅游资源开发与利用

第一节 博物馆发展与城市旅游竞争力提升[①]

博物馆作为一个主要的增长产业,与旅游业有着千丝万缕的联系。法国在 20 世纪末 10 年里,投入数亿法郎到由法国政府管理的 2000 多家博物馆;在英国,55% 的伦敦国际假期访问包含了博物馆的参观;在美国,博物馆成为让城市增加收入和声望的商业导向机构,超过三分之一的美国游客认同特定的艺术、文化或遗产活动将影响他们对目的地的选择;在斯里兰卡,29% 的外国游客在 2018—2019 年访问参观了博物馆;在巴西和阿根廷,近三分之二的游客将参观博物馆纳入访问议程。[②] 包括北京的故宫博物院、巴黎的卢浮宫、开罗的埃及博物馆、华盛顿特区的国家航空航天博物馆、墨西哥城的国家人类学博物馆、圣彼得堡的冬宫在内,全球各地大大小小的博物馆在城市旅游经济增长中正扮演着越来越重要的角色——数量庞大的参观者可以为博物馆及其周边地区带来显著的经济利益。

文化已成为旅游目的地之间竞争吸引游客的关键因素,也是服务型经济的重要组成部分。[③] 联合国世界旅游组织(UNWTO,2018)的统计表明,文化旅游市场占全球旅游业的 39%,年增长率为 15%。而在美国,逾八成的游客

---

① 本节内容刊载于 2023 年 10 月第 5 期《科学教育与博物馆》。

② Sandaruwani R C, Gnanapala A C. Challenges and issues confronting Sri Lanka in museum tourism development[J]. Curator: The Museum Journal, 2021, 64(4): 751-778.

③ Poter M E. Clusters and the new economics of competition[J]. Harvard Business Review, 1998, 11: 77-90.

都被视作文化游客。在理查兹（Richards）等人看来，博物馆早已是旅游供应不可分割的一部分，并已成为仅次于文化和历史古迹与遗址的第二大热门景点。[①] 根据英国国家博物馆馆长委员会（NMDC）的数据，英国前 10 大旅游景点中有 8 个是博物馆，包括了大英博物馆和泰特现代美术馆等在内。

一、相关文献综述

（一）博物馆与博物馆旅游

"博物馆热潮"发轫于 20 世纪 70 年代中期，在不断扩大的休闲市场竞争中为现存和新项目提供资金成为博物馆的一大当务之急。[②] 当下，博物馆正在发生着一些显著的变化——试图更加以游客为导向而不仅仅是囿于收集和展示藏品的传统角色，大量的博物馆参观依赖于旅行社和有组织的文化参观，但将博物馆、酒店和旅游景点联系起来，则会有力增强一个地区的知名度，并为旅游目的地带来更多剩余价值，进而以高级旅游产品的形式为旅游和休闲产业的发展作出贡献。[③] 具体来看，一方面，博物馆可以通过增加游客数量为旅游业的生存和发展提供资源保障；另一方面，博物馆与旅游活动的直接联系，可以有效提升旅游品质，实现旅游产品差异化。随着旅游市场竞争的不断加剧，博物馆越来越成为提升目的地感知满意度的重要元素，进而有助于城市目的地品牌创造竞争优势。

与此同时，越来越多的游客也在寻求更多的文化和遗产旅游，而不仅仅是休闲旅游。文化是人们流动的主要动因之一，在经济维度之外，旅游的"文化"版本与好奇心和了解他人的愿望联系在一起，以满足探索和增强个人体验的冲动。[④] 对知识和文化的追求成为游客出行的重要动机，将娱乐与知识相结

---

① Richards G. Production and consumption of European cultural tourism[J]. Annals of Tourism Research，1996，23(2)：261-283.

② Kotler N. New ways of experiencing culture：The role of museums and marketing implications[J]. Museum Management and Curatorship，2001，19(4)：417-425.

③ Mavragani E. Museum services in the era of tourism[M]//Bast G，Carayannis E G，Campbell D F. The Future of Museums. Cham：Springer，2018：37-47.

④ Herreman Y. Museums and tourism：Culture and consumption[J]. Museum International，1998，50(3)：4-12.

合的趋势也日益兴起。^① 从可持续旅游发展视角来看,包括博物馆在内的文化景点在游客选择旅游目的地时扮演着越来越重要的角色,也正因如此,越来越多的博物馆已经意识到游客是其成功的重要制约因素并针对性地调整了面向游客的服务提供。^② 博物馆是旅游,旅游亦是一个活生生的实验博物馆。^③

（二）城市旅游竞争力

地方发展与提高竞争绩效有关。如今仅仅获得比竞争对手更好的表现并不足以将一项活动或地区描述为具有竞争力,竞争力的概念已经从以禀赋资源（自然、社会文化等）为基础的比较优势转向以管理为重点,从而提高竞争优势和当地人的生活质量。^④ 国外对区域旅游竞争力的研究自第二次世界大战之后兴起,针对城市旅游竞争力的研究则可追溯至 1964 年斯坦斯菲尔德（Stansfield）对城市旅游业重要性的研究论述。^⑤ 最受认可的旅游竞争力概念可以追溯到 Ritchie 和 Crouch,他们将竞争力与旅游景点、资源保护和当地居民生活质量的利益联系起来,并将可持续生产力与在旅游目的地实现竞争力相结合。^⑥ 供给角度的旅游竞争力被认为是与旅游产品生产力、吸引力、有效利用可用资源等因素相关;需求角度的旅游竞争力则被视为与满意度、难忘的旅游体验以及质量等息息相关;居民视角的旅游竞争力加入了对环境问题和

---

① Phaswana-Mafuya N, Haydam N. Tourists' expectations and perceptions of the Robben Island Museum—A world heritage site[J]. Museum Management and Curatorship, 2005, 20(2): 149-169.

② Huo Y, Miller D. Satisfaction measurement of small tourism sector (museum): Samoa[J]. Asia Pacific Journal of Tourism Research, 2007, 12(2): 103-117.

③ Moreno Gil S, Ritchie J R B, Almeida-Santana A. Museum tourism in Canary Islands: Assessing image perception of directors and visitors[J]. Museum Management and Curatorship, 2019, 34(5): 501-520.

④ Armenski T, Dwyer L, Pavlukovi V. Destination competitiveness: Public and private sector tourism management in Serbia[J]. Journal of Travel Research, 2018, 57(3): 384-398.

⑤ Stansfield J, Charles A. A note on the urban-nonurban imbalance in American recreational research[J]. The Tourist Review, 1964, 19(4): 196-200.

⑥ Ritchie J R B, Crouch G I. The competitive destination: A sustainable tourism perspective [M]. Wallingford: Cabi, 2003.

社会经济发展以及生活质量的关注。①②③

对于所有旅游城市来说，了解旅游竞争力的演变至关重要，因为它是旅游市场变化的指标。④ 国内对城市旅游竞争力研究自 20 世纪 90 年代兴起，出现了"旅游资源说"、"引力说"和"区域旅游持续发展潜力模型"等不同思想⑤，但整体上经历了资源比较优势、核心竞争优势以及综合竞争力三个不同的演变阶段⑥。作为一种产业竞争力，城市旅游竞争力不是简单地以局部的资源、环境、景观或情趣来吸引旅游者，而是以整个城市作为吸引物，建设内容涵盖基础设施建设、旅游产品开发和精神文明风貌等诸多方面。

二、理论分析与研究假设

（一）博物馆与旅游业共享游客资源

博物馆共同构成了文化旅游的重要组成部分，超过 50% 的文化游客在假期的某个阶段曾参观过博物馆。⑦ 博物馆参观与旅游业有着密切的联系，因为游客构成了整个博物馆观众的重要子集，对有些博物馆来说，游客占据了博物馆观众数量的很大份额⑧，博物馆旅游现今已越来越成为文化旅游的重要支柱。博物馆借助历史兴趣、展品质量以及特殊活动或计划等吸引了大量游

---

① Cronjé D F, du Plessis E. A review on tourism destination competitiveness[J]. Journal of Hospitality and Tourism Management, 2020, 45: 256-265.

② Neto A Q, Dimmock K, Lohmann G, et al. Destination competitiveness: How does travel experience influence choice? [J]. Current Issues in Tourism, 2020, 23(13): 1673-1687.

③ Boes K, Buhalis D, Inversini A. Smart tourism destinations: Ecosystems for tourism destination competitiveness[J]. International Journal of Tourism Cities, 2016, 2(2): 108-124.

④ de Paula Aguiar-Barbosa A, Chim-Miki A F, Kozak M. Two decades of evolution in tourism competitiveness: A co-word analysis[J]. International Journal of Tourism Cities, 2021.

⑤ 李付娥, 梁留科, 张中波. 河南省旅游竞争力生态位对比分析[J]. 商业研究, 2009(7): 148-150.

⑥ 王琪延, 罗栋. 中国城市旅游竞争力评价体系构建及应用研究——基于我国 293 个地级以上城市的调查资料[J]. 统计研究, 2009, 26(7): 49-54.

⑦ Mcmanus P M. Archaeological displays and the public: Museology and interpretation[M]. London: Routledge, 2016.

⑧ Kotler N G, Kotler P, Kotler W I. Museum marketing and strategy: Designing missions, building audiences, generating revenue and resources[M]. London: John Wiley & Sons, 2008.

客①②,在增加游客流量、开展导游培训、提升当地人对居住地历史兴趣和形成新的区域经济分支(如旅游业)上提供了许多机会③。

(二)博物馆调节旅游市场的非均衡性

作为创意旅游景点,城市博物馆通过下班后开放、夜间开放(博物馆之夜)等形式,吸引了新的观众并促动重复参观,更为重要的是,通过平衡使用资源实现了对旅游业可持续性目标的贡献。④⑤ 虽然博物馆的旅游休闲娱乐功能引发了关于城市博物馆主要是文物保护组织还是旅游景点的争论,但是游客越来越喜欢在博物馆中获得多样化的体验确是一个明确的趋势。⑥ 博物馆不仅仅是收集、保存和研究文物以及将遗产用于教育、研究和娱乐目的的重要场所⑦⑧,更是在吸引游客和实现旅游削峰填谷上发挥着关键作用⑨。

(三)博物馆丰富了文化旅游资源供给

文化旅游在古迹和博物馆等有形遗产最集中的地方得到了最充分的发展(UNWTO,2018),博物馆也是许多目的地的主要旅游景点。⑩⑪ 博物馆是吸引游客前往目的地的文化产品,包括国家博物馆、自然历史博物馆、民间博物

---

①　Trinh T T, Ryan C. Heritage and cultural tourism: The role of the aesthetic when visiting M Sn and Cham Museum, Vietnam[J]. Current Issues in Tourism, 2016, 19(6): 564-589.

②　Confer J C, Kerstetter D L. Past perfect: Explorations of heritage tourism[J]. Parks and Recreation—West Virginia, 2000, 35(2): 28-34.

③　Kiselev E. The museum exhibition as the discovery of the regional specifity[J]. IJASOS-International E-Journal of Advances in Social Sciences, 2018, 4(10): 174-177.

④　Easson H, Leask A. After-hours events at the National Museum of Scotland: A product for attracting, engaging and retaining new museum audiences? [J]. Current Issues in Tourism, 2020, 23 (11): 1343-1356.

⑤　Barron P, Leask A. Visitor engagement at museums: Generation Y and 'Lates' events at the National Museum of Scotland[J]. Museum Management and Curatorship, 2017, 32(5): 473-490.

⑥　Kirezli O. Museum marketing: Shift from traditional to experiential marketing [J]. International Journal of Management Cases, 2011, 13(4): 173-184.

⑦　Bertacchini E E, Dalle Nogare C, Scuderi R. Ownership, organization structure and public service provision: The case of museums[J]. Journal of Cultural Economics, 2018, 42(4): 619-643.

⑧　Barron P, Leask A. Visitor engagement at museums: Generation Y and 'Lates' events at the National Museum of Scotland[J]. Museum Management and Curatorship, 2017, 32(5): 473-490.

⑨　Choi A, Berridge G, Kim C. The Urban Museum as a creative tourism attraction: London museum lates visitor motivation[J]. Sustainability, 2020, 12(22): 9382.

⑩　UNWTO. Tourism and culture synergies[R]. Madrid: UNWTO, 2018.

⑪　Murtagh B, Boland P, Shirlow P. Contested heritages and cultural tourism[J]. International Journal of Heritage Studies, 2017, 23(6): 506-520.

馆、海洋博物馆、宝石博物馆、考古博物馆、科技博物馆等在内不同的主题博物馆,通过展示嵌入多样性的自然、种族、文化、遗产和宗教,大大丰富了游客的旅行体验。在基于遗产的文化供给和游客需求从经典有形文化产品转向无形产品转变中,博物馆的文旅融合大大提升了文化在旅游中的平台价值(反之亦然)。①

（四）博物馆扩大了游客的旅游消费

博物馆体验是一种有价值的产品,游客愿意为此付费。大量研究表明,休闲和娱乐是参观博物馆的强烈动机②,与传统文化服务相比较(家庭多媒体、室内外娱乐活动、主题公园、游乐和购物商场等),博物馆已成为争夺居民和游客可自由支配的闲暇时间和购买力的有力竞争者③。国家资金的紧缩迫使文化机构放弃单纯的保护功能,增加自助餐厅、礼品/纪念品商店和在线零售机会,虽然是对经济现实的让步,但已成为博物馆新的收入来源。④ 博物馆除了能为馆内旅游消费带来直接好处,还可以为周边历史建筑以及旅游服务产业链其他经营主体挖掘游客消费潜力提供契机。对于追求文化体验和互动的游客而言,他们还很可能会再次光顾博物馆并愿意为有价值的服务支付更多费用。⑤

（五）博物馆增进了旅游目的地认知

在英国国家博物馆馆长委员会（NMDC）报告看来,博物馆是英国国际品牌的关键力量和参观的动力,且作为地方自豪感和对外吸引力的焦点,有助于提高目的地的整体竞争力。⑥ 博物馆的价值所在,不仅仅是一个目的地景

---

① Richards G W. Cultural tourism 3. 0. The future of urban tourism in Europe？［M］//Il turismo culturale europeo. Città ri-visitate. Nuove idee e forme del turismo culturale. Milan：Franco Angeli, 2014：25-38.

② Packer J, Ballantyne R. Motivational factors and the visitor experience：A comparison of three sites[J]. Curator：The Museum Journal, 2002, 45(3)：183-198.

③ Chhabra D. Positioning museums on an authenticity continuum[J]. Annals of Tourism Research, 2008, 35(2)：427-447.

④ Herreman Y. Museums and tourism：Culture and consumption[J]. Museum International, 1998, 50(3)：4-12.

⑤ Preko A, Gyepi-Garbrah T F, Arkorful H, et al. Museum experience and satisfaction：Moderating role of visiting frequency[J]. International Hospitality Review, 2020.

⑥ Deffner A, Metaxas T, Syrakoulis K, et al. Museums, marketing and tourism development：The case of the tobacco museum of Kavala[J]. Tourismos：An International Multidisciplinary Journal of Tourism, 2009, 4(4)：57-76.

点,其作为城市品牌形象和城市公众认知的主要代理,可以为旅游目的地带来非常强烈的"地方感",通过提供特定时间和地点的感知,直接定义了目的地的整体旅游形象。[1][2][3] 此外,作为旅游景点的博物馆,通过与其他旅游资源发生相互关联,可以塑造正面形象来提供强大的旅游协同效应。[4]

综合以上分析可见,博物馆发展与城市旅游竞争力提升存在着诸多耦合之处,博物馆的建筑、藏品以及各类活动等都可以成为具有吸引力的地方文化旅游资源,与此同时,博物馆的空间利用、营销传播等日常运营也对吸引游客到访和提升目的地形象提供了直接助力,博物馆发展水平的提升,有利于城市旅游竞争力的提升。

三、基于 VAR 模型的研究设计

(一)模型设定

为研究博物馆发展与城市旅游竞争力之间的互动关系,并对未来的发展做出预测,参照 Christopher Sims[5] 所提出的"向量自回归"(Vector Autoregression)计量分析策略,本书通过建立 VAR 模型估计全部内生变量的动态关系,预测相互联系的时间序列系统以及分析随机扰动对变量系统的动态冲击,模型设定如式(1)所示。为了检验博物馆发展与城市旅游竞争力间是否存在因果关系,通过检验 VAR 模型中以城市旅游竞争力为被解释变量的方程中是否可以把博物馆发展的全部滞后变量剔除掉而完成,模型方程如式(2)所示。

$$Y_t = \mu + \Pi_1 Y_{t-1} + \Pi_2 Y_{t-2} + \cdots + \Pi_t Y_{t-k} + u_t, u_t \sim \text{IID}(0, \Omega) \quad (1)$$

$$y_t = \sum_{i=1}^k \alpha_i y_{t-i} + \sum_{i=1}^k \beta_i x_{t-i} + u_{1,t} \quad (2)$$

---

① Butler G, Khoo-Lattimore C, Mura P. Heritage tourism in Malaysia: Fostering a collective national identity in an ethnically diverse country[J]. Asia Pacific Journal of Tourism Research, 2014, 19(2): 199-218.

② Plaza B. Valuing museums as economic engines: Willingness to pay or discounting of cash-flows? [J]. Journal of Cultural Heritage, 2010, 11(2): 155-162.

③ Smith L. Visitor emotion, affect and registers of engagement at museums and heritage sites [J]. Conservation Science in Cultural Heritage, 2014, 14(2): 125-132.

④ de Graaff T, Boter J, Rouwendal J. On spatial differences in the attractiveness of Dutch museums[J]. Environment and Planning A, 2009, 41(11): 2778-2797.

⑤ Sims C A. Macroeconomics and reality[J]. Econometrica: Journal of the Econometric Society, 1980: 1-48.

（二）变量定义及数据来源

本书基于 VAR 模型分析博物馆发展对城市旅游竞争力的影响，参考了李维航、张高军、陈森、邱子健[①]和林爽、赵磊[②]等的旅游竞争力研究，引入了相关影响变量，主要变量如表 5.1 所示。基于样本代表性和可得性的考虑，本书以北京市为研究对象，利用实证方法揭示博物馆发展与城市旅游竞争力之间存在的互动关系。

表 5.1　主要变量及含义

主要变量	变量含义	变量说明
TC	城市旅游竞争力	旅游贡献力、旅游接待力、旅游产品竞争力、交通承载力、城市环境 5 个维度 18 个指标
MUS	博物馆发展水平	博物馆数、博物馆从业人员、藏品数、基本陈列、临时展览、博物馆参观人次、本年收入、实际使用房屋建筑面积 8 个指标
ECON	经济发展水平	人均 GDP

1. 城市旅游竞争力（TC）

研究对李维航、张高军、陈森、邱子健（2022）的旅游竞争力评价体系进行了完善：原评价体系中旅游接待能力只考虑了餐饮和住宿接待能力，未考虑旅游服务的接待能力，就此增加了旅行社总数（家）作为补充指标；在旅游产品竞争力指标设计上，考虑到国家级自然遗产、国家级文化遗产与高级别景区指标存在较大的共变性，同时在时间序列上数据的变异性不大，故本书采用 A 级以上及重点旅游景区数（个）指标对上述两个指标进行了替换；原指标体系中火车站（含高铁站）和客运机场数量（个）也存在变异量不足的问题，故采用铁路客运量（万人）、民用航空客运量（人）两个指标予以替代；其他 13 个指标均采纳原指标体系指标，新的城市旅游竞争力评价指标共 5 个维度 18 个指标。数据来源于《中国统计年鉴》《中国商务年鉴》《中国旅游统计年鉴》《中国交通统计年鉴》《中国第三产业统计年鉴》《中国城市统计年鉴》和《北京统计年鉴》。

　　① 李维航，张高军，陈森，邱子健. 粤港澳大湾区旅游竞争力与城市化的耦合协调度及其对地方经济的影响[J].自然资源学报，2022,37(3):701-717.

　　② 林爽，赵磊. 城镇化进程对旅游产业竞争力的门槛效应研究[J].旅游学刊，2020,35(11):27-41.

2. 博物馆发展水平(MUS)

博物馆发展水平由 8 个指标构成,分别为博物馆数(个)、博物馆从业人员(人)、藏品数(件/套)、基本陈列(个)、临时展览(个)、博物馆参观人次(万人次)、本年收入(千元)、实际使用房屋建筑面积(万平方米)。考虑到新冠疫情的影响,博物馆参观人次等数据在一段时期内发生了异常的巨大变化,因此本书研究样本期统一选定为 2008—2019 年。博物馆发展水平相关指标数据来源为《中国第三产业统计年鉴》《中国文化文物统计年鉴》。

3. 经济发展水平(ECON)

经济发展水平使用人均 GDP 进行代理,变量数据来自《北京统计年鉴》。

(三)指标权重处理

信息量权数法是基于指标数据所包含的信息量来确定指标权重的一种方法,也即根据评价指标包含的分辨信息来确定权重。采用变异系数法,变异系数越大,所赋的权重也越大。本书采用该方法对城市旅游竞争力和博物馆发展水平进行综合评价。表 5.2 结果显示,旅行社总数(家)、国内旅游收入(亿元)、城市出租汽车客运量(万人次)、民用航空客运量(人)、国内旅游者人数(万人次)、铁路客运量(万人)和限额以上餐饮业企业法人企业数量(个)等指标对城市旅游竞争力影响较大。表 5.3 表明,样本期(2008—2019 年)内北京市城市旅游竞争力呈现出整体上升的发展态势。表 5.4 结果揭示了博物馆参观人次(万人次)、本年收入(千元)、博物馆从业人员(人)对博物馆发展水平的重要影响,表 5.5 则体现了样本城市北京市的博物馆发展水平在样本期(2008—2019 年)内不断提升的整体发展趋势。

表 5.2　城市旅游竞争力评价指标权重

指标项	平均值	标准差	CV 系数	权重
国内旅游收入(亿元)	3821.11	1332.88	34.88%	11.97%
旅游外汇收入总额(万美元)	494511.50	37396.43	7.56%	2.60%
国内旅游者人数(万人次)	24097.54	5787.71	24.02%	8.24%
入境旅游者人数(万人次)	432.24	48.10	11.13%	3.82%
限额以上住宿业企业法人企业数量(个)	1120.83	126.38	11.28%	3.87%
限额以上餐饮业企业法人企业数量(个)	1807.25	379.36	20.99%	7.21%
旅行社总数(家)	1424.83	748.59	52.54%	18.04%

续表

指标项	平均值	标准差	CV系数	权重
4A/5A旅游景区数(家)	71.42	9.77	13.67%	4.69%
A级以上及重点旅游景区数(个)	221.33	24.43	11.04%	3.79%
等级公路(公里)	21510.00	715.54	3.33%	1.14%
铁路客运量(万人)	11568.22	2509.77	21.70%	7.45%
民用航空客运量(人)	68314747.75	17383870.07	25.45%	8.74%
公共交通客运量(万人次)	720500.52	60295.92	8.37%	2.87%
城市出租汽车客运量(万人次)	57930.00	15034.83	25.95%	8.91%
城市人均公共绿地面积(平方米)	34.20	4.12	12.05%	4.14%
生活垃圾无害化处理率(按清运量计算)(%)	99.04	1.04	1.05%	0.36%
污水处理率(%)	86.15	5.43	6.31%	2.17%

表5.3　2008—2019年北京市城市旅游竞争力评价

年份	城市旅游竞争力得分	百分等级
2008	3326589.99	8.33
2009	3831666.13	16.67
2010	4962699.47	25.00
2011	5375873.41	33.33
2012	5629137.65	41.67
2013	6153313.04	58.33
2014	5946837.24	50.00
2015	6311094.25	66.67
2016	6923188.05	75.00
2017	7564576.83	83.33
2018	8016266.98	91.67
2019	8119784.37	100.00

表 5.4　博物馆发展水平评价指标权重

指标项	平均值	标准差	CV 系数	权重
博物馆数(个)	49.75	17.269	34.71%	8.02%
博物馆从业人员(人)	1914.917	1309.552	68.39%	15.80%
藏品数(件/套)	1378871.333	376455.622	27.30%	6.31%
基本陈列(个)	124.083	60.267	48.57%	11.22%
临时展览(个)	174.583	54.263	31.08%	7.18%
博物馆参观人次(万人次)	943.827	793.746	84.10%	19.43%
本年收入(千元)	817454.667	574431.599	70.27%	16.24%
实际使用房屋建筑面积(万平方米)	42.48	29.037	68.35%	15.79%

表 5.5　2008—2019 年北京市博物馆发展水平评价

年份	博物馆发展水平得分	百分等级
2008	115792.78	26.31
2009	110582.28	25.12
2010	117175.02	26.62
2011	141159.03	32.07
2012	189138.67	42.97
2013	185103.75	42.06
2014	191773.84	43.57
2015	177019.24	40.22
2016	205762.97	46.75
2017	354868.39	80.63
2018	414901.56	94.27
2019	440136.67	100.00

(四)变量描述性统计

变量的描述性统计如表 5.6 所示。在 2008—2019 年的 12 年间,北京市旅游竞争力、博物馆发展水平以及经济发展水平均呈现出较为快速的增长。为了消除数据绝对值对模型的不利影响,本书在进一步的实证分析中将各变量进行取对数处理。

表 5.6　变量描述性统计分析

Variable	N	Mean	SD	Median	Min	Max
TC	12	6013418.94	1520520.35	6050075.00	3326590.00	8119784.50
MUS	12	220284.52	116491.30	187121.21	110582.27	440136.66
ECON	12	108644.67	32822.76	104417.5	64936.00	164220.00

四、博物馆与城市旅游竞争力关系的实证分析

（一）平稳性检验

采用 ADF 检验法检验数据的平稳性，以防止出现伪回归的问题。从表 5.7 可见，Lntc 是平稳序列，而 Lnmus、Lnecon 是非平稳序列。对 Lnmus 和 Lnecon 取一阶差分后平稳，因此取 ΔLnmus、ΔLnecon 和 Lntc 构建一个 3 变量的 VAR 模型。

表 5.7　ADF 单位根检验结果

变量名	含趋势项和截距项	含截距项	都不含	检验结果
Lntc	0.36	0.05	>0.10	平稳
lnmus	0.66	0.97	>0.10	非平稳
Lnecon	0.09	0.63	>0.10	非平稳

（二）滞后阶数

根据 AIC、HQIC、SBIC 确定模型应采纳的最优滞后阶数，由表 5.8 数据可见，多数信息准则确定的阶数是 4，因此采用滞后 4 阶的 VAR 模型进行建模。

表 5.8　VAR 模型滞后阶数

滞后阶数	LL	LR	df	p	FPE	AIC	HQIC	SBIC
0	7.43				0.00	−1.27	−1.55	−1.29
1	23.56	32.25	9	0.00	0.000012*	−3.30	−4.45	−3.39
2	647.11	1247.10	9	0.00	.	−178.89	−180.89	−179.05
3	677.53	60.86	9	0.00		−187.58	−189.59	−187.74
4	689.01	22.959*	9	0.01		−190.861*	−192.866*	−191.023*

（三）模型稳定性检验

利用 AR 根来检验模型的稳定性,如图 5.1 所示,所有序列的特征根基本均位于单位圆内,整个模型较为平稳。

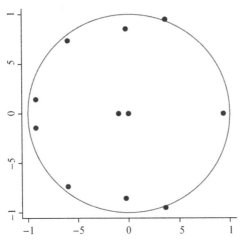

图 5.1　VAR 模型稳定性检验

（四）格兰杰因果关系检验

格兰杰因果关系检验可验证两个时间序列在趋势相关关系基础上变量间的解释和预测能力。格兰杰原因与实际因果关系虽不能等同,但其对于重要宏观变量的预测仍是具有相当意义的。本书重点关注博物馆发展水平和经济发展水平对城市旅游竞争力可能的解释和预测能力。表 5.9 展示格兰杰因果检验结果显示,城市旅游竞争力和博物馆发展水平互为格兰杰原因,而经济发展水平是城市旅游竞争力的格兰杰原因,但并非博物馆发展水平的格兰杰原因。

表 5.9　格兰杰因果关系检验结果

解放变量	被解释变量					
	Lntc		d. lnmus		d. lnecon	
	χ^2	p	χ^2	p	χ^2	p
Lntc	/		6.363	0.042	0.025	0.988
d. lnmus	8.748	0.013	/		4.952	0.084
d. lnecon	19.174	0.000	3.641	0.162	/	

（五）脉冲响应分析

基于四阶 VAR 模型刻画脉冲响应函数，从而进一步分析变量间的短期动态关系。图 5.2 显示了变动 1 个标准差变量间的相互影响。结果显示，博物馆发展水平对来自城市旅游竞争力的冲击没有立即作出响应，其在首期的响应值为 0，随后显著上升，然后下降，并呈现出持续性的波动影响。

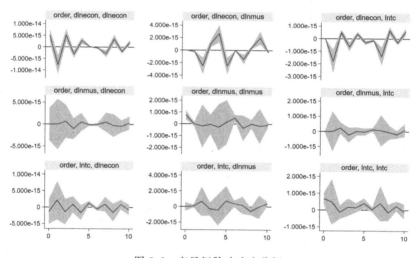

图 5.2　变量间脉冲响应分析

五、博物馆视角下的城市旅游竞争力提升策略

（一）研究结论

基于北京这一具有代表性的博物馆城市的实证研究显示，旅行社总数、国内旅游收入、城市出租汽车客运量、民用航空客运量、国内旅游者人数、铁路客运量和限额以上餐饮业企业法人企业数量等指标对城市旅游竞争力影响较大，博物馆参观人次、本年收入、博物馆从业人员对博物馆发展水平有重要影响；研究样本城市的城市旅游竞争力和博物馆发展水平均呈现出整体上升的发展态势；四阶滞后的格兰杰因果检验结果显示城市旅游竞争力和博物馆发展水平互为格兰杰原因，而经济发展水平是城市旅游竞争力的格兰杰原因，但并非博物馆发展水平的格兰杰原因。

(二)对策建议

1. 以博物馆发展带动城市旅游竞争力提升

(1)提升博物馆与博物馆旅游吸引力。对城市旅游竞争力提升而言,提高旅游人数和旅游收入是两个重要的环节,而博物馆业发展对提升旅游人数和收入具有积极的促进作用,进而有助于城市旅游竞争力的提升:博物馆有着丰富的且兼具珍贵性与稀缺性的大量文物,具有与生俱来的文化旅游吸引力。在许多国家和地区,博物馆早已成为十分重要的旅游目的地,如伦敦大英博物馆、巴黎卢浮宫艺术博物馆和北京故宫博物院所吸引游客的数量历来均占据所在城市的前三位[①];趣味文创和各类衍生品成为博物馆文化创意产业发展的重要内容,也是吸引游客前来参观的重要卖点[②];此外,绝大多数的博物馆亦会通过不定期地举办各类展会活动来增加吸引力,以提升游客量并延长游客停留时间[③]。在新需求与新技术双重涌现的发展背景下,文化旅游休闲形式与机构间的竞争日趋激烈,对公众消费诉求保持动态适应是获得发展活力与竞争力的关键所在[④],提升博物馆与博物馆旅游吸引力需要在馆藏资源积累、地域特色表达与组织运营能力提升上做出更多努力[⑤]。

(2)多措并举提升博物馆参观人次。自2008年我国公立博物馆免费开放以来,博物馆参观人数呈现逐年递增趋势,不少博物馆也成为地方集聚吸引力的文化休闲之地。根据文化和旅游部的统计,中国博物馆参观人数2018年已逾11亿人次,连续10年保持近两位数的增速。一方面,需要继续挖掘和创新博物馆多样的展览、讲座、活动、音乐会及各类教育计划;另一方面,要着力解决单个免费开放博物馆面临的财政投入和事业编制基本处于"零增长"的现实发展制约——各层级免费开放博物馆均一定程度上存在着经费和人员投入不

---

① 赵迎芳.论文旅融合背景下的博物馆旅游创新发展[J].东岳论丛,2021,42(5):14-22.

② 邝芮.出版界能否产生故宫文创?——出版文创与博物馆文创的比较研究[J].出版广角,2022(7):48-52.

③ 刘建国,张妍,黄杏灵.基于感知情境的北京不同类型旅游景区游客满意度研究[J].地理科学,2018,38(4):564-574.

④ 谢雨婷.可及性:公众感知视角下的博物馆公共文化服务评价体系[J].东南文化,2021(2):165-171.

⑤ 李凤亮,古珍晶.我国博物馆文化新业态的产业特征与发展趋势[J].山东大学学报(哲学社会科学版),2022(1):96-106.

足问题。① 在数字经济时代,还可以通过建设线上虚拟场馆、发行数字藏品等多种形式,提升公众对博物馆的认知度与认可度,从而激发其参访实体博物馆的意愿,构建"线上获客、线下参观"运营模式,进一步提升博物馆的传播力、影响力和线下人流量,形成良性发展循环。②

(3)加强博物馆和博物馆旅游供给。已有研究显示,地区生产总值、地区乡村人数、地区总人数与博物馆机构数呈现正相关,地区人均生产总值、文化差异、地区政策数对博物馆机构数的影响并不显著,地区 0～14 周岁人数、地区城镇人数、地区性别比与博物馆机构数呈现出一定的负相关。③ 公共产品缺乏是博物馆和博物馆旅游事业发展的重要掣肘,积极引导和推进博物馆空间生产成为文旅融合消费时代提升城市旅游竞争力的重要路径选择。④

2. 依托地方经济发展促进城市旅游竞争力提升

第一,要进一步提升地方经济发展水平。地方经济发展是城市旅游竞争力的基础,要提升城市旅游竞争力,首先需要加强地方经济的建设,这可以通过加大投资力度,提高科技创新能力,优化产业结构,增强地方经济实力等方式实现。第二,要进一步完善包括旅游基础设施在内的公共服务。良好的旅游基础设施是游客能够舒适、安全地享受旅游的必要条件,也是提升城市旅游竞争力的关键因素,故而,需要加强旅游目的地的交通、餐饮、住宿、购物和娱乐等设施的建设,提升旅游服务水平,吸引更多游客。第三,要加强区域的产业合作与协作。城市旅游竞争力的提升不仅需要地方经济的发展,还需要加强与其他地区的合作与协作。通过区域合作与协作,可以实现资源共享、优势互补,推动旅游业的发展,同时,也可以通过建立旅游联盟、共同推广等方式,提高整个区域的旅游竞争力。

① 刘容.免费开放博物馆文创产品开发的现状与观念困扰[J].东南文化,2019(5):115-120+127-128.

② 顾振清,肖波,张小朋,等."探索 思考 展望:元宇宙与博物馆"学人笔谈[J].东南文化,2022(3):134-160+191-192.

③ 尚子娟,任禹崐.公益、基本、均等和便利:公共文化服务绩效的环境影响因素研究[J].图书馆理论与实践,2022(1):7-17.

④ 刘润,杨永春,任晓蕾,冯晓枫.制度转型背景下的成都市博物馆空间生产过程与机制[J].地域研究与开发,2017,36(6):76-81.

第二节　博物馆旅游发展的影响因素与提升路径①

与鸟巢、雪如意等体育场馆旅游热一样,博物馆旅游也越来越成为炙手可热的会展旅游类型。以北京为例,自 2020 年提出建设博物馆之城的概念和目标后,故宫、国家博物馆等传统地标呈现出一票难求的状况,而一些特色博物馆亦是人气满满,博物馆正在成为许多游客到访目的地的重要驱动力。越来越多年轻人乐于分享博物馆游览体验,线下打卡展览、线上云逛博物馆正在成为年轻一代的休闲、社交与生活方式。② 根据携程旅游 2023 年 5 月发布的数据,当下文博游的地位已显著提升,与 2019 年和 2021 年同期相比,博物馆展览馆的订单量增长了 2.9 倍和 1.8 倍,博物馆旅游正经历爆热向长热的转变。③

一、博物馆旅游内涵及其现实价值

根据国际博物馆协会(ICOM)章程的界定,博物馆是一个面向公众开放的、为社会及其发展服务的、非营利的常设机构,为研究、欣赏、教育之目的征集、保护、研究、传播、展示人类及人类环境的有形遗产和无形遗产。该定义强调了博物馆的公共性、非营利性、常设性、研究性、收藏性、保护性、阐释性、展示性和社区参与性等特征。与此同时,其也强调了博物馆在教育、欣赏、深思和知识共享方面所发挥的重要作用。博物馆旅游是博物馆业与旅游业相互融合的产物,作为游客基于接受教育、增长见识等目的前往的审美与体验活动④,其不仅有助于目的地的历史和文化传承,同时也为博物馆业和地方旅游经济的发展创造机会。

博物馆旅游研究早在 20 世纪初就在西方国家发轫,但国内具有真正意义的博物馆旅游专门研究直至 20 世纪 90 年代末期才开始。国内学者从博物馆的功能、目的等视角出发对博物馆旅游概念进行了界定,观光游玩、开阔眼界、愉悦身心、考究历史、学习知识、宣传教育和提高自身修养等都是博物馆旅游

---

① 本节内容刊载于 2023 年 8 月第 16 期《中国会展》。
② 李韵,王笑妃.年轻人为何爱上博物馆[N].光明日报,2023-06-27(007).
③ 关子辰,牛清妍.订单量较 2019 年增长 2.9 倍"文博游"走热[N].北京商报,2023-05-19(04).
④ 刘蕾.博物馆旅游发展研究[J].乐山师范学院学报,2008(9):95-97+104.

定义关注的目的,而其实现则有赖于博物馆场馆、藏品、设施以及人员等资源。[①] 因此,博物馆旅游可以理解为,以博物馆场所和内容等资源为依托和载体,通过将文化活动和游览观光相结合的参观和体验,实现旅游者观光、游览、休闲、修学等目的的一种文化旅游形式。

博物馆旅游不仅满足了个体的知识、审美和娱乐需求,对社会、经济、文化的发展也产生着深远的积极影响。首先,博物馆旅游提供了一种有趣的休闲方式。[②] 博物馆通常拥有优雅的建筑和精美的装饰,馆中漫步,欣赏展品,让人倍感平静和放松,使人们在愉悦的环境中度过时光。其次,博物馆旅游不仅是一种娱乐方式[③],更是一种教育机会。通过展品和展览,博物馆能够向游客呈现从自然科学到人文艺术的各种知识,帮助游客拓展思维和视野、培养审美情趣的同时激发更多好奇心、求知欲和创造力,从而促进游客的内省与成长。游客更可以通过亲身体验了解过去并深化对自身文化和世界多样性的认识。然后,博物馆旅游能为城市带来经济收益,如旅游业的发展、就业机会的创造以及餐饮、酒店业的繁荣等。与此同时,博物馆旅游对于提升城市文化形象和增强城市吸引力亦发挥着重要作用。[④] 最后,在博物馆沉浸式接触有关社会问题、历史事件以及可持续发展的议题,将有助于引导游客更深入地思考社会责任,激发积极的行动和改变,这包括且不仅限于生态保护、自然意识、社区参与等。[⑤]

二、影响博物馆旅游发展的主要因素

博物馆旅游发展受多种因素制约,游客兴趣、展品多样性、教育价值、交通便利性、宣传策略以及设施服务等都是重要的影响因素,而票价、地理位置、季节、天气也同样影响着博物馆的游客流量,文化差异、在线体验等因素亦对博

---

① 徐永红.博物馆旅游体验研究[D].郑州:河南大学,2006.
② 李凤亮,古珍晶.我国博物馆文化新业态的产业特征与发展趋势[J].山东大学学报(哲学社会科学版),2022(1):96-106.
③ 魏峻.中国博物馆的发展新导向[J].东南文化,2019(2):107-112.
④ 刘润,任晓蕾,杨永春,等.成都市博物馆发展的过程、特征及空间效应研究[J].地理研究,2021,40(1):279-291.
⑤ 单霁翔.博物馆的社会责任与社会教育[J].东南文化,2010(6):9-16.

物馆旅游发展产生着影响。①②③④⑤ 整体而言,影响博物馆旅游发展的因素主要有如下几个方面。

（一）博物馆发展质量与水平

博物馆的展览内容和展品质量直接影响着游客的兴趣和需求,精心策划的展览和珍贵的文物更是吸引游客前来的最核心要素,定期更新和创新的展览还能够有力吸引回头客和常客,使博物馆保持新鲜感和持续吸引力。⑥ 博物馆的教育性质和提供的互动体验也影响着游客的参观意愿,能够提供知识性、趣味性和互动性展览的博物馆,往往能吸引更多来自家庭和学生这两个细分市场的游客。博物馆的管理和运营方式,包括票价制定、开放时间、人员素质等,影响着游客的参观体验和印象,而博物馆内部的设施和服务,如导览设备、休息区、餐厅等,亦会直接影响游客的体验——良好的服务和便利设施能够有效提升游客满意度。在数字化时代,博物馆的在线展览和虚拟参观也影响着游客的选择,提供在线资源和虚拟参观体验也能够扩展博物馆的受众群体。此外,博物馆的社会使命和在社会中的定位,如文化传承、教育普及等,也会影响博物馆在游客心目中的认知与吸引力。总之,博物馆自身的文物品质、展览质量、教育性质、服务水平、创新能力以及与时俱进的努力,都是对博物馆旅游发展产生影响的重要内在因素。

（二）游客文旅消费志趣与需求

游客的兴趣和好奇心是博物馆旅游的主要驱动因素,对特定主题、历史时期和文化领域的感兴趣程度会影响他们是否选择参观博物馆。⑦ 对于游客而言,博物馆旅游可能是旅行计划的一部分,个体的兴趣和爱好,如艺术、科学、

① 杨梅.在新时代背景要求下如何更好地推动博物馆的发展[J].甘肃科技,2018,34(22):90-93.

② 朱琳.基于网络文本分析的博物馆观众体验探究——以安徽博物院新馆为例[J].科学教育与博物馆,2023,9(4):10-17.

③ 何丹,李雪妍,周爱华,等.北京地区博物馆旅游体验研究——基于大众点评网的网络文本分析[J].资源开发与市场,2017,33(2):233-237.

④ 袁晋锋,赵辉.基于百度指数的西咸地区国家级博物馆旅游关注度对比研究[J].价值工程,2018,37(29):265-268.

⑤ 胡潇文,谭星叶,陈日燕,等.基于网络评论的高校博物馆公众体验研究[J].自然科学博物馆研究,2021,6(6):19-27+91-92.

⑥ 冯俊逸.浅谈如何改进博物馆陈列展览方式[J].文物鉴定与鉴赏,2020(10):142-143.

⑦ 王新文,刘克成,王晓敏.基于保护的考古遗址公园旅游产品设计初探[J].西北大学学报(自然科学版),2012,42(4):658-662.

历史等,会影响他们选择参观的博物馆类型。因此,针对不同年龄、性别、文化背景和职业的游客在博物馆旅游上不同的需求和期待,博物馆需要考虑如何满足他们的期望。学生、教育机构和家庭带着教育目的来博物馆,他们希望通过参观展览来丰富知识和教育体验;而另有一些游客则可能受到社交因素的影响,例如与朋友、家人一同前往,或是受到他人推荐而选择参观博物馆。

(三)旅游业基础设施和发展环境

博物馆的交通连接性对游客的到访影响很大,容易抵达的博物馆通常能够吸引更多游客,因此交通网络和道路的便利性至关重要。①② 地区内的住宿设施数量和质量也会影响游客的旅游选择,充足的住宿选择能够让游客更方便地参观博物馆。餐厅、购物中心、导游服务等旅游服务设施的存在能够提升游客的整体体验,使他们更愿意选择到访博物馆。③ 地区的气候、自然景观和城市环境也影响着游客的旅游决策,宜人的环境可能吸引更多游客,地区的安全状况也会影响游客的计划——游客通常更愿意前往安全有保障的地区参观博物馆。此外,游客获取博物馆信息的途径,如旅游指南、互联网、路演推介等,也会影响他们是否了解并选择参观博物馆。

(四)地方文旅发展基础与支撑

地区的人口规模和组成直接影响博物馆旅游的市场容量,人口多样性和不同年龄层的人口结构往往会影响对不同类型博物馆的需求,教育水平较高的地区可能更重视知识获取和文化体验,因此也更有可能有更大的博物馆旅游市场。④ 地区的经济水平决定了人们的可支配收入,进而影响他们参观博物馆的意愿和能力,较高的经济水平可能带来更多的文化旅游游客。⑤ 地区的旅游业发展水平也会直接影响博物馆旅游市场的容量,传统旅游形态的溢出效应能有效提升博物馆旅游的市场潜力。地区丰富的文化和历史遗产也会吸引对文化、历史感兴趣的游客,从而增加博物馆旅游的市场需求,地区的社

① 刘世杰,杨钊,刘永婷,等.长三角地区博物馆空间格局演变及影响因素研究[J].华南师范大学学报(自然科学版),2022,54(1):91-99.

② 刘峥,刘水良,刘洁,等.武陵山片区博物馆空间分布的特征及影响因素[J].吉首大学学报(自然科学版),2022,43(1):53-63.

③ 李宏坤.浅析博物馆体验式管理"五步模式"[J].科学教育与博物馆,2022,8(5):97-102.

④ 张佳怡,顾怡雯,鲍贤清.英美科技类博物馆面向特殊儿童及其家庭的教育现状研究[J].自然科学博物馆研究,2020,5(6):32-39+92-93.

⑤ 宋永永,薛东前,马蓓蓓,等.地理学视角下中国文化产业研究进展与展望[J].经济地理,2021,41(11):129-140.

会事件、庆典和文化活动等相关活动亦可能吸引大量游客前来参观博物馆。此外，地区内其他旅游景点和博物馆的竞争、政府的文化旅游政策也会影响博物馆旅游市场的容量。

三、展览视角下的博物馆旅游提升路径

（一）展览作为博物馆旅游提升的重要驱动力

展览在博物馆旅游中扮演着重要的角色，是提升博物馆吸引力和游客体验的重要驱动力。首先，在吸引游客兴趣和增加回头游客上，精心策划的展览能够吸引游客的兴趣，不同主题、时期和文化的展览可以满足不同游客群体的需求从而增加参观意愿，定期更新和更换展览更是有助于吸引回头客——因为他们期待新的展览内容。① 其次，在创造互动体验和提升综合体验上，互动式展览能够增加游客的参与感和投入度，通过触摸屏、虚拟现实、多媒体等技术，游客可以与展品互动，而独特的展陈设计、主题选择和表现形式能够满足更多游客的期待，从而更好地提升综合体验。再次，在提供教育价值和推动文化交流和多样性上，通过展示文化、历史、科学等方面的内容，博物馆不仅可以提供娱乐功能，更可以成为游客学习的场所，同时，各种主题和文化背景的展览也促进了文化交流和多样性，使游客能够更广泛地了解世界各地的文化。② 最后，在增加口碑和声誉上，展览内容的独特性和吸引力会成为引起讨论的话题，从而提升博物馆的知名度，而一些展览涉及社会问题、环保、人权等议题，则能够引发社会关注，使博物馆成为社会讨论的焦点，进而提升其社会声誉。除此之外，精彩的展览也往往会吸引媒体的关注和报道，这进一步提升了博物馆的曝光度和社会声誉。③

（二）博物馆展览策划的关键步骤和方法

博物馆可以通过精心策划、不断创新的展览来提升自身在旅游市场中的竞争力，其需要博物馆方深入思考目标、内容、受众和体验等诸多方面。

1. 明确目标与主题

明确的目标和主题是博物馆展览成功的基石，它们有助于展览更具吸引

---

① 钟桂花.博物馆观众"回头率"问题刍议[J].中国博物馆,2019(1):101-106.
② 冯正国.从中外博物馆交流看文化软实力的提升[J].学理论,2018(5):151-153.
③ 张鹏,王立明,张红雷.文旅融合背景下济南打造博物馆文化新地标的策略[J].人文天下,2022(3):48-52.

力、教育性和影响力,因此,首先要确认展览的目标是教育、娱乐、文化传承还是其他,并在目标指引下选择与博物馆定位和受众兴趣相关的展览主题。

2. 内容搜集与资源管理

要深入研究展览主题,收集相关内容和文物,确保所选内容具有足够的教育价值和吸引力,能够引发游客兴趣。同时,与其他博物馆、艺术家、专家等建立合作关系,充分利用资源,确保展览能够汇集多方力量,提升质量。

3. 制定展览策略

展览策略在博物馆展览的规划和执行过程中起着关键作用,其可以确保展览能够有效地传达信息、吸引观众,并达到预期的目标。设定展览的核心信息传递策略,应确定如何通过展览内容向游客传递信息,以及是否需要采用叙事、互动等方式。此外,还需制定展览的时间表和预算,确保项目在预定时间内完成,并在预算范围内运作。

4. 展品选择和筛选

博物馆展览是否成功在很大程度上取决于展品的选择和筛选过程,展品是展览的核心——它们能够传达主题、吸引观众并提供教育价值。要从馆藏中选择适合主题的展品,应注意展品的多样性、代表性和教育价值,同时需要注意展品的保护和安全。

5. 展览结构设计

在做展览结构设计时,需要综合考虑展览的主题、目标观众、空间限制以及教育和娱乐元素等因素,以创造一个富有吸引力、有序流畅、有深度的展览体验。结构和流程设计中须确定展品的布局和陈列方式,考虑游客的参观体验,确保展览内容的逻辑性。

6. 互动和参与性设计

在博物馆展览中,互动性和参与性的设计可以极大地增强观众的体验,使他们更深入地参与和学习。设计中需融入吸引游客参与的互动环节,如触摸屏、操作按钮、手动旋转物品、虚拟现实和增强现实体验、互动工作坊等,提升游客的参与感。

7. 展陈设计和视觉效果

展陈设计和视觉效果在展览中起到引导观众、传达信息和创造氛围的作用,精心设计的展陈可以使观众更好地理解和感受展览的主题,提升整体体验。要综合考量包括展品布局、照明、背景等在内的设计展陈视觉效果,确保展览视觉上具有吸引力和统一感。

8. 故事叙述和文本准备

在博物馆展览中,故事叙述和文本准备可以将观众带入一个有趣和有意义的探索之旅。以叙事方式呈现展览内容,编写引人入胜的展览故事,准备易懂且富有趣味性的文本,可以帮助游客更好地理解内容。故事叙述和文本准备也是向观众传达信息、引导他们理解展品和主题的重要手段。

9. 营销和宣传策略

展览的营销和宣传策略应该是多方面的,要利用线上和线下的渠道,从多个角度吸引观众的兴趣,使他们了解并参与到展览中来。制定展览的营销和宣传策略,应充分利用社交媒体、媒体合作、海报广告、社区推介等手段提高展览的知名度和影响力。

10. 评估和反馈

在展览结束后,收集游客的反馈和意见,评估展览的效果,了解游客的满意度和建议,这有助于更好地了解观众反应、教育效果和展览质量,从而指导未来展览的规划和改进,确保博物馆能够持续地提供有价值的展览体验。

博物馆展览设计的成功关键在于创造引人入胜且教育性强的体验。展览布局要合理,流线顺畅,使参观者能够按照一定的逻辑和情感走向进行参观,避免拥堵和混乱。展示内容要有主题和故事情节,将展品有机地串联起来,通过引人入胜的叙事结构吸引观众。同时,要运用多媒体技术,如音频、视频、互动装置等,增加展览的趣味性和互动性,使观众参与并沉浸其中。另外,应注意展品的陈列方式和展示手法,利用照明、背景等元素突出展品的特点,营造氛围。最需要强调的是,始终要考虑观众的需求和体验,尽力提供足够的信息解读和引导,使他们能够更深入地理解展览内容。总而言之,利用博物馆展览带动博物馆旅游需要巧妙地结合叙事、互动、美学和教育,以打造一个引人入胜的知识之旅。

第六章　城市会奖文化旅游资源开发与利用

第一节　亚运会延期的影响及杭州会奖业应对①

亚洲奥林匹克理事会(OCA)2022年5月6日宣布,原定于9月10日至25日在杭州举办的第19届亚运会延期。同日,原定于2022年6月在成都举办的第31届世界大学生夏季运动会也宣布延期,而原定于12月在汕头举行的第三届亚洲青年运动会则直接宣布取消。其后,2023年第18届亚足联亚洲杯足球赛也宣布异地举办,四项重要体育赛事连遭重击给杭州会奖业带来一波始料未及的深远影响。

一、亚运会延期对杭州的影响

对杭州而言,亚运会一直以来都被寄以"推动社会和经济发展,促进杭州基础设施建设,带动第三产业的发展,为杭州提供国际间友好交流的机会和提升国际知名度,并为世界了解杭州乃至浙江的发展情况提供重要的窗口"的厚望,但赛前"红利"实际上已经基本兑付,延期举办或将是更多地推高场馆、运营、服务、管理等相关方面的支出。从现有案例来看,重要体育赛事的暂停一般都会造成巨大的经济损失,并严重冲击体育赞助、场馆运营和传媒运作。② 以东京奥运会为例,日本关西大学名誉教授宫本胜浩估算其延期一年造成了

---

① 本节内容刊载于2022年5月第10期《中国会展》,略有修改。

② 吴香芝,张继民,侯喆,刘兵.我国体育服务产业"新冠"疫情影响和恢复策略研究[J].体育与科学,2020,41(3):17-24.

6400 多亿日元（约合 413 亿元）的经济损失①，美国史密斯学院（Smith College）经济学家津巴利斯特则预计延期至少让日本损失了 300 亿美元②。此外，包括疫情防控、会奖业复苏、亚运遗产利用和开发等工作安排和部署也都将被打乱。仅以亚运会志愿服务为例，很多在杭院校的大学生志愿者基本都已选拔、培训完毕并陆续派出，一旦延期，由于实习、升学及就业等各种原因，后面可能需要更新一大半的志愿力量。当然，延期或也将为杭州创造一些新的机会——有更为持久的聚光灯效应以及更加从容的筹备完善空间，但相较于上述损失而言，亚运会延期对举办城市杭州的影响，更多的还将是压力和挑战。

二、亚运会延期对杭州会奖业的影响

包括刘海莹、杨正等在内的不少会展界专业人士都表示出对亚运会延期的担忧——亚运会的取消给其他会奖活动举办带了一个巨大的负面信号。在新冠疫情已严重冲击会奖业信心的基础上③，杭州会奖业从业者将不得不直面新的预期性压力④。对一些已在按 2023 年预定日程筹办的会奖项目而言，亚运会延期导致项目推后甚至取消的风险骤增，而由于新冠疫情管控、项目筹备周期和亚运场馆利用的限制，2022 年下半年的"临时性"复苏也难以寄予厚望。但辩证来看，对杭州会奖业的中小企业而言，如能获政策照顾则亚运会延期或将会是一个喘息的机会。众所周知，2022 年后以上海为代表的长三角疫情局势不容乐观，动态清零防控政策下大部分线下会奖活动也都被按下了暂停键。亚运会如果如期举办，杭州会奖业将随即进入亚运筹备的"新冰冻期"，除了直接受益于亚运服务保障业务的会奖企业而言，绝大多数在杭中小会奖企业在长达半年营运停滞的情况下生存压力可想而知是何其巨大——尤其是线上会奖盈利模式仍未清晰的状况下。⑤ 故而，对杭州部分中小会奖企业而言，接下来在疫情好转的前提下如能获得场馆使用、活动举办等方面的政策便

① 布特,李佼慕,邹新娴.使命与担当:奥林匹克运动全球化与逆全球化[J].南京体育学院学报,2021,20(10):1-9+87.

② 刘旭.曲终场犹在,再算东京奥运会经济账[N].国际商报,2021-08-12(004).

③ 汪婧,王吉刚,资源.新冠疫情下我国会展业:冲击与应对[J].商业经济,2021(10):42-45+126.

④ 王美云,苏永华.数字与低碳:科技助力会展业变革前瞻[J].中国会展,2022(3):64-69.

⑤ 郭丽.2020 疫情影响下我国化妆品会展经济的变局与破局[J].中国化妆品,2020(8):52-59.

利和激励,或将迎来难得的一段恢复窗口期。

三、杭州会奖业应对亚运会延期的策略思考

(一)精心筹备,以高质量完成赛事交付

依托"G20峰会红利",主会场杭州国际博览中心会奖活动排期迅速拉满,并有效带动杭州会奖业驶入新的发展快车道。加上城市独特且优质的会奖与节庆资源,杭州作为国内最具竞争力的会议目的地形象不断强化,在《2021全球会议目的地竞争力指数报告》中更是以全球第74名、亚太第21名的成绩荣登中国大陆国际会议目的地城市排行榜位次前三(仅次于北京和上海)。面对亚运会的新良机,杭州提出了"绿色、智能、节俭、文明"的办赛承诺,不因赛事延后而发生变化。继续做好赛事相关的各项筹备工作,如约完成赛事交付,既是履行主办合同的需要,也是兑现申办承诺的依托,更是城市能力的展现。[①]亚运会延期虽然会极大推高人力、物力等诸多方面的完赛成本,但是也为杭州更加从容和更为周密地做好赛事相关组织工作提供了有利契机。此外,延期举办的亚运会如有可能采取开放办赛的模式,门票销售和赛事旅游上的收入增额也将大大弥补相关损失,并成为更好展现主办城市国际形象、人文精神和赛事组织管理能力的绝佳平台和窗口。[②]

(二)统筹安排好赛事场馆的开放利用

在体育赛事场馆的运营和管理上,业界和学界更多地关注到赛后场馆的开发利用问题[③],对于赛事延期后存在的"赛前空档期"如何科学利用涉足不多。考虑到亚运会可能不会是一个短暂的延期,因此,赛前如何合理有效利用已建成场馆服务于市民和会奖业所需,是需要迅速决断的一个问题。当然,亚运赛事场馆提前投入社会使用可能存在一些功能和设施的微改造问题,亦有可能会带来后期赛事恢复举办时"复原"的问题。但相较于长期空置甚至是有可能出现的赛事取消等重大风险而言,提前开放利用整体上应该是利大于弊,还能有效测试场馆服务接待能力并锻炼运营管理队伍以及顺畅风险协调联动机制。

① 王润斌,李慧林.东京2020年奥运会赛事延期交付的多维影响与应对之道[J].体育学研究,2020,34(3):7-18.

② 王琪.国际奥林匹克运动发展新特点及人文追求——基于2011—2020年中外核心期刊论文的文献计量研究[J].人民论坛,2021(22):80-83.

③ 陈祥奎,张垒.大型体育赛事对城市旅游的负效应及其控制[J].体育成人教育学刊,2008(6):17-19.

（三）纾困解难有效激发会奖主体活力

2022年4月,杭州市商务局、杭州市财政局联合印发了《杭州市会展业发展扶持政策实施办法》,提供了单一项目最高限额110万元的产业资助激励,为实现杭州会展之都、赛事之城的发展目标和促进地方会奖业的高质量发展提供了有力支撑,更好地发挥了财政资金的导向性与激励性效用。但值得注意的是,新出台的扶持政策更多的是基于常态化发展环境下的考虑,在疫情起伏不定的当下,原本可以获得政策支持的会奖市场主体或项目或难以够上激励的门槛标准。相较而言,青岛市在《青岛市促进会展业发展10条政策》中规定了因疫情等不可抗力取消的展会可补助已发生宣传费用的20%,江西省、成都市等省市则出台了针对疫情延期举办展会的专门纾困补贴,这些政策对地方诸多会奖市场主体而言则更像是一场及时雨。因此,在疫情防控逐步好转的前提下,2022年下半场杭州市会奖业恢复性发展也仍需更多的政策助力,包括场馆使用、疫情管控、资金激励等不同方面。

（四）发挥数字产业优势,探索新发展模式

2021年《国务院办公厅关于加快发展外贸新业态新模式的意见》中已明确指出,要大力发展数字展会并建立线上线下相融合的营销体系,2022年《"十四五"数字经济发展规划》中亦提出了要加快推动会展旅游公共服务资源数字化供给和网络化服务。数字化已是会奖业不容置疑的发展趋势之一[①],在疫情诡谲多变的当下,产业数字化转型更显得迫在眉睫。一方面,可以利用数字技术赋能传统会奖流程,如杭州推出的集防疫和管理于一体的全球首创"数字会展码"便是有益尝试;另一方面,仍要积极探索包括"线上"和"双线"等在内的数字形态或数字融合形态的会奖经营模式,充分发挥和利用杭州数字经济第一城的领先优势,进一步推动会奖领域的产业数字化与数字产业化进程,探索数字会奖的"杭州模式"。

对杭州会奖业而言,与新冠疫情斗争两年多后又遇上亚运会延期的重大变故,行业发展历程可谓一波三折。凄风渐沥飞严霜,苍鹰上击翻曙光。毋庸置疑的是,待到新冠疫情好转和世界局部战争阴霾散去,双循环发展格局下的中国会奖业一定是世界会奖业强劲复苏的代表性力量。而杭州作为G20峰会、亚运会等重大国际会奖活动的举办地城市,在未来也将成为展示中国会奖力量的佼佼者。

---

① 苏永华.技术到生态:网络会展的数字化变革[J].中国会展,2021(9):68-71.

第二节　大型体育赛事遗产的开发与利用①

2023 年 9 月 23 日至 10 月 8 日,杭州举办了第 19 届亚运会,成为国内继北京、广州之后第三个获得夏季亚运会主办权的城市。根据杭州第 19 届亚运会官方披露的杭州亚运会竞赛报名信息,亚奥理事会的 45 个国家(地区)奥委会均已报名,12500 多人的报名人数达历届之最,其中 6 个代表团的运动员报名人数超过 600 名,各代表团参赛热情可谓高涨。本届亚运会共设竞赛场馆56 个、独立训练场馆 31 个、亚运村 1 个及亚运分村 5 个,实现了杭州一城主办,宁波、温州、金华、绍兴、湖州五城协办的巨大规模,与历届亚运会相比,赛事在赛场覆盖范围和组织复杂程度上均有所突破。但值得注意的是,相较于2010 年广州亚运会超 1200 亿元的基础设施投入,杭州亚运会的间接投资(不含场馆建设及运维、赛事组委会运行等直接经费)或将超 2000 亿元,巨额投入能否"回本"成为公众关心的话题。实际上,在已经举办的 18 届亚运会中,1998 年泰国曼谷举办的第 13 届亚运会是唯一声称盈利的亚运会——该届亚运会以壮丽辉煌的形象赢得交口称赞的同时,还盈利了两亿多泰铢(约 560 万美元),实现了亚运会历史上的首次盈利。

毋庸置疑,举办亚运会、奥运会等大型国际赛事会给主办地带来一些潜在的经济与社会效应,这主要体现在提升国家形象、增加旅游业收入、改善基础设施和推动城市发展等诸多方面。然而,这些收益并不总能完全抵消举办重大赛事所需的巨额投入。回顾历届亚运会,虽然每届赛事开支数额不一,但花费越来越多却是整体趋势,且更多数是赔本赚吆喝,于是乎申办国也从最初的"不赚钱也愿意"逐渐转变为"赔钱就放弃"。奥运会作为世界瞩目的体育界盛会处境同样艰难,各国为之疯狂的往昔早已不再,受制于巨额投资和亏损担忧,奥运会也日渐变成了烫手山芋:2016 年奥运会还有 7 个国家提出申办,而2020 年奥运会申办国已经下降至 3 个,到了 2024 年奥运会,提出申办的国家就只有 2 个。为避免 2028 年奥运会出现没有国家申办的尴尬局面,奥组委不得不当机立断让申办 2024 年奥运会的巴黎和洛杉矶这两座城市分别承办2024 年和 2028 年奥运会。在多重压力和挑战下,大型体育赛事遗产的开发

---

① 本节内容刊载于 2023 年 8 月第 15 期《中国会展》,略作修改。

和利用越来越成为赛事举办者关注的重要议题。不少国家和城市在赛事举办之前就早早着手赛事遗产的处置,通过充分挖掘赛事遗产的经济与社会价值,有效避免赛事遗产成为负累(也即所谓的"白象")的同时,也为赛事举办提供更有力的可行性支撑,亦助益于赛事的可持续性发展。

一、大型体育赛事遗产内涵、分类与价值

普罗伊斯(Preuss)将体育赛事遗产定义为"计划中的和计划外的,积极的和消极的,有形的和无形的结构,这些结构为体育赛事所创造,且比赛事本身存在的时间更长"[1]。体育赛事遗产往往与规模较大的体育赛事紧密相连,其主要原因在于这些上规模的体育赛事通常需要在包括基础设施在内的城市发展各方面进行大量新增投资,且伴随着国际国内媒体的聚焦,能够吸引大量观众和游客,具有较为显著的赛时综合效益和赛后潜力价值。值得注意的是,遗产的概念不同于影响,后者是由短期冲击引起的,而遗产只有在一个事件改变了主办城市的结构后才能实现,这也就是说,赛事可以产生强烈的影响,但不一定会产生遗产。尽管普罗伊斯对赛事遗产的理解包含了负面结果,但在现实中,大型体育赛事遗产的内涵理解主要还是侧重于实现长期和积极的利益。[2]

大型体育赛事遗产可以分为物质遗产(Physical Heritage)和非物质遗产(Intangible Heritage)两类。其中,物质遗产主要是为了举办大型体育赛事而兴建或改造的场馆、设施和基础设施等,包括主赛场、训练场地、运动员村、媒体中心等场馆,以及相关的交通、通信、供电等基础设施。这些实体遗产在赛后可继续发挥作用,成为城市或地区的体育、文化、娱乐等方面的重要设施,甚至还可能成为城市形象的代表性标志。非物质遗产是与赛事相关的无形的文化、历史、社会和精神方面的元素,涵盖了历史价值、文化传承、社会意义、国际交流、社会影响、教育培养等诸多方面,对社会、文化和个体的发展都有着积极的影响。

对大型体育赛事的遗产进行开发利用有着重要意义。首先,大型赛事的场馆、设施和基础设施等遗产,可以开发成为重要的经济资源,如将场馆改造

---

① Preuss H. The conceptualisation and measurement of mega sport event legacies[J]. Journal of Sport & Tourism, 2007, 12(3-4): 207-228.

② Thomson A, Cuskelly G, Toohey K, et al. Sport event legacy: A systematic quantitative review of literature[J]. Sport Management Review, 2019, 22(3): 295-321.

为多功能场所,供文化活动、体育赛事和会议会展等使用。这不仅避免了场馆闲置和资源浪费,提升了资源的利用效率,更可以吸引游客和观众,带动旅游业发展和创造就业机会,促进地方经济的增长。其次,开发和利用大型赛事的遗产可以延续赛事带来的社会效益,如促进体育运动发展、激发人们对运动的热情、弘扬比赛中的团结友爱精神等,这些遗产还可成为教育的资源,为培养体育意识和文化素养提供学习的机会和素材。再次,赛事对于提升城市形象和知名度具有重要作用,基于赛事品牌涟漪和晕轮效应,对遗产进行开发可以进一步增强城市的吸引力,吸引更多访问与投资。最后,大型赛事遗产的开发和利用可以促进相关文化的传承和发展,通过让当地文化得到更高量级的展示和传播,进而促动城市的跃迁和可持续发展。

二、杭州亚运会赛事遗产管理探索与实践

(一)赛事场馆的综合利用和惠民开放

亚运场馆作为杭州亚运会的宝贵遗产,既是杭州城市发展的基础设施,也是保障群众体育、竞技体育和体育产业发展的核心载体,更是城市文化积淀的重要内容,在推进杭州国际赛事之城和会展之都建设中发挥着举足轻重的作用。杭州"还湖于民"名扬天下,而"还场于民"也将是亚运场馆赛后利用的大方向。杭州亚运场馆赛后利用坚持"简约"要求,对体育与赛事功能应留尽留、应保尽保,着力实现亚运场馆社会效应的最大化。首先,在杭州亚运会确定延期后,杭州及时向公众开放了所有竞赛场馆和训练场馆,开创了综合性体育赛事场馆在赛前面向群众体育和全民健身开放的国内先河。与此同时,为进一步提升亚运场馆的综合利用水平,为浙江省争当共同富裕示范区建设提供可复制的赛事遗产管理实践经验,杭州进一步明确了全民健身、专业主导、学校开放、市场运营等惠民开放模式,并通过赛事活动、低价免费、公益培训、文体融合、体育消费、专业训练、数字赋能等举措积极探索惠民措施,加大惠民力度。其次,杭州将依托现有亚运场馆设施,研究论证和申办包括射击、羽毛球、游泳、田径等在内的国际赛事项目。再次,通过与在杭高校体育院系产、学、研、训、竞的深度融合,杭州瞄准国家级训练基地、赛事基地、教育基地、培训基地、研究基地以及省级赛事集聚县(区)打造,实现亚运场馆赛后的高效利用。最后,谋划萧山亚运三馆、大小莲花场馆与杭州大会展中心、杭州国际博览中心等协同发展,布局体育赛事、培训健身、文化演艺、酒店运营、商业管理、文体旅游等业态融合,为城市塑造顶级文体商圈,迭代城市功能,充分开发场馆的

流量价值,推动形成一个可持续的"会展＋"生态圈。

(二)亚运村赛时与赛后的兼顾利用

杭州亚运村总建筑面积逾 240 万平方米,是该届赛事最大的非竞赛场馆,由运动员村、技术官员村、媒体村和国际区与公共区所组成。赛事举办期间,杭州亚运村将为逾万名运动员和随队官员、5000 余名媒体人员以及 4000 余名技术官员提供餐饮、住宿、医疗等服务保障,成为杭州面向亚洲乃至世界充分展现"中国特色、浙江风采、杭州韵味、精彩纷呈"的重要舞台。在功能规划上,杭州亚运村建设秉持"以人为本"原则,践行绿色发展理念,充分考虑了赛时服务功能与赛后重复利用,成为浙江省第一个国家二星级绿色生态城区规划设计标识项目。亚运会后,技术官员村和运动员村将作为商品住宅面向广大居民出售;媒体村将摇身一变成为人才公寓,出租给全市各类人才;国际区与公共区则将打造成整个片区未来的综合配套设施,连同酒店、学校、商业体等其他配套设施一起,共同筑造宜居宜业的城市新空间。在既定规划设计中,杭州亚运村最终将华丽转身为集文化博览、商业商务、生态居住以及运动娱乐为一体的未来人居样板,满足两万余人的居住需求,实现循环利用和永续使用。

(三)绿色与可持续发展理念的传播实践

在规划阶段,杭州亚组委就未雨绸缪规划让整个社会持续受益的亚运遗产。例如,700 多亩的亚运运河公园,作为主城区范围内唯一一个新建亚运场馆,既是亚运会曲棍球、霹雳舞和乒乓球比赛的承办地,也将成为杭州市最大的体育公园,在赛后同时满足市民大众健身和"城市绿肺"的需求。通过最大范围保留原河道生态,项目建设伊始就为赛后改造留下了充足余地,以便未来更好地服务于全民健身。实际上,为了充分贯彻绿色发展理念,杭州亚运会和亚残运会的 56 个竞赛场馆中,仅有 12 个是新建场馆,且众多场馆也都与亚运运河公园如出一辙——在建设改造之初就为将来继续服务体育事业做好了准备。再看富阳水上运动中心的例子,富阳区在杭州亚运会筹备期间不仅开展了河道清淤工程,还在富春江上下游进行了水闸修建,进一步改善了水环境。亚运会之后,该处也将继续承接相关体育赛事、发展体育产业,为一方民众持续贡献亚运"红利"。从场馆建设中的绿色环保,到赛事运行中的低碳节约,再到着眼未来的可持续发展理念……杭州亚运会践行和传递绿色与可持续发展理念的长尾效益正逐步展现。

三、大型体育赛事遗产开发与利用的策略与路径

(一)树立可持续赛事遗产发展理念

可持续赛事遗产发展理念是指在举办赛事的同时,充分重视赛事遗产的保护与开发利用,以确保赛事带来的价值能够持续延续和传承,对社会、经济和文化产生长期积极影响。该理念强调将赛事视为一种资源,而不仅仅是一场暂时的活动,需要在赛时赛后持续性地进行遗产的管理和利用,让大型体育赛事举办不再是一锤子买卖,防止赛后"寂静的山林"出现。可持续赛事遗产发展理念不仅有助于充分发挥赛事的正面效应,还可以促进地区的可持续和协调平衡发展,为赛事举办地带来更长久的利益与价值。此外,这一理念下的赛事遗产不仅是赛事历史和文化的传承,更是赛事申办方向国内外展示赛事价值和影响力的一个重要途径,坚持可持续赛事遗产发展理念,既能有力缓解公众对赛事投资合理性的质疑与担忧,又有助于规划提升赛事的整体水平和影响,为赛事申办带来更多的机遇和成功。

(二)大型体育赛事遗产的开发与利用策略

赛事遗产可为举办地区带来旅游、体育、文化、经济和社区发展等方面的多重效益,通过合理规划和开发赛事遗产,有助于实现赛事的长期影响,为举办地区的可持续发展作出贡献。

1. 赛事物质遗产的开发与利用

(1)体育与旅游事业发展。赛事场馆和设施是赛事的主要物质遗产之一,这些设施可以成为体育和旅游发展的重要资源。首先,赛事场馆可作为体育训练和比赛的场地,促进本地体育产业的发展,帮助培养出更多优秀的运动员和教练员。同时,举办地区还可以将赛事场馆打造成旅游景点或开发出赛事旅游线路,吸引更多游客前来参观和体验。

(2)经济发展与城市形象。赛事的物质遗产可以为举办地区带来显著的经济效益,如赛事场馆和配套设施可以成为商业、娱乐和文化活动的资源,从而吸引更多商家和投资,促进当地经济的发展。同时,赛事物质遗产的改造和提升也有助于更新城市面貌和塑造城市形象,进而提高城市的全球知名度与竞争力。

(3)社区发展与社会参与。赛事的物质遗产可以成为社区的公共资源,为社区居民提供更多的休闲和娱乐场所,赛事成果的共建共享可以进一步增强

社区凝聚力,促进社区的发展与和谐。与此同时,举办地区还可以通过社会参与和志愿者活动,让更多居民参与赛事物质遗产的开发与利用,进而可增强居民的参与感、责任感、荣誉感和成就感。

2. 赛事非物质遗产的开发与利用

(1)文化传承与教育价值。赛事的非物质遗产包括体育精神、赛事历史、传统仪式和文化表演等。通过非物质遗产的传承和推广,可以弘扬当地的文化特色,让更多人了解和认同当地的文化价值。同时,举办相关的文化活动、展览和表演,向观众和参与者展示赛事中体现的传统文化元素,可以增强文化自信心,也为本地的文化产业发展带来机遇。赛事的非物质遗产也是一种重要的教育资源。通过举办相关的教育项目、研讨会和培训活动,可以向参与者和观众传递赛事中所蕴含的体育精神和价值观,有助于培养年轻一代的奋斗精神、团队合作和坚持不懈的精神,对于青少年的成长和人才培养具有积极的教育意义。

(2)社会重构与精神传承。社会重构是指在赛事举办地区,通过对赛事遗产的开发利用,促进社会结构和社会关系的变革和改善。通过让当地居民参与赛事的筹备和举办过程,感受赛事文化,并让他们共享赛事的积极影响和资源,可以提升民众的归属感和自豪感,进而促进社会认同感的形成,推动社会平等和包容性的实现。赛事所传承的价值观,如公平竞争、尊重他人、团队合作等,对于社会的和谐与稳定亦有着积极的推动作用。赛事的非物质遗产往往有着积极的社会和心理影响,展现着体育精神、奋斗精神和团队合作意识等,以赛事所传承的坚持不懈、敢于拼搏、团结协作等体育精神为例,其对于个人的成长和社会的进步就有着有目共睹的影响。对赛事非物质遗产的开发利用,将这些精神传递给更多的人,可以激励人们在自己的生活和工作中发扬赛事精神,追求卓越。

(三)大型体育赛事遗产的开发与利用实现路径

1. 遗产综合规划

在赛事筹备阶段,就应综合规划物质和非物质遗产的开发,制定赛事遗产传承计划,明确赛事遗产的长期目标和规划,确保其传承和持续发展。考虑到赛事结束后,物质遗产可能需要进行改造和再利用,非物质遗产需要进行传承和传播,因此,在规划阶段要考虑二者的结合和协调,确保赛事遗产能够得到充分的开发利用。

2. 可持续性设计

在开发物质遗产时,应考虑其可持续性,选择环保材料和技术,设计可再利用和可拆卸的设施,避免资源浪费。与此同时,在非物质遗产的开发中,应注重长期的传承和宣传,确保价值观和文化能够代代相传。

3. 动员社区参与

赛事遗产的开发不仅仅是组织者的事情,也需要社区的参与。应鼓励社区居民参与赛事的组织和筹备工作,让他们对赛事的遗产有更深入的了解和认知。同时,要让社区居民共享赛事的资源和效益,增强社区凝聚力。

4. 引入教育项目

为了传承和传播非物质遗产,可以设立相关的教育项目,如研讨会、讲座、工作坊等,向参与者和观众传递赛事中蕴含的体育精神和价值观。这些教育项目可以面向学校、社区和公众,展现多样化的教育资源。

5. 开展文化活动

举办相关的文化活动、艺术表演和文化展览,将赛事中体现的传统文化元素和民俗习惯传承下来。这些文化活动可以吸引更多观众参与,也可以推广当地的文化特色,更有助于维护目的地关注度和提升城市品牌形象。

6. 国际交流与合作

大型体育赛事的物质和非物质遗产不仅在本地有价值,也具有国际意义。通过与其他国家或赛事组织合作举办活动,促进文化交流和体育交流,可将赛事的影响扩大至国际范围。

此外,建立赛事的物质和非物质遗产纪录和档案也非常重要。通过记录赛事的历史、举办过程、参与者和获奖者的故事,以及赛事所传承的体育精神和价值观,可以作为宝贵的资料和参考,用于未来的研究、教育和推广。在举办地区建立专门的遗产中心也是可行的,其主要用于展示和传播赛事的物质和非物质遗产,并可以举办展览、培训、讲座等活动,向公众展示赛事的历史和文化价值,吸引更多人参与和关注赛事的遗产。推出赛事纪念品和文化产品也是传播赛事遗产的另一种方式,如 T 恤、文化艺术品、书籍等,可以增加赛事的影响力和品牌价值,让人们在生活中持续感受赛事的精神。此外,利用社交媒体和数字平台来传播赛事遗产亦是一种有效的手段,通过精心策划的宣传和推广,可以让更多的人了解赛事的历史和精神,进而增加赛事和举办地的影响力和知名度。

第三节　以国际会议目的地打造助推城市会奖旅游[①]

以国际会议目的地打造助推城市会奖旅游具有可行性。首先,会奖旅游是一种高消费、高收益的旅游形式,具有规模大、时间长、综合消费水平高、带动效应广等突出优势,作为国际会议目的地,可以吸引大量的会议组织者和参会者,为城市带来显著的经济价值和社会影响力。其次,打造国际会议目的地可以提升城市的国际知名度和美誉度。会议组织者和参会者通常具有较高的文化素质和消费水平,对旅游目的地的要求也比较高,通过国际会议的宣传和推广,可以让更多的人了解和认识城市,提高城市的国际知名度和美誉度。再次,打造国际会议目的地可以推动城市旅游业的升级和发展。国际会议需要高品质的旅游设施和服务,这也意味着城市需要不断升级旅游设施和服务水平,以满足国际会议的需求。这种升级和发展可以推动城市旅游业的升级和发展,提高城市的旅游竞争力。此外,国际会议目的地打造有利于促进城市经济的发展和合作。国际会议可以带来大量的投资和贸易机会,促进城市经济的发展。同时,国际会议也可以促进城市间的交流和合作,推动城市间的经济联系和合作。最后,打造国际会议目的地能有力推动城市的可持续发展。国际会议需要高品质的环境和可持续发展的理念,这也意味着城市需要注重环境保护和可持续发展。这种可持续发展的理念可以推动城市的可持续发展,为城市的未来发展奠定良好的基础。

以杭州为例,利用打造国际会议目的地来助推城市会奖旅游,乃其促进城市国际化、建设独特韵味别样精彩世界名城的重要抓手。G20 杭州峰会给杭州国际会议目的地建设带来千载难逢的大好发展时机,在探索国际会议目的地建设和会奖旅游发展的道路上杭州取得了显著成效,但从国际会议市场发展格局来看,杭州仍然面临诸多亚太城市的竞争和挑战。

总体而言,打造国际会议目的地,发展会奖旅游,既符合杭州整体的资源禀赋与城市气质,更是助推城市产业结构转型升级的内在迫切需求。国际会议从本质上说,是高端要素资源的聚集与扩散。一方面,国际会议不仅能带来

---

① 本节内容收录于 2019 年 2 月上海交通大学出版社出版的《会奖旅游研究前沿(第一辑):中国(杭州)会奖旅游教育与产业发展学术研讨会论文集》,有修订。

国际跨国公司、各类国际机构的大量高端客源,从而带动与之相适应的国际航线、场馆设施、餐饮住宿、旅游休闲、商务服务等要素的不断完善;另一方面,国际会议集聚的各种人才、信息、资本、技术等资源更能助力目的地城市在全球产业分工格局中抢占制高点,赢得发展先机,从而使城市的活力、品质和竞争力得到不断提升。

国际展览联盟(UFI)曾从基础设施、人均收入、服务业比重、外贸总额、行业协会组织功能五个方面提出了会展城市应当具备的基本条件,为会议目的地城市探寻行业发展规律提供了宝贵的经验。杭州雄厚的经济实力和发达的第三产业为杭州国际会议目的地打造奠定了良好的经济基础,而杭州正着力重点打造的 1 个万亿级信息经济集群和 6 个千亿产业集群则为各类国际会议落地杭州提供了有力的产业支撑。杭州秀美的自然风光、悠久的文化历史、丰富的旅游资源和完善的基础设施为各类会议与奖励旅游(以下简称会奖旅游)项目落地杭州带来了更多可能,"风景里的会奖,文化中的旅游"①形象而生动地诠释了杭州会议业与旅游业的融合发展。

一、杭州国际会议目的地打造历程

事实上,杭州早在 2008 年就提出要大力发展会奖旅游业②,并于 2009 年1 月率先在国内提出打造"国际会议目的地"这一城市会展品牌。2001 年,杭州首次进入国际大会与会议协会(International Congress & Convention Association,简称 ICCA)发布的年度全球会议目的地城市排行榜,2009 年杭州正式加入 ICCA 组织。自 2011 年起杭州连续多年位列中国大陆城市举办国际性会议数量前三,位次紧随北京与上海。2015 年,杭州凭借 27 个国际会议首次位列全球 100 强国际会议目的地。2016 年,杭州成功举办了一届精彩的 G20 峰会。

从近些年国内主要城市国际会议数量排名来看(ICCA 统计口径),北京和上海处于国内会议目的地城市的第一方阵,年均接待国际会议数量遥遥领先,杭州、南京、成都、西安、广州和武汉等城市则处于第二方阵,年均接待国际会议数量差距不大,但杭州基本处于国内会议目的地城市第二方阵的领头羊

---

① 杜悦.风景里的会奖,文化中的旅游——杭州"会"不同[N].杭州日报,2014-06-25(A12).
② 柯静.杭州打造"亚洲会奖旅游目的地"新选择[N].杭州日报,2015-09-22(A10).

位置。① 2019年,杭州在ICCA发布的全球会议目的地城市榜单中跃居全球第74位、亚太第17位,牢牢占据了中国大陆国际会议目的地第三城的位置。②

在国际会议目的地打造进程中,会奖旅游业是工作的依托和核心,其发展水平可视作国际会议目的地打造是否成功的标志。为此,杭州做出了许多创新性的探索与实践:2011年5月,杭州市会议与奖励旅游业协会宣布成立,杭州成为国内首个成立会奖协会的城市;2013年10月,杭州推出了"会聚杭州"这一创新性的会奖旅游特惠季活动,这是国内首个针对外地办会企业推出的由本地政府和企业共同让利的活动;2016年11月,杭州发布了以"先锋视野、尖峰品质、巅峰体验、硕丰成果"为内涵的会奖目的地品牌"峰会杭州",成为第一个发布专门会奖品牌的国内会议目的地城市;2017年6月,国际标准化组织(ISO)授权杭州为全球首个"国际标准化会议基地",由此打破了日内瓦作为国际标准化会议唯一举办城市的垄断;2018年,杭州提出打造"新经济会议目的地"愿景,进一步夯实并丰富了"峰会杭州"这一会奖品牌的内涵;同年,杭州还在全国范围内创新发布了《奖励旅游服务和管理规范》地方标准,引领行业发展。

二、基于国际会议目的地打造的杭州会奖

近十年来,杭州积极投身国际会议目的地打造,大力推动会奖旅游工作,内强基础,外拓形象,采取"走出去、请进来、入组织、重合作,聘大使、推形象、竞会议"的营销推广手段③,形成重品牌、强营销、创产品、兴产业的具有鲜明特色的创新发展模式。概而言之,杭州国际会议目的地打造经验可以用"五个一工作体系"来描述。

(一)形成了一套推进国际会议目的地建设的顶层设计

2009年,杭州市西湖博览会组织委员会办公室(以下简称杭州市西博办)首次将打造国际会议目的地品牌列入年度工作目标。2011年,杭州市旅游委员会(以下简称杭州市旅委)邀请联合国世界旅游组织(UNWTO)专家进行专门调研并制定会奖旅游业发展策略,明确了杭州的国际会议目的地发展定位。

---

① 2016年杭州因承办G20杭州峰会,全年接待国际会议数量略有下滑。

② ICCA. 2019 ICCA Statistics Report Country and City Rankings[R]. Amsterdam:ICCA,2020-07-20(8).

③ 何娅、黎彦.杭州"会"不同[N].中国旅游报,2014-06-20(1).

同年,《杭州市"十二五"会展业发展规划》出炉,"最具魅力的国际会议目的地"成为杭州市会展业"十二五"期间重点打造的三大目标之一。2016年,杭州市政协和杭州市旅委共同开展调研,提出"以打造国际会议目的地为突破口带动杭州城市国际化"的建议,该建议内容被列入《中共杭州市委关于全面提升杭州城市国际化水平的若干意见》文件,大大提升了杭州会议产业的地位。杭州市委、市政府高度重视国际会议目的地打造和会奖旅游业发展,2017年2月,杭州市第十二次党代会提出要积极引进高端国际会议和力争加入全球最佳会议城市联盟。同年4月,杭州市第十三届人民代表大会政府工作报告将"引进高端国际会议展览项目和国际组织,打造国际会议目的地城市和会展之都"列入五年规划目标任务内容。

(二)成立了一套专业化的机构保障国际会议目的地打造实施

2001年杭州市西博办正式成立,2002年杭州市西博办增挂杭州市发展会展业协调办公室牌子,增加对杭州市重大节庆活动和对全市会展业发展的组织、指导、监督、协调职能;2003年杭州市旅游形象推广中心成立,负责全市旅游宣传促销和旅游形象策划;2005年杭州市会议展览业协会成立,在搭建沟通互助平台、开展行业内部协调、促进行业自律、加强对外交流与合作等方面发挥重要作用;2006年杭州城市会展研究发展中心由浙江大学城市学院、杭州市发展会展业协调办公室共同发起成立,中心集课题研究、项目承接和教学培训等功能于一体;2009年杭州市旅游形象推广中心内部专门设立会奖旅游部,安排专人进行杭州国际会议目的地营销工作;2011年杭州市为整合会奖旅游资源,成立了杭州市会议与奖励旅游业协会;2015年设立杭州市商务会展旅游促进中心(在杭州市旅游形象推广中心基础上增设),承担全市会展、商务旅游和奖励旅游产业发展促进工作;2017年6月,杭州建立了杭州国际会议竞标服务中心来承担国际会议的竞标工作;2017年10月,杭州科技职业技术学院会奖旅游研究所(原会奖经济研究所)在杭州市旅委的指导下成立;2017年11月,杭州市《会议服务机构管理和服务规范》正式施行,截至2020年,杭州已认定8家会议服务示范机构和20家会议服务达标机构。

"一办二协会三中心"①促成了杭州打造国际会议目的地政府及行业强力

---

① 一办指杭州市西湖博览会组织委员会办公室(杭州市发展会展业协调办公室、杭州市世界休闲博览会组织委员会办公室、杭州市大型活动办公室);二协会指杭州市会议展览业协会、杭州市会议与奖励旅游业协会;三中心指杭州市旅游形象推广中心(杭州市商务会奖促进中心)、杭州国际会议竞标服务中心、杭州城市会展研究发展中心。

工作机构形象的形成,增强了杭州对国际会议目的地建设和会奖产业发展的协调力度:杭州市西博办和杭州市旅委承担国际会议目的地打造的政府职能,杭州市旅委市场促进处及杭州市旅游形象推广中心主要承担城市营销推广职能,杭州市西博办协同宣传之外重点主攻项目落地实施,会奖协会、会展协会以及国际会议竞标服务中心积极配合,在杭会奖企业发挥主体作用,政府、协会、企业三方合力形成联动效应。"一办二协会三中心"积极促进大型会奖项目落地杭州,并为来杭举办的会奖项目提供强有力的支持,通过设施、服务、产品、政策、宣传等多渠道保障国际会议目的地建设。[①]

(三)塑造了一个具有独特内涵和韵味的会奖目的地品牌

白居易笔下的"最忆是杭州"(Hangzhou, Living Poetry)是杭州旅游的品牌,而"峰会杭州"(Hangzhou, Inspiring New Connections)则是杭州迈向国际会议目的地的新名片。2016年11月,借力G20峰会效应,杭州在国内首发城市会奖目的地品牌——峰会杭州,这也标志着杭州国际会议目的地打造的全球营销启动。

"峰会杭州"品牌内涵包括四个方面[②]:一是先锋视野——国际化的专业人才和视野,创造多元化创意,使越来越多的行业高端国际会议落户杭州;二是尖峰品质——杭州"会议中心+酒店集群"的模式和完善的交通系统,为大型国际会议落地杭州提供了专业化的基础设施与有力的交通保障;三是巅峰体验——杭州一直秉承推出特色化、定制化和人性化产品的初心;四是硕丰成果——杭州是会议福祉、会奖灵地,让难题在这里解决,让商务合作在这里建立。"峰会杭州"会奖目的地品牌向全球会议组织者和商旅人士传递了杭州会奖质感和城市新品格,让杭州在国际会议目的地城市竞争上占据了先机。

(四)构建了一个形式多样、成效卓著的媒体宣传矩阵

杭州组建了一个由会奖旅游网、会奖APP、会奖手机报、会奖电子期刊、会奖官方微博、会奖官方微信等组成的新媒体营销平台,实时传送杭州最新的会奖旅游资讯,监测和采集热点信息。杭州在领英(Linkedin)这一全球知名商务社交平台上开设杭州会奖账号,通过不断创新努力,初步建成了微博、微信、领英、官网四位一体的新媒体推广矩阵。杭州还与CEI等十多家国内外专业媒体合作,通过专题采访、资源考察、产品解析等形式对杭州的会奖旅游

---

① 因机构改革,相关职能机构现已经并入杭州市商务局或杭州市文化广电旅游局归口管理。
② 方舒.杭州锐意推出全新会奖品牌形象[N].青年时报,2016-11-15(A15).

业发展进行宣传,面向业界塑造杭州专业会奖目的地形象。此外,杭州还编制了《杭州奖励旅游产品手册》(*Hangzhou Incentive Travel Planner's Guide*)、《杭州会议手册》(*Hangzhou Meeting Planner's Guide*)、《杭州新经济会议小镇》和《杭州会议地图》等专项宣传品,其均已成为广受国内外会奖业者欢迎的工具书。

(五)推出了一揽子国际会议目的地营销推广活动

1. 出台补贴政策

早在 2005 年,杭州就出台了《杭州市发展会展业专项资金管理办法》。杭州市市财政每年在现代服务业发展专项资金中安排 500 万元,作为发展会展业专项资金,用于对杭州市发展会展业必要的扶持和支持。2010 年,杭州出台了《杭州市文化创意产业专项资金管理办法》,对会奖活动提供最高不超过 200 万元资金扶持。2013 年起,杭州市开展了"会聚杭州"会奖旅游特惠季活动(MEET IN HANGZHOU Special MICE Offer Year),推出单项目最高可减 20 万元的会奖激励引导政策,取得显著成效:2013 年至 2018 年末,共补贴 1257.8 万余元,引进 200 多个各类会议项目,参会人数逾 10 万人,直接会议消费 2.03 亿元,拉动效应比达到了 1:16,财政资金"四两拨千斤"的导向作用得到了充分的体现。

2. 开发项目渠道

杭州为企业搭建了常态化的营销平台,组织骨干会奖企业组团赴国内外展会开展推介。同时,杭州积极借力国际国内会奖盛会,如国际大会与会议协会年会,冲击全球会奖产业各类奖项,制造业界热议话题,提升杭州国际会议目的地关注度,吸引更多项目落地杭州。杭州已组织 37 批次的国内外专业会奖展会集中推介,超过 280 家次会奖企业参与其中,展会项目包括国际会议与奖励旅游展(IBTM World)、法兰克福国际会议与奖励旅游展(IMEX)和中国(上海)国际会奖旅游博览会(IT&CM)等,并开展新加坡、北京、深圳、广州、南宁、海口等国内外重点会奖城市促销活动,为企业搭建广阔营销平台。

3. 开展事件营销

杭州会奖致力于开拓以美欧市场为重点的远程国际市场,精心施策,精准发力,持续开展了一系列事件营销,从"2014 寻找当代马可·波罗""2015 杭州大使环球行""2016G20 杭州峰会""2017 会在风景中——杭州·全球会议开发者新机遇""2018 会在风景中——新经济会议目的地"到"2019 杭州·领创未来会议",杭州国际会议目的地形象宣传坚持"小场景、大宣传"理念,为杭州会奖业发展创造了诸多良机。

4. 聘任会议大使

2006 年上海在国内首次引入"会议大使"聘任制度[①],杭州紧随其后成为第二个启动会议大使项目的国内城市。2011 年,杭州以市政府的名义聘任杭州重点发展行业内的领军人物为"杭州会议大使"(Hangzhou Convention Ambassador)。截至 2019 年,杭州先后聘任过 9 批共 58 位来自医学、理学、工学、教育学、艺术学、农学、管理学、法学、历史学九大学科领域的行业精英担任"会议大使"一职。"杭州会议大使"累计引进 200 多个国际专业会议、近1000 个全国性会议。杭州成为招会引会跨界融合创新的成功典范。

5. 创新会奖产品

杭州通过整合 G20 峰会遗产,打造了 30 条"后峰会"会奖旅游特色产品线路。杭州在会奖产品上不断推陈出新,同时充分利用国内外专业营销平台开展密集推广,吸引新关注的同时也更好地维系了忠实买家的关系。截至目前,带有杭州文化印记的会奖产品已有 5 大类 150 余个,逐渐形成品文化、乐休闲、享生活、拼团建和筑梦想等不同系列,涵盖了传统文化、市民生活、团队建设、夜间休闲、商务考察等多个方面。

6. 搭建本地展会

截至 2017 年,杭州创办的中国(杭州)会议与奖励旅游产业交易会(CITIF)已成功举办 3 届,为杭州引进高品质的会议项目提供了高效入口,创造了"家门口谈业务"的营销机会,同时也搭建了一个优秀会议与奖励旅游资源展示和会议目的地品牌推广的优质平台。杭州通过会奖交易会共计引进900 多个会议,实现近 5.5 亿元会议消费。

7. 举办会奖赛事

2013 年,杭州推出了大学生奖励旅游产品创意设计大赛。大赛旨在推动杭州奖励旅游行业发展,挖掘优秀的奖励旅游产品创意,汇聚富有潜力的会奖创意人才,搭建政府、高校、企业之间的长效合作平台。大赛已经连续成功举办四届。此外,杭州还实施了"MICE 英才培训计划",为旅游业、会奖业发展提供了源源不断的人才和智力支撑。

---

① 陶健.上海瞄准"亚太会议之都"[N].解放日报,2008-07-06(3).

8. 邀请买家考察

杭州市政府每年都要联合邀请会奖买家对杭州酒店及相关会奖旅游产品进行考察,召开推介会或采购商大会,积极为杭州会奖企业拓展业务,做大做强目的地市场营销。通过设计对杭州优质餐厅、特色场地、高端酒店及文化体验项目的个性化和定制化体验,买家考察活动感性且直观地呈现了杭州作为国际会议目的地的独特韵味和差异化的竞争优势,为杭州赢得了口碑和机会。杭州前后邀请了 20 多批次专业会议采购商来杭踩线,逾 800 人次实地体验了杭州丰富的会奖旅游资源。

三、会奖视角下的杭州国际会议目的地诊断

从全球会奖业发展情况来看,世界各国政府均已经意识到,无论从提升国家的经济还是民众文化素养层面上来说,承办国际会议活动都是他们参与全球事务的一种新兴的重要渠道。另一方面,全球会议会奖设施和产品爆炸性的增长也为国际会议目的地带来更多的挑战,因为每个城市都需要吸引足够数量的会议活动来支撑酒店和场馆的健康运营。可以预见,未来杭州将比现在和过去面临更多更严峻的竞争。

G20 杭州峰会的举办,快速提升了杭州城市国际形象,并为杭州打造国际会议目的地留下了基础设施、会议场馆和接待能力等丰富遗产,但从国际国内会议目的地城市的发展进展来看,杭州打造国际会议目的地仍然面临着诸多挑战。

(一)杭州主要国际竞争城市

在世界旅游组织看来,可以从会议组织者选择目的地角度考虑、定义和评估会议目的地的主要竞争对手,其指标主要包括酒店、整体设施、可进入性、交通、目的地形象、强有力的政府支持、安全稳定等在内的 7 项指标。盖林艾奇咨询公司(GainingEdge)在这一框架下提出了一套排名打分系统,依据这套排名打分系统,采用德尔菲法,可以勾画出杭州与其主要竞争对手的一些核心成功因素(见表 6.1)。

表 6.1　杭州国际竞争城市间优劣势①

城市	酒店	整体设施	可进入性	交通	目的地形象	政府支持	安全和稳定	总体情况
新加坡	4	4	4	4	3	4	4	27
香港	4	3	4	3	4	2	3	23
东京	4	2	4	2	4	2	4	22
首尔	3	4	3	3	2	3	3	21
昆士兰	3	4	3	3	2	3	3	21
澳门	4	4	2	4	2	1	3	18
曼谷	3	3	4	2	2	3	1	18
台北	2	2	3	1	1	3	4	16
杭州	2	2	2	2	2	2	4	16

从国际竞争的角度来看,虽然其他主要的亚洲城市具有竞争优势,但杭州整体上还是比较接近类似澳门、曼谷和台北这样的城市。台北领先于杭州的优势仅在于其有更多的国际航线和较多活跃的本地会议主办者,曼谷则存在社会稳定性欠佳的问题,澳门本地会议主办者较弱且不适合举办医药类会议(医药类会议倾向于在非博彩业目的地举办)。故而,如果杭州在其可控的整体设施、目的地形象和政府支持这三项竞争力要素方面进行提升,完全有可能稳固在国内前三和亚洲前列的位置。

(二)"峰会杭州"会奖目的地品牌建设诊断

杭州是国内第一个发布会奖目的地品牌的城市。"峰会杭州"品牌内涵内涵丰富,意蕴深远,较好地突出和展现了杭州作为国际会议目的地城市的独特韵味。但从"峰会杭州"品牌推出数年的实践上看,还是存在着一些亟待解决的问题。

1. 行业品牌管理体制机制创新问题

境外发达会奖旅游城市均设置会奖局。杭州市缺乏专门会议业职能机构,文旅、商务、贸促等多部门均涉及会议展览培育和组织工作,多头管理、力量分散,在统筹协调上仍有提升空间。已经实施的《杭州市会展业促进条例》

---

① 杭州市旅游形象推广中心.2014 年杭州市旅游形象推广中心调研报告[R].杭州:杭州市旅游形象推广中心,2014:21-23.

虽然明确了市会展业主管部门负责统筹规划,但也提出了文化、体育、旅游等十多个部门的协同参与,在具体项目落地以及日常营销推广上,各部门合力还有待加强。

2. 政策激励和资金扶植力度不够

杭州市相关部门虽然有对会议业的激励政策和资金投入,但相较而言,国内外同级竞争城市执行的吸引会奖项目的奖励计划力度更足,打造国际会议目的地的手笔更大,如新加坡 5 年间共投入 1.45 亿美元,开展会议销售营销;厦门市 2008 年率先把会议纳入扶持范围,2015 年会议旅游业共兑现奖励1600 万元。现实挑战是,没有较大量的资金支持,杭州想要争取到更多数量的全国性会议、国际会议,想在未来数年内不断提升 ICCA 全球会议城市的排名,或将困难重重。

3. 领军企业和产业集群优势尚未建立

良好的外部环境和设施条件,并不能保证一个目的地的旅游业和会议业取得持续的发展。要实现这一目标,在很大程度上还有赖于当地企业特别是专业会议策划公司(PCO)、目的地管理公司(DMC)、酒店、旅游景区(点)等会议及旅游行业企业的高水平服务。虽然中旅国际会议展览有限公司、中青博联整合营销顾问股份有限公司、国旅国际会议展览有限公司、康辉国际会议展览有限公司、信诺传播、大新华国际会议展览有限公司、恒瑞行传播、港中旅国际旅行社、招商局国际旅行社有限公司等在内的国内领袖级九大会奖公司有六家在杭州设立了分支机构,但是我们也必须清醒地看到,杭州本土并未产生一家或几家在会议领域内的领军企业,更未形成企业品牌梯队和产业集群优势。

4. 行业品牌推广和应用力度不足

一说到"德国制造"(Made in Germany),自然就联想到高品质、好质量,这是德国工业界齐心协力,用了几十年时间专心打造"德国制造"品牌的结果。"德国制造"赢得了国内外客户和消费者的广泛赞誉,为德国经济增长作出了非凡的贡献。德国企业普遍重视品牌战略,规划企业 3～5 年甚至更长周期的品牌发展方向、行动步骤和资源配置。但更应关注的是,德国非常重视产业品牌、行业品牌的推广和应用,充分利用在 90 个国家设立的 130 个办公室,广泛宣传和推介"德国制造"品牌,并与主要行业协会共同致力于在企业中推广使用"德国制造"品牌。

但以"峰会杭州"行业品牌推广为例,虽然杭州为企业搭建了常态化的营销平台,组织重点会奖企业组团参与国内外专业展会,同时,积极借力国际国内会奖盛会,如国际大会与会议协会年会,冲击全球会奖产业各类奖项,制造业界热议话题,提升杭州国际会议目的地关注度和行业品牌知名度,以求吸引更多项目落地杭州,但整体上看,对行业品牌的营销推广力度仍显不足,也并未在行业领域内塑造品牌特性和建立品牌区隔,行业企业应用、支持和协同的品牌机制也未成型,行业品牌的价值发挥受到掣肘。

5. 公共服务和产业基础工作相对薄弱

"峰会杭州"品牌打造所需的公共服务是一个全周期、全方位的服务和支持,包括竞标支持、会场研究和实地考察、宣传支持、旅游支持、物流支持、活动支持等。国际会议在境外寻找会议目的地,主办方首先会对接城市会奖局寻求相关资讯及协助,会奖局根据实际情况,需安排会议竞标、落地服务、政策协助等相关对口工作人员进行跟进,协助推进会议落地。从这一点看,杭州为全球会议组织者提供包括场地信息咨询、协助竞标、行业建议、财务支持、现场考察、宣传推广资料、会议日历等在内的服务还是有待提升和改进的。

"峰会杭州"品牌打造涉及的产业基础工作包括行业组织、会议评估、人才培养等,其是一项系统性很强的工作,仅仅是引进少量重要会议的发展模式是不可持续的,只有将产业发展的基础工作做扎实,目的地的吸引力才会持续产生,打造国际会议目的地的目标才能真正实现。

四、国际会议目的地打造与城市会奖旅游发展

(一)世界会奖城市发展经验

纵观柏林、巴塞罗那、维也纳等世界会奖产业发达城市做法,主要有以下经验。

1. 清晰的产业定位

国际发达城市均根据各自特点采取针对性发展策略,如维也纳早在 1969 年就在市政府和商会的支持下成立了会议局(The Vienna Convention Bureau),推出了一系列目标明确的方针政策以主导会奖产业发展;巴塞罗那也借助世博会、夏季奥运会遗产,凭借"体育名城"着力营销国际会奖目的地。

2. 合理的管理体制

由于会奖活动通常都与城市形象、城市旅游设施及服务、城市旅游资源息息相关,在国际上,会奖产业推动通常归属于旅游局,很多发达城市在全球主

要客源城市设立机构办公室,有些城市则成立了联盟来共同解决与会奖产业和 CVB 有关的重大问题。合理的管理体制有利于整合城市资源和树立目的地品牌形象,也有利于会奖活动组织者联系专业机构寻求帮助。同样起步较晚的波哥大为提升城市国际形象、助推会奖产业发展,于 2007 年成立会议局,由会议局牵头制定系列宣传推广策略,逐步形成了合理有力的体系,取得显著成效。

3. 有力的政策扶持

会奖产业日益得到国内外城市的重视,竞争也日趋激烈。许多会议目的地城市都开展了吸引会奖项目的奖励计划,包括提供商务活动经费补贴、财政补助金、专项奖励项目等,如新加坡就曾在 5 年间共投入 1.45 亿美元开展会议销售营销。

4. 完善的配套设施

配套设施是会奖活动举办的先决条件之一。首先,会议中心、展览场馆等专业会展场馆和酒店、度假区等旅游接待设施的功能定位、规模、设计、布局等要与城市和产业发展规划相衔接。如针对重点会场设施 1 公里半径内配备 1000 间以上客房的国际要求。实际上,柏林、北京、上海等会议目的地城市的匹配量早已超过 4000 间。其次,发达的国际会议目的地需要有通达的可进入性。如维也纳拥有 200 个直航目的地。再次,可供利用的城市特色场地。与普通游客不同,会奖团体在会议、商务工作以外对特色宴会场所有非常大的需求,这将使他们能够体验目的地的优美风景及深厚文化,并对城市留下深刻印象。如巴塞罗那就因其独特设计和创意闻名于世,市内多个独特又颇具历史性的或乡村风格或极为现代化的建筑,以及加泰罗尼亚哥特式或现代派如高迪的部分建筑等,均为举行高档宴会提供了极佳场所。专业会议策划人员往往为在目的地举办的各种活动作出悉心的设计,将历史、文化和当地风俗和活动巧妙地融合在一起,从而使活动别具一格,巴黎卢浮宫成为高端会奖活动的热门会场由此也就不难理解。

5. 强大的资源整合

资源整合分为两个方面。首先是目的地内部整合,发展会奖旅游需要良好的环境基础支持,宏观上涵盖目的地城市的政治环境、经济环境和文化环境等,微观上涉及当地交通的通达性、场馆资源、酒店资源、旅游资源、商务环境和各类服务供应商资源等。会奖发达国家和地区的成功经验表明,产业管理必须从狭义的行业管理向综合性的目的地管理转变。换句话说,会奖业发展与行业管理不仅仅是旅游部门的事情,旅游和会议目的地的相关政府部门更应该通力协作,整合各方资源为旅游者、会议及活动组织者提供高质量的公共服务。如维也纳的成功实践可以看出,维也纳旅游局(VTB)和维也纳会议局(VCB)的功能非常强大而且行动迅速,在旅游和会议目的地整体营销方面制定有完整、可行而且持续的行动计划。此外,他们为旅游者以及会议和活动组织者提供十分专业的服务,从选址、咨询到预订,可谓无所不能——"有效的整体营销＋有文化内涵的特色产品＋高品质的服务"是维也纳会议业和旅游业从众多世界著名城市中脱颖而出的法宝。而波哥大则在此基础上,非常重视提高目的地城市本地公民意识的提高,推动不同产业人群提高对会奖业的认识并争取他们的行动支持。其次是优秀的会议目的地城市通常是很多的合作网络和联盟的成员,比如国际奖励旅游高级经理人协会(SITE)、国际大会与会议协会(ICCA)、国际协会联盟(UIA)、国际会议专业人员联合会(MPI)和全球最佳会议城市联盟(GCCA)等等。他们积极、广泛地参与产业内国际组织的活动、展览、年会和各类奖项角逐,并在服务规范化、专业接待服务以及统计指标体系建立等方面紧跟步伐,拓展业务,提高国际影响力。

6. 系统的营销手段

全世界有超过1万座城市正在进行各种各样的国际竞标,所以只有鲜明独特的品牌才能让目的地脱颖而出,各城市的会奖品牌(标语)可让我们对其发展特色窥见一斑(见表6.2)。优秀的会议目的地城市非常重视自身的形象、品牌和资源的宣传推广,利用各种大众媒体、新媒体、论坛、交易会、展览会和公关活动等形式开展宣传推广。

表6.2　城市会奖品牌(标语)示例

序号	城市	英文标语	中文翻译
1	新加坡	Your Singapore	你的新加坡
2	首尔	Beyond Meetings	不止于会议
3	香港	The World's Meeting Place	世界的会议中心
4	曼谷	Endless Variety in an Inspiring City	鼓舞人心的城市,提供无限的可能
5	台湾	Meet Taiwan	遇见台湾
6	悉尼	Sydney Shines	闪耀在悉尼

续表

序号	城市	英文标语	中文翻译
7	东京	New Ideas Start Here	崭新的想法从这里开始
8	吉隆坡	Asia's Business Event Hub	亚洲的商务活动中心
9	迪拜	A Space for Everyone	大家的空间
10	杭州	Inspiring New Connections	创造新连接(国内为"峰会杭州")

7. 全面的公共服务

会奖公共服务是一个全周期、全方位的服务和支持,包括竞标支持、会场研究和实地考察、宣传支持、旅游支持、物流支持、活动支持等。非竞标会议在境外寻找会议目的地,主办方首先会对接城市会奖局寻求相关资讯及协助,会奖局根据实际情况,安排会议竞标、落地服务、政策协助等相关对口工作人员进行跟进,协助推进会议落地。例如,维也纳会议局为全球会议组织者提供包括场地信息咨询、协助竞标、行业建议、财务支持、现场考察、宣传推广资料、会议日历在内的七项服务,此外,CVB 的所有工作人员承诺随时准备回答会议组织者的其他任何问题并乐意提供相应帮助。

8. 优质的市场主体

良好的外部环境和设施条件,并不能保证一个目的地的旅游业和会议业取得持续的发展。为实现这一目标,在很大程度上还有赖于当地企业特别是专业会议策划公司(PCO)、目的地管理公司(DMC)、酒店、旅游景区(景点)等会议及旅游行业企业的高水平服务。

(二)杭州进一步打造国际会议目的地的策略

从策略上看,杭州一方面要突出重点,精准发力。对杭州而言,国际客源还必须主要依靠国际性会议及活动来实现,其中包括国际协会会议与国际企业的会奖旅游活动,加强与国际各类会奖公司的合作,是杭州打造国际会议目的地的重要策略之一。另一方面,杭州要立足国内,借船出海,在不断提升国际会议市场的中国份额大背景下,实现杭州会议市场国际化和国际会议目的地打造。同时,要充分开展与国际国内相关机构的交流与合作,各方形成合力,助力杭州实现会议市场的国际化。

1. 设立专门的会议局(CVB)或安排专门部门负责会议促进方面的工作

打造国际会议目的地是一个系统而且宏伟的工程,建议设置专门的部门来负责这项工作,至少是安排专门部门牵头或是协调。从杭州的实际情况来看,可设置专门的会议局(CVB)或安排牵头部门负责国际会议目的地打造,关键是尽快解决多部门多头参与、资金分散、各自为战的局面,并统一会议激励资金的申请与发放、会议目的地的宣传与推广、重要会议的协调、社团及会奖公司等主要买家群体的维护与沟通、专业培训、主要会议的统计、ICCA等国际行业组织的沟通等工作。

2. 合理规划布局,推进会议产业转型升级

应在地方相关规划中进一步明确杭州会奖旅游产业发展方向,明确近、中、远期战略目标和发展重点,进一步强化"高端国际会议目的地"品牌定位。参考国际先进做法,结合杭州实际,出台国际会议引进与培育专项行动,明确年度会议竞标目录,作为推动城市国际化的重要抓手。合理规划全市会奖旅游功能布局,在现有基础上,完善"1+X"(1个重点场馆,X个酒店配套)设施建设。积极推动知名会奖旅游机构落户,大力引进和培育会议组织品牌机构与领军人才。进一步提高国际可进入性,促进更多洲际国际航线的开通。

3. 制定会议激励政策,加大财政资金补贴的力度

会议是流动的,这就为希望改变会议流动方向的城市提供了更好的机会。若要改变会议流动方向,除了需设法把目的地的功能变得更完善,把接待服务做得更专业、更周到之外,会议目的地城市还可以通过设立激励资金、增加政府服务购买等方式实现这个目标。就目前国内会议市场而言,有一定影响力的全国性会议数量有限,每年能够进入中国的国际性会议数量更少,因此这些会议无一例外都成了国内各主要城市努力争取的对象——会议激励资金也主要使用在这里。杭州想要争取到更多数量的全国性会议、国际会议,想在未来数年内不断提升ICCA全球会议城市的排名,必须在资金和其他激励政策上有所行动。

4. 加强会议目的地城市形象和会奖品牌的传播

从国际会议市场发展的经验来看,即便是最具影响力的国际会议目的地,都有进行宣传推广的必要性。国际会议目的地建设,意味着杭州要在很大程度上改变目前国际国内会议市场格局,使得一部分重要会议改变既有或未定的目的地,更多地选择杭州,这就必须加大宣传推广的力度。在城市形象和会奖品牌的传播上,杭州应进一步设计和完善会议目的地的宣传语乃至VI系统,制作宣传册、宣传片、微电影等,建立在线会议目的地宣传平台,参加国际

国内会奖旅游相关活动,积极推介目的地优势资源及政策,建立线上线下业务对接平台,充分发挥政府作用,将目的地会奖资源与国际国内会奖采购资源平台对接起来,吸引更多会议落地。

5. 国际会议目的地接待体系打造

建设国际会议目的地城市实际上是要打造一个国际会议目的地接待体系。考虑到不同规模、不同类型会议的特点,会议目的地接待体系建设,一是要完善会议组织方完成会议任务所需要的基本条件,也即功能性要素,包括会议设施、宴会及其他类型餐饮设施、配套的展览设施、住宿设施、城际交通与市内交通、会展专业及配套服务、城市基础服务、政府服务等;二是要合理降低办会成本,包括城际交通及市内交通成本、住宿成本、场地及餐饮成本、专业及配套服务成本、附加活动及旅游成本等。当然,会议组织方会综合考虑成本因素,这主要是因为综合吸引力高的目的地价格水平通常也会相对比较高;三是要增强吸引力因素,包括旅游吸引物及资源(景点、美食、购物、娱乐、休闲、度假等)、气候、自然环境条件等,以及有影响力的赛事、演出、节庆、会议、展览等和由 GDP 总量引发的商务影响力。一般而言,在功能性条件得到满足、办会成本符合要求的情况下,目的地吸引力水平的高低是决定会议流向的关键因素。

6. 构建高端会议服务链,提升参会者体验

参会者体验的效果才是决定目的地接待体系成败的关键。参会者体验通常由"会议现场体验"与"会外体验"两部分构成:"会外体验"主要是由目的地为会议参与者提供的旅游相关服务(吃、住、行、游、购、娱)的质量决定的,而"会议现场体验"则是由会议主办方、场地方与服务方共同创造的。要打造国际会议目的地,除了必要的硬件条件之外,还要有过硬的软件服务——专业会议服务及配套服务,这可以通过引进、培养和联盟等多种形式促进高端会议公司、活动策划公司、运营管理及服务公司等相关服务机构的发展,保障在杭会议的策划及运营管理、服务质量。

7. 重视行业组织、会议评估、人才培养等产业基础工作

会议产业是一项系统性很强的工作,仅仅是引进少量重要会议的发展模式是不可持续的,只有将产业发展的基础工作做扎实,目的地的吸引力才会持续产生,打造国际会议目的地的目标才能真正实现。首先,要发挥行业组织的作用,进一步发挥和增强会展协会和会奖协会的功能,同时促进杭州国际会议

竞标服务中心发挥实际功效;其次,要重视会议评估工作,因为如果没有任何统计和评估,就无法量化工作和检测成效,建设会议目的地的进展和水平也就无从得知,打造国际会议目的地城市也就只能盲目而为;最后,要加强会奖旅游人才的培养,一方面要充分发挥在杭十余所会展院校人才培养的优势,另一方面要为在杭会奖从业人员创造培训提升的机会。

8. 论证并实施"杭州会奖品牌计划"

对一个城市而言,具有影响力和话语权的行业品牌才是真正的中流砥柱。城市品牌离不开行业品牌的支撑,但行业品牌的建立更离不开一批优质的企业品牌。因此,大力发展具有核心竞争力的会奖企业品牌是杭州会奖目的地品牌建设的重中之重。杭州可出台一系列的激励、扶持、培育措施,带动产业集群发展,培育一大批行业知名企业,形成产业集群竞争优势。

同时,"杭州会奖品牌计划"可以借鉴和创新央视"国家品牌计划"行动方案,每年在广告、展览、公关等传播领域策划和执行系列活动,打造杭州会奖品牌的传播合力,实现杭州会奖目的地品牌的整合营销传播。在经费投入上,"杭州会奖品牌计划"可探索企业分摊出资为主、政府适当财政补助的形式,并应不断摸索和实践具有内生活力的"杭州会奖品牌计划"运行机制,搭建多方联动、跨界融合、资源共享的复合型品牌事业共同体,助推杭州"国际会议目的地"建设。

9. 探索建立网上杭州会奖品牌电子商务联盟

关注、跟踪和研判新一代人群的信息接受渠道和生活娱乐方式对于抢占当下及未来的品牌市场具有举足轻重的作用。探索和建立网上杭州会奖品牌电子商务联盟是杭州的应时之需、战略之举。马云在谈到对未来30年技术和商业趋势的判断时说,新零售、新金融、新技术、新制造以及新能源将会冲击各行各业:未来30年,世界会从"互联网技术"进入"互联网时代",任何一个企业,如果不跟互联网挂钩,不利用互联网去发展自己的业务,将会像数十年前不用电一样可怕,甚至比没有电更可怕。对于会奖业也是一样,必须主动迎接和适应互联网时代的挑战。杭州可以考虑在各类服务提供电商平台协调资源开出"杭州馆",通过资质审查入驻、整体排期推广等手段,打造线上线下互动的"杭州会奖品牌街区"。作为阿里巴巴集团的发源地和所在地,杭州有条件也一定要抓住其他城市梦寐以求但又难以实现的战略机会和尖端平台,提前谋划、布局、抢占和树立在互联网空间的会奖优势地位。

杭州在探索国际会议目的地建设上走出了卓有成效的发展道路,在规划制定、人才培训、品牌营销、企业扶持等多方面日渐显现出较高的专业化水准,在国际会议市场上的份额也稳步增长,并已开始向产业链的前端逐步靠拢,这都是令人惊喜的。但是,杭州要维持 ICCA 全球会议目的地城市排行榜前列的目标,挑战依然严峻。总体而言,国际会奖市场向中国转移已是大势所趋,杭州应充分抓住峰会之城、亚运之城的机遇,不断探索和完善国际会议目的地打造的策略和方法,多举措并举助推国际一流会议目的地建设。

(三)城市会奖旅游发展的杭州实践与探索①

杭州的旖旎风光、清丽妩媚与现代化的城市风貌、丰富的会奖资源为杭州的会奖旅游锦上添花。杭州有着 8000 年文明史,是中国的"七大古都"之一,拥有三处世界文化遗产和四项人类非物质文化遗产。此外,璀璨的茶文化、丝绸文化、中医文化、宗教文化等多元文化在这里碰撞融合,成就杭州历史文化名城的冠冕。杭州市文化广电旅游局积极响应全域旅游,深挖文化领域的体验性产品,大力推进文化旅游融合发展,一批烙印"杭州文化"的会奖产品应运而生。

淘宝造物节、2050 大会等会议活动的理念之新、改变之大,远超大多数人的预期。其不仅对互联网、云计算、新零售等新经济领域的线下群体互动方式产生着重要影响,也在很大程度上改变着杭州作为会奖目的地的内在特质。让会议这一重要载体与展览、活动、节庆等融合发展,是杭州会奖旅游发展的宝贵经验。

此外,为提升会议目的地城市核心竞争力,杭州打造了具有文化烙印的会奖旅游产品体系。杭州市文化广电旅游局推出的"品文化、享生活、乐休闲、拼团建、筑梦想"5 大类 150 余个奖励旅游产品,涵盖市民生活、传统文化、团队建设、商务考察和夜间休闲等多个方面。宋城千古情、最忆是杭州、太阳马戏、制扇、篆刻和雕版印刷等一系列文化元素被融入奖励旅游产品体系当中,为商务团队提供了极其丰富的文旅体验项目选择。

概而言之,通过提升硬件设施、提供全方位服务支持、做好宣传和营销工作、开发会奖旅游线路、建立合作关系、注重可持续发展以及提供专业培训等措施,杭州有效开发和利用了城市会奖资源,有力推动了城市会奖旅游的发

---

① 杨保福,甘媛恬,王晓燕,陆彦莹.杭州打造新经济国际会议目的地路径研究[R].杭州:杭州市旅游形象推广中心,2019:1-14.

展,提升了城市的知名度与美誉度,促进了城市产业和经济的转型和升级,并最终为城市的可持续发展提供了助力。

第四节　"双碳"时代的会奖旅游创新变革[①]

习近平主席 2020 年 9 月 22 日在第七十五届联合国大会一般性辩论上庄重宣布中国的二氧化碳排放将力争于 2030 年前达到峰值、努力争取 2060 年前实现碳中和[②],彰显了我国在全球绿色低碳转型发展趋势下提升国家自主贡献力度的负责任大国担当,"双碳"时代也正式到来。2021 年 9 月 22 日,《关于完整准确全面贯彻新发展理念做好碳达峰碳中和工作的意见》出台,对我国碳达峰、碳中和工作作出了系统谋划和顶层设计,"双碳"目标对于每座城市、每个产业而言,都将是一种规则倒逼的发展转型挑战,如何准确理解和有效落实国家"双碳"重大战略部署,如何全面推动经济社会的绿色创新转型发展,如何加速生产方式、产业结构、空间格局、生活方式的变革以实现环境保护和资源节约,是当下决策者都无法回避、必须直面的重大问题。[③]

中国的碳达峰主要是工业、能源行业、建筑业、发电行业在发挥着主导作用,但值得注意的是,碳达峰之后上述这些行业的碳减排贡献必然会逐渐减少,此时包括会展业、旅游业等在内的非能源行业的碳减排作用便将凸显,其很可能成为中国碳达峰之后碳减排的主要驱动力。作为全球第一会展大国和世界旅游大国,中国会展业和旅游业将会在未来世界碳达峰和碳中和进程中发挥越来越重要的作用。习近平主席在气候雄心峰会上发表的重要讲话指出,在气候治理上要坚持绿色复苏的创新思路,在生产生活上要大力倡导绿色低碳方式,从绿色发展中谋求发展机遇与动力。[④]"双碳"发展时代,必须着力探索产业的绿色发展、循环发展、低碳发展,践行精致化、生态型高质量发展道路。

---

① 本节内容刊载于 2022 年 2 月第 4 期《中国会展》。

② 习近平.习近平在第七十五届联合国一般性辩论上的讲话[EB/OL].(2020-09-23)[2022-01-08].htpp://www.mofcom.gov.cn.article/i/jyjl/m202009/20200903003397.shtml.

③ 高少帅."双碳"时代,见证城市发展新脉动[N].烟台日报,2021-10-27(001).

④ 习近平.习近平在气候雄心峰会上的讲话[EB/OL].(2020-12-12)[2022-01-08].http://www.xinhuanet.com/politics/leaders/2020-12/12/c_1126853600.htm.

一、会奖旅游及其历史沿革

作为高端旅游市场中最富含金量的部分,会奖旅游自 20 世纪七八十年代诞生以来就一直被视为旅游业皇冠上的明珠,其以停留时间长、消费档次高、组团规模大、经济带动性强等特点得到业界的普遍重视,并日渐成为世界发达城市争相发展的高端服务产业。广义上看,国际上会奖旅游通用的提法主要为"会展及奖励旅游""会奖商旅"或"会展旅游",其被视为一种以展览、会议、节庆、奖励旅游等活动为依托,以商务为主要目的而兴起的商务旅游产品[1];狭义来说,为与商务系统所管辖的会展活动(尤其是展览活动)区分开来,国内不少旅游部门将会奖旅游界定为会议与奖励旅游活动,其对会议旅游和奖励旅游这两个细分产品给予了更多的关注[2]。但实际上,要泾渭分明对会奖旅游活动的边界进行厘定是比较困难的,因为如今大型活动的发展趋势早已不再是"会中有展、展中有会"那么简单,而是不同类型活动相互交叉、重叠和融合,从这点上说,活动业、会展业和旅游业的交织构成了会奖旅游业。[3]

2002 年会奖业概念在国内正式提出,作为现代旅游业中最为重要的细分市场之一,中国的会奖旅游规模以年均逾 20% 的速度快速增长,在入境旅游市场中,会奖旅游客户已占据了游客总量的近四成,业已成为我国入境旅游市场中极其关键的组成部分。[4] 正如中国旅游研究院院长戴斌所言,会奖旅游近些年来正逐步发展成为旅游产业新的重要利润增长点。[5] 城市国际化对会奖旅游发展有着极为重要的促进作用,与此同时,会奖旅游活动的举办也日益成为城市国际化的重要抓手,越来越多的城市也正致力于搭建国际化背景下会奖旅游的商务平台、文化交流平台和人才培养平台。例如,杭州通过实施杭州会奖旅游特惠年(季)活动、聘任"杭州会议大使"、成立国际会议竞标服务中心、制定并推行地方会奖服务标准、策划开展"新经济会议目的地"和"会在风景中"等一系列公关营销活动以及打造"峰会杭州"会奖品牌形象等多项创新

① 陈颙.全球会奖旅游业日益红火[N].经济日报,2010-12-01(012).
② 赵园.会奖旅游释义[J].中国会展,2008(3):65.
③ 赵伯艳.大型活动策划与管理[M].重庆:重庆大学出版社,2016:8.
④ 赵灵芝.宜兴市发展会奖旅游的可行性研究[J].旅游纵览,2020(18):111-113.
⑤ 裴超.攀登利润制高点,解读会奖新思维[J].中国会展,2016(22):22-31+8.

举措,2019 年 12 月成功荣膺"中国最具创新力国际会奖目的地"称号。[①]

20 年来,中国会奖旅游业已形成环渤海、长三角、珠三角、东北和中西部五大产业带,并呈现出规模化、专业化、高端化、品牌化和国际化的发展特点。[②] 国际奖励旅游管理者协会(SITE)中国分会、国际大会与会议协会(ICCA)中国委员会、中国旅行社协会会奖专业委员会、中国会奖旅游城市联盟等一系列会奖组织的成立,以及一大批对标国际标准的目的地管理公司(DMC)、专业会议组织者(PCO)的壮大,见证了我国会奖旅游业从无到有、由弱变强的突飞猛进式成长。从世界范围来看,亚太地区已成为全球会奖旅游业增长的引擎,而作为中国会议产业板块中一个重要的组成部分,中国的会奖旅游业更是在近些年风生水起。[③] 虽然我国会奖旅游业起步较晚,但历年来的增长势头均远高于 GDP 的增长,在政策逐步放开、服务能力不断提升以及买方市场爆炸式增长等预期性利好下,中国会奖旅游业将迈上一个新的台阶,并成为世界会奖旅游业的新贵,可谓众望所归。

二、新时期会奖旅游业发展面临挑战

(一)新冠疫情对人员自由流动的限制

2020 年初以来,新冠疫情在全球蔓延。从国际上看,严格的边境管制以及检疫要求造成国际旅行困难重重。世界旅游组织第 11 次旅行限制报告显示,在旅行限制措施上采取"取消旅行限制"的国家寥寥无几。全球大部分国家均采取了"完全关闭边界""部分关闭边界"或"放开边境但入境仍需持核酸检测阴性报告证明"的限制策略,极大束缚甚至阻断了国际会奖活动的人员流动,这对全球会奖旅游业的开展影响最为致命——全球 71% 的受访公司将"取消当前的旅行限制"视为最有利于展会"反弹"的首要因素。[④]

值得注意的是,新冠疫情极大减少人员往来的同时,也催生了更多线上会奖活动。如果说早期使用线上形式来替代线下活动的安排是不得已而为之,

---

① 杭州市文化广电旅游局. 杭州荣获中国最具创新力国际会奖目的地奖[EB/OL]. (2019-12-09)[2022-01-25]. https://wgly. hangzhou. gov. cn/art/2019/12/9/art_1692916_58924845. html。

② 赵垒. 中国会奖旅游这十年[N]. 中国旅游报,2013-01-07(009).

③ 裴超. 迈向全球化——如何看待中国会议经济发展趋势[J]. 中国会展(中国会议),2018(4):30-37+8.

④ UFI. The Global Exhibition Barometer (July 2021)[EB/OL]. (2021-08-17)[2022-01-25]. https://www.ufi. org/archive-research/the-global-exhibition-barometer-july-2021/.

但历经两年持久的摸索与实践,不少客户已将线上消费变成习惯[1],而线下活动或将全面转向为互动体验。这意味着即便未来疫情过去,传统的会奖旅游形式也将面临"双线整合"的挑战。对消费者而言,线上活动不受时空限制、高效率和低成本[2],对商家而言,线上活动在精准到达和增强用户黏性等方面也具有显著优势[3],疫后的会奖旅游业或迎来未知到有知、自为到自觉的加速转型与深刻变革。

(二)碳达峰碳中和对行业发展提出新要求

康奈尔大学学者实施的一项研究显示,从面对面会议过渡到虚拟会议可以大幅减少94%的碳足迹和90%的能源使用。若只将半数线下会议参与者转至线上,精心挑选的混合会议中心有可能将碳足迹和能源使用量减少三分之二。实际上,仅2017年就有来自180多个国家/地区的超过15亿参与者参与了包括会奖旅游在内的各类商务活动,而定期举办的50人以上的国际会议活动的数量几乎呈现出每10年翻一番的增长态势。结合之前生命周期评估(LCA)得出的每位会议参与者的碳足迹或最多可达3000千克的二氧化碳当量结果,可以预见未来全球会奖旅游活动的增长所导致的大量温室气体排放问题并非小题大做。[4]

新发展阶段推进"双碳"工作不仅仅是中国推动构建人类命运共同体、主动担当大国责任的迫切需要,同时也是资源环境约束破解和可持续发展实现的迫切需要,亦是顺应技术进步趋势和推动经济结构转型升级的迫切需要,更是促进人与自然和谐共生和满足广大人民群众对优美生态环境不断增长的需求的迫切需要。在数字经济的大背景下,"双碳"目标已然成为我国社会各行业未来若干年发展的强外部约束条件。[5] 作为经济发展"晴雨表"的会奖业,理所当然地亦应承担碳排放约束,从自身化改造、产业生态化发展体系打造等

① 吴立元,刘研召.结构性冲击对中国经济的影响——兼论新冠肺炎疫情的经济影响[J].当代财经,2021(11):3-15.

② 赵光辉.农业"地域营销"为什么吃不开? [J].中国农资,2021(10):13.

③ 李夏婷.基于互动仪式链理论的二次元垂直社区的互动传播研究[D].武汉:中南民族大学,2019.

④ Tao Y, Steckel D, Klemeš J J, et al. Trend towards virtual and hybrid conferences may be an effective climate change mitigation strategy[J]. Nature Communications, 2021, 12(1): 1-14.

⑤ 刘晓光.数字经济背景下的"双碳"政策对产业升级的影响分析[J].中国发展,2021,21(S1):67-71.

方面助力全社会低碳理念到实践的变革。① 处理好复业复展与疫情防控、双碳目标的关系，把握绿色会奖发展机遇，推进产业高质量发展与助力经济高质量发展齐头并进，这将是"十四五"期间会奖旅游业发展的纲领性要求。

三、"双碳"时代会奖旅游业创新趋势

（一）长程市场追逐向长短程市场并重的转变

国际会议日益成为会奖市场上最受追捧的会议类型。一是由于国际会议在该行业与领域内所具有的全球影响力，其在助推产业、扩大开放和营销城市上具有独特作用。二是相较于国内会议而言，其在消费水平、参与层面、产业带动上更具优势，能给目的地带来更为可观的经济收益。故而，在很长一段时间内，争取更多国际会奖活动来到本地成为国内诸多城市普遍努力的方向。新冠疫情前，国内城市如杭州、成都、西安等在 ICCA 国际会议城市排行榜中成绩不断刷新，呈现积极的发展态势。但新冠疫情让入境会奖旅游活动几乎一夜"速冻"，至今仍难言恢复。即便疫情状况好转，未来有两点变化值得关注：一是从会展活动组织形式上看，线上会议和研讨、线上推送项目、线上洽谈和签约、线上企业实训和专题培训等已被世界 500 强企业认可和内化；二是从旅游活动发展趋势来看，以本地、近郊及周边为主要游览区域的短停留、高频度、高关注和多玩法的旅游活动成为新的热点。②

从构建"双循环"新发展格局和实现"双碳"目标来看，未来中国会奖旅游业或将发生从长程市场追逐到长短程市场并重的转变。从融入国际经济、减少贸易阻力、助力技术引进和推动国内竞争角度来看，我国经济未来仍需坚持走向国际化③，RCEP 生效也将为会奖旅游业发展带来新的发展机遇，疫后继续抢占国际会奖旅游市场仍将是延续性热点。但与此同时，已有研究发现，每次会议的旅行排放量为 722～955 吨二氧化碳当量，每位与会者平均排放1.3～1.8吨二氧化碳当量，减少碳排放的方案有效性主要取决于会议的国际

---

① 裴超.穿顶之上——"双碳"经济对会展业发展带来的机遇与挑战[J].中国会展，2021(11)：26-33＋10.

② 中国社会科学院旅游研究中心.2021 年中国旅游十大热点[EB/OL].(2021-12-30)[2022-02-15].http://trcchina.cssn.cn/zdgz/202112/t20211230_5386188.shtml.

③ 王小鲁.中国经济增长的可持续性与制度变革[J].经济研究，2000(7)：3-15＋79.

化程度以及是否取消了最长的航班。① 减少国际性会奖活动和长程与会者参与成为会奖业碳减排的一大关键。此外,当前旅游活动的"短途"和"国内"特征明显,从国内会奖旅游发展变化来看,其形式也更多聚焦于内循环②,这也正是《世界旅游创新发展报告(2021—2022)》所揭示的当下世界旅游产品创新方向:新冠疫情加快了旅游产品创新进程,其中一个突出体现就是消费者更偏向于小规模团体旅游和近程旅游,对小团体旅游产品和本地/周边旅游产品需求明显增加。因此,无论是从供给侧和需求侧的内生需求变化还是从"双碳"目标实现、数字经济发展和旅游业发展转变趋势来看,未来中国会奖旅游亦有近程化发展的内在动力,并最终呈现出长程市场追逐向长短程市场并重的显著转变。

（二）会奖旅游与科技和产业的双线融合

新冠疫情对世界范围内的人员和物资流动造成了十分严重的影响,这进一步引发了技术、资金和信息流动的不畅,并导致了全球贸易成交量下滑,令包括会奖旅游业在内的上下游产业链蒙受巨大损失。疫情的催生效应使会奖旅游业的数字应用不断创新和发展,这在一定程度上成为缓解疫情冲击、减少行业损失的重要手段,而更进一步来看,会奖旅游从内容到组织上与数字科技的融合或将演化成为未来产业不可或缺的新形态。以生态环境部为主要代表的监管部门以及各级政府,当下也正在加快开展科技赋能碳达峰、碳中和路径设计和政策组合体系建设,这也预示着未来会奖旅游业将呈现更多科技成色。

此外,越来越多的会奖旅游活动与文化产业、新经济相融合,涌现出一大批具有独特魅力的产品形式。如杭州市在会奖旅游产品设计上推出了富含杭州韵味的 5 大类 150 项会议奖励旅游产品,分别为温润尔雅·如诗传统文化旅游(包含了茶文化、丝织文化、佛学禅修、中医养生、金石篆刻、打说戏曲、王星画扇、儒学经典等八项主题旅游)、热血朝天·如火团队建设旅游(包含了龙舟竞速、绿道骑行、城市定向、古村探秘、高山滑翔、西湖跑山、动感滑雪、疯狂卡丁、户外集训、浪漫露营、水上奇观、公益之行 12 项主题旅游)、温情洋溢·如歌市民生活(包含市井杭州、农贸市场、杭帮经典、文艺情怀 4 项主题旅游)、炙热情怀·如梦夜下休闲(包含主题晚宴、灯光秀、夜游、夜景、慢娱乐 5 项主

---

① van Ewijk S, Hoekman P. Emission reduction potentials for academic conference travel[J]. Journal of Industrial Ecology, 2020.

② 北海. 后疫情时代,会展旅游该如何发展——会展旅游对城市会展及产业升级的影响[J]. 中国会展,2021(19):36-41.

题旅游)、浓烈激情·如茶商务考察(包含数十项与名企对话、探访特色小镇的主题旅游)。近年来,杭州会奖业又谋划了从资源优势向产业优势的转型,瞄准数字经济、文化创意、金融科技、新能源、生物医药、新零售等优势产业,攻克会奖行业细分领域,提出了新经济会议目的地打造方向,推出包括阿里巴巴、海康威视到萧山信息港小镇、大创小镇等10个新经济重点企业和产业园区在内的数字经济旅游十景,并实现了企业和园区"机密"常态化、市场化地向商务游客开放预约参观,极大地增强了杭州会奖业的吸引力和国际竞争力。

(三)从产品内容到组织流程的低碳化转型

由于绿色低碳领域长期以来都是我国的相对弱势产业,对标如期实现"双碳"目标的要求,无论是需求侧还是供给侧,绿色低碳产业的总体规模和发展速度都仍有差距。[①] 进入新发展阶段,在"双碳"目标约束下可预见各类生产要素将越来越多地投向绿色低碳产业,因此,会奖旅游作为"双碳"目标实现的重要支持平台,未来将有越来越多低碳内容的会奖旅游产品,以促进低碳资本、低碳技术与低碳产业的紧密融合。绿色低碳将成为会奖旅游业高质量发展的方向,未来围绕"绿色、低碳、可持续"的会奖创新题材也将逐步向智能制造、新能源汽车以及环保等诸多领域延伸。[②]

在"双碳"目标指引下,伴随数字技术、数字贸易和数字经济的发展,未来会奖旅游将在订购、交易、结算、支付以及营销、服务、体验等多环节付诸数字平台,以实现不受时间和空间的限制,从而实现对传统会奖旅游活动的流程再造和"组织革命",进而实现组织流程的低碳化。为响应产业转型升级和生态文明建设要求,绿色技术、绿色服务、绿色发展将成为会奖旅游业发展的新常态,绿色低碳理念也必然会进一步贯彻落实到活动组织的全流程管控中,在会奖营销、展台搭建、现场展示和项目管理等不同场景实现低碳减碳,从而推动会奖旅游业的绿色可持续发展。

当下,中国正在面临着提高经济增长速度和抑制环境污染、实现"双碳"目标的多重任务。[③] 作为新兴生产性服务行业,会奖旅游业虽然具有资源消耗低、污染排放小以及较少的自然生态系统干扰的特征,但鉴于其与碳排放高度

---

①　袁怀宇,李风琦."双碳"目标影响供给侧结构性改革的机制与应对策略[J].理论探讨,2022(1):140-145.

②　胡心媛.今年中国展览业发展将呈现五个趋势[N].中国贸易报,2022-01-18(008).

③　刘伯凡,刘金辉.地方政府为何会对企业执行不同的环境规制[J].财经科学,2021(9):110-120.

关联性以及产业规模快速扩张性，这一领域的节能减排也受到了持续关注，也正如世界旅游组织在 2003 年全球首届旅游与气候变化国际会议上发布的《杰尔巴宣言》所指出的，不能忽视旅游交通、旅游接待设施等所产生的排放温室气体对气候变化带来的影响。"双碳"时代，推动会奖旅游业从产品、设施到运营、管理上的绿色低碳发展，就是对我国"双碳"目标实现的有力支持，其不仅促进了会奖旅游业自身构建新发展格局，更有利于深度引导全社会各领域实现生态、绿色、低碳的可持续协同发展。

第七章　乡村文化旅游资源开发与利用

第一节　孝廉文化旅游资源的开发与利用①

一、孝廉文化渊源

中华传统文化绵延数千年仍生机勃勃,寻其根基,在于孝道。孝文化在中国源远流长,"孝"是我们伟大的中华民族代代相传的优秀品质。何为"孝"?儒家经典《尔雅》如是说:"善事父母曰孝。"东汉许慎的《说文解字》则认为:"孝,善事父母者。从老省,从子,子承老也。"《礼记·祭统》认为"孝者畜也",此"畜"为赡养之意。以上传统经典都认为赡养父母是孝之基本内涵。

孔孟儒学认为"孝"是一切德行的根源,孝道是儒家伦理思想的最高道德准则。儒家关于"孝"的要求从低到高依次为三个层面:物质层面、精神层面、事业层面。孔子认为羔羊尚且能够跪乳,乌鸦尚且知道反哺,人如果不能做到孝敬父母,就跟禽兽没有差别。《孟子》认为"孝子之至,莫大乎尊亲",将事亲、尊亲作为孝之最高道德体现。孔子在论述孝道时认为:"孝子之事亲也,居则致其敬,养则致其乐,病则致其忧,丧则致其哀,祭则致其严,五者备矣,然后能事亲。"这说明儒家认为只有做到"敬亲、谏诤、立身、奉养、侍疾、善终"等过程才算是完整的孝道。从某种意义上说,"孝文化"甚至可以作为度量儒家文化的代理变量。②

---

① 本节内容收录于2020年11月杭州出版社出版的《孝廉浙江游》。

② 陈嘉欣,程静薇.非正式制度对普惠金融使用意愿的影响研究——以差序格局下儒家文化为例[J].北京印刷学院学报,2023,31(8):30-35.

在华夏大地长期的历史发展过程中生根发芽、苗壮成长起来的廉政文化，是我们中华民族优秀灿烂的传统文化不可或缺的重要组成部分，它历史悠久且历久弥新，其演化过程始终与孝道密不可分，孝为本，廉为用，两者一路相融相契，既安身又安心。孔子所认同的孝里都隐含着一个"廉"字，从"爱亲""敬亲""不恶""不慢"于人的天子之孝，到"制节谨度，满而不溢"的诸侯之孝，再到言"无口过"、行"无怨恶"及"非法不言，非道不行"的卿大夫之孝，及至"爱、敬、忠、顺"的士之孝和"谨身节用"的庶人之孝，无一不是深含着廉洁奉公、严守礼法和忠顺节用等思想。孔子认为，孝敬父母、尊重兄长的人，很少会以下犯上，不以下犯上却喜欢作乱的，也是没有的。孝悌的人一般都廉洁奉公，不会违法乱纪更不会犯上作乱。这正是古人所说的："孝慈，则忠。""事君忠，则处官廉。"小孝爱家，大孝爱国，如果将对亲人的爱和敬延伸到社会，转化成对社会尽责，就产生了忠和廉。这些都足以表明孝生廉、廉促孝，孝廉相生相衍，两者相辅相成，不断演变深化。

将"孝"作为人才察举选拔的重要标准，并上升到国家政治制度层面，让用以规范家庭的"孝"在伦理道德属性外，又赋予了新的法律意识形态属性，除了使孝在更高层面上得以普及和强化，对"孝治天下"的实施也更具强制和保障作用。孝则忠君、廉则爱民，倡导孝伦理对于维护封建统治和宗法秩序具有十分重要的意义，历代帝王深谙此理，因此，他们在大力倡导和宣扬孝子榜样的同时惩罚不孝，以确保"孝治天下"的实施。自秦以后，"不孝"被定为要受到官府严厉惩处甚至处以极刑的重大罪行。汉代颁布了《孝廉法》并将其作为选用官员的依据，设置了"举孝廉"作为重要的组织人事制度，具有"孝廉"品德者才能为官，"孝廉"成了选拔官员的一项标准。所谓"修身、齐家、治国、平天下""一屋不扫，何以扫天下"，对待家人都不能恪守孝道的人，就别奢望他能忠党爱民、赤心报国，成为清正廉洁之士。

我国的孝伦理经历了上千年的洗礼和积淀，形成了具有独特内涵的孝伦理体系，"孝廉"之于现在的中国，无论是从家庭"孝"的角度还是从国家"廉"的角度，都对中国和谐社会建设具有重要而深远的意义。此外，孝廉文化对于加强当代公民道德建设、构建伦理新秩序和促进和谐社会发展也有着积极的时代意义。①

---

① 陈朝晖. 文化自信视阈下孝文化的国家战略传播[J]. 湖北工程学院学报，2023，43(1)：5-14.

二、孝廉文化旅游的现代价值

习近平总书记指出,在家尽孝、为国尽忠是中华民族的优良传统。孝廉文化建设和旅游的融合运用,不仅可以推动孝廉文化的弘扬、传承和创新,有效传播地区形象,还能丰富旅游内涵,提升旅游品位,推动当地旅游业创新发展。

（一）传承和创新孝廉文化

孝廉文化旅游有利于中华民族传统美德的传承和创新。以孝廉理论为统领,以孝廉制度为基础,以孝廉文学艺术为载体,进一步挖掘传统孝廉文化的丰富内涵,有效整合孝廉文化旅游资源,将孝廉文化充分融入旅游文化,对继承优秀孝廉文化传统、增强孝廉意识、树立孝廉理念、营造孝廉社会氛围有着十分重要的现实意义。孝廉文化旅游也有利于发展社会主义先进文化。孝廉文化包含昌明有序、清正廉洁的政治文化,公正乐善、崇尚法纪的社会文化,开拓进取、爱岗敬业的职场文化,团结向上、诚实守信的组织文化,这些孝廉文化与旅游文化相互结合,有利于进一步传播和弘扬社会主义先进文化。

孝廉文化传播的形式多样,新闻传播、影视传播、民间口头传播、文学传播等均可发挥其传承作用,而旅游的持续升温使它这只"旧时王谢堂前燕"成功"飞入寻常百姓家"。旅游作为社会大众的一种生活方式,可以吸引更多人参与,因而旅游传播也成为孝廉文化传承的重要途径。作为一种以教育为主的旅游活动,孝廉旅游在开发过程中必然要对古今各种孝廉文化资源进行挖掘、整理和提炼。孝廉文化资源类型众多,根据存在形式主要分物质性资源和人文资源两类,前者有遗址、故居、纪念碑/亭、陵寝、照片、手稿书信、生活用品等,后者主要有孝廉传说、故事、歌谣、戏曲、家训等。通过对孝廉资源的挖掘和整理,可以极大地丰富孝廉文化的内容,在传承的同时实现创新发展。此外,孝廉旅游也是一种独特的寓教于游、寓教于乐的文化教育方式,它可以在潜移默化中培养和内化人们的孝廉意识及行为,达到孝廉传播和传承的效果。

（二）发挥孝廉文化"咨政启民"作用

孝廉旅游有助于传承中华民族"孝"之优秀传统,于提高政府威望和改善社会风气多有裨益。就政府而言,发展孝廉旅游有助于加强党风廉政建设,有助于广大领导和党员干部保持先进性和纯洁性,有助于形成风清气正的政治环境,从而提高政府的威信。就社会而言,孝廉旅游这一独特的教化方式,使人们在身心放松的状态下,通过对孝廉人物、孝廉景观、孝廉事迹等的感知和体悟,感受中华孝廉文化之魅力,并自觉接受其熏陶和教化,从而使广大民众的思想觉悟和道德素质得以提升,唤醒他们潜意识里的孝廉意识,帮助他们形成孝廉思想,自觉践行孝廉行动和抵制不孝及贪腐行为,从而改善不良社会习气,在全社会形成一个公平正义的氛围,实现社会和谐。

（三）助力旅游业健康有序发展

《"十三五"旅游业发展规划》指出,未来旅游业的发展呈现消费大众化、需求品质化、竞争国际化、发展全域化、产业现代化等趋势。须提升红色旅游发展水平,突出并强化其社会效益和教育功能,以培育和践行社会主义核心价值观为根本,将红色旅游打造成常学常新、常思常明的理想信念教育课堂,进一步坚定中国特色社会主义道路自信、理论自信、制度自信、文化自信,推进爱国主义和革命传统教育大众化、常态化。

当前我国旅游业发展处于黄金时期,旅游需求持续旺盛,但是旅游产品的供给却不能满足多元化的消费需求。因此,适时开发孝廉旅游可以在一定程度上丰富旅游内容和拓展旅游形式,使之成为文化旅游一个新的延伸,是旅游业在供给侧进行自我改革和创新的一种有益探索和尝试。孝廉文化融入旅游文化,亦有利于人们树立"低碳旅游"理念,倡导文明健康的旅游方式,构建和谐的旅游环境。同时,在吃、住、行、游、购、娱六大旅游要素中融入孝廉元素,既能达到教育的目的,又能提升旅游文化内涵,为旅游业健康发展夯实基础。

三、孝廉文化旅游资源分类

自古清官多孝子,但又有"忠孝不能两全"的说法,这两者有时确实会存在冲突,毕竟为官多在外,尽孝需在家。贤明如岳母等就认为儿子为国尽忠便是对父母尽孝,这就是所谓的"移孝作忠"。在古代社会,为官清廉者寡,既孝且廉者更是寥若晨星,但是出现一位孝廉官员就能影响一个地区乃至千秋万代,挖掘和整理有关这些官员的孝廉文化资源,对于整治社会风气和政府反腐工作都有重要意义。

（一）按照存在形式划分

以孝廉旅游的存在形式为划分标准,可以分为物质性孝廉旅游资源和非物质性孝廉旅游资源。

1. 物质性孝廉旅游资源

物质性孝廉旅游资源通过收集孝廉旅游吸引物,如与孝廉人物相关的古籍、书法、绘画、照片、信稿、票据、生产生活用具、碑拓、文献资料等,建设具有孝廉文化价值和孝廉教育意义的人物故居、旧址/遗址、纪念馆、博物馆、展览馆、廉政名人蜡像馆、廉政教育基地等。

2. 非物质性孝廉旅游资源

此类孝廉旅游资源通过孝廉故事、孝廉戏曲、孝廉歌谣、孝廉风俗、孝廉史话等,颂清风,咏廉曲。浙江海盐的"清风颂和谐",江苏辛庄的"德善辛庄,清风万家",江苏南通的"濠滨夏夜",江苏常州的"清风润德",新疆和硕的"弘扬廉政文化,恪守从政道德,促进跨越发展"等廉政文化活动都是很好的非物质性孝廉旅游资源。

(二)按照时间划分

依据时间标准,孝廉旅游资源可以分为古代和现当代两类。

1. 古代孝廉文化旅游资源

主要是基于我国传统历史文化中的孝廉人物和事件、孝廉故事和传说等,在追寻古人踪迹中学习他们的孝廉精神。古有"耘瓜受杖,坚守道义"的曾子;"望云思亲,忠廉大义"的狄仁杰;"行佣供母,孝廉方正"的江革;"哭竹生笋,腌鱼沉池"的孟宗;"不忘母训,以廉尽孝"的寇准;"辞官尽孝,不持一砚归"的包拯;"父慈子孝,父清子廉"的胡质胡威父子;"清廉俭朴,乐善好施"的范仲淹;"官场孝子,反腐斗士"的海瑞;"涤亲溺器,戒石铭心"的黄庭坚;"毁瘠如礼,温良忠廉"的司马光;"毛驴县官,孝感逆儿"的陆稼书;"人饥我饱,有伤神明"的陈瑸等孝廉贤官。有刻木事亲、怀橘遗亲、埋儿奉母等"二十四孝"故事,也有春秋子罕以廉为宝、战国公仪休拒鱼、南北朝顾协棒打送礼人、宋朝刘温叟厚谢婉拒、明朝周新悬鹅示众、清朝于成龙立檄拒礼等脍炙人口的经典人物和廉政故事。

2. 现当代孝廉文化旅游资源

由孝而廉,廉洁报国,这也是我国现当代很多精英所崇尚和践行的价值观,我们身边也有不少关于孝廉的人和事,比如"乱世之中显忠孝"的朱德、"忠孝节义光辉榜样"的焦裕禄、"视百姓如爹妈,为民族尽大孝"的孔繁森、"廉洁家风源于家人支持"的牛玉儒、"党员孝子大爱温暖家乡老人心"的丁玉龙、"拥有孝子情怀的纪检干部"的熊志刚、"方正做官,忠孝传家"的董练武、"立警为公、执法为民"典范的任长霞等孝廉清官和美谈,还有其他在新时代涌现出来的大量廉政人物。

(三)按照孝廉旅游资源内容划分

根据资源内容大致可以划分为廉洁勤政类、修身自律类、秉公执法类、警钟长鸣类等。

1. 廉洁勤政类

这类孝廉人物有"清名举世扬"的东汉会稽太守刘宠、"不负明君有朴忠"的司马光、"两袖清风"明朝名臣于谦、"止饮江南一杯水,身若莲花不染尘"的张伯行、清朝廉吏于成龙和督抚张清恪、优秀领导干部郑培民等清正廉洁之士,有"三过家门而不入"的大禹、鞠躬尽瘁的诸葛亮、"先天下之忧而忧,后天下之乐而乐"的范仲淹、"党和人民的骆驼"任弼时、党的好干部焦裕禄和孔繁森等勤政为民的模范。这些廉洁自律、勤政为民的典范以及他们的故事和传说,都是不可多得的宝贵的孝廉旅游资源。

2. 修身自律类

该类廉政人物有"破除'贪泉'魔咒,厉行勤俭不易心"的吴隐之;"梨虽无主,我心有主"的金末元初大理学家和大教育家许衡;"储豆律己"的明代大学士徐溥;"富贵不能淫,贫贱不能移"的孟子;"清风两袖朝天去,免得闾阎话短长"的文天祥;"欲修其身者,先正其心"的曾国藩;"洁己爱民,不贪功名"的方克勤;"廉如清水、心系于民"的赵轨;用人失误后能"自贬三级"的蜀汉丞相诸葛亮等,他们都是修身律己的典范,充分展示出自律的铮铮铁骨和浩然正气的光辉。

3. 秉公执法类

该类廉政人物有"不畏强权,铁面无私"的包拯;"为官清明、秉公执法"的狄仁杰;"清廉自律,执法如山"的汉代张释之;"公正执法,奏斩李彬"的刘基;"执法如山,大义灭亲"的楚国令尹斗子文;"守正刚直,护法如山"的隋代赵绰;"一身正气擎青天"的海瑞;"刚正不阿,廉洁爱民"的李勉;"百姓父母官,黎民大青天"林则徐;"执法不阿,清忠俭约"的满宠;"为官清廉,执法严明"的沈葆桢;"大义灭亲,执法如山"的郑成功;执法不阿赵广汉等。

4. 警钟长鸣类

警钟长鸣类多为孝廉的反面人物,前车之覆,后车之鉴。这样的人物有"侵夺民田,操控国库"的秦朝赵高;东汉专权贪财的"跋扈将军"梁冀;"大肆杀人,以权换钱"的东汉王温舒;"小官巨贪,设卡敛财"的西晋石崇;"假公济私,广为聚敛"的北宋奸臣蔡京;"光明正大"卖官的南宋右丞相陈自强;"贪污库银,索贿受贿"的明朝贪官刘瑾;"贪污受贿、卖官鬻爵、巧取豪夺"的明代严嵩父子。还有清乾隆年间巨贪和珅、唐朝元载、西汉田蚡、晚清奕劻等古代大贪官。新中国成立后也出现了一些巨贪,如大贪污犯刘青山和张子善、北京市委原书记陈希同、因受贿被处决的江西省原副省长胡长清、第一个被处死的省部级贪官——广西壮族自治区原主席成克杰、"边腐边升"贪官"原上海市委书记陈良宇、利用"双规"敛财的"中国第一贪纪委书记"——湖南郴州市纪委书记曾锦春等。这些贪官的故事和结局,无时无刻不在为后人敲响警钟。

这些人中有不少在平时是以"孝子好官"面目示人,在安抚父母亲人心的同时也将自己清廉的名声散播了出去。他们大尽"孝道"多半是为了捞取一个好名声,对于亲人来说是彻底的欺骗和"伪孝",孝对他们而言只是一块遮羞布,遮住了其在外面贪污受贿、包养情妇等斑斑劣迹。虚伪的外衣掩饰了他们不忠不孝的真面目,这些人至死都不会明白什么是真正的孝道和忠诚。贪官所谓的"孝"大多是物质上的供养,他们所奉行和理解的孝,大多停留在"能养"这个最低层次。孔子曰:"今之孝者,是谓能养。至于犬马,皆能有养。不敬,何以别乎?"所以,从本质上看,这是一种伪孝。罗氏《训世编》曾言:"孝子事亲,不可使吾亲生冷淡心,不可使吾亲生烦恼心,不可使吾亲生惊怖心,不可使吾亲生愁闷心,不可使吾亲生愧恨心。"贪官的父母有几人能不怀烦恼心、惊怖心、愁闷心、愧恨心?一旦贪腐事发,贪官都会受到惩罚,大多将身陷牢狱甚至一命呜呼,不再有行孝的机会,年迈的父母成了凄惨可怜之人,老无所依。贪污腐败严重危害国家和社会,是谓不忠不孝。

四、孝廉文化旅游的浙江探索

(一)孝廉文化游的浙江实践——以"江南第一家"为例

百善孝为先,治政廉为首。将孝廉文化与浙江旅游文化有效融合,让广大党员干部和人民群众在游览孝廉景区景点的过程中,受到孝廉文化潜移默化的教育和熏陶,营造并形成一个践孝行廉的社会氛围,可以有效地加强全省的孝廉文化建设,助推浙江社会、经济和文化的健康可持续发展。

"江南第一家"又称"郑义门""郑氏义门",位于金华市浦江县城东面十余公里的郑宅镇镇中心,是中华古代家族文化的重要遗址,享誉海内外。景区面积10.6平方公里,大小景点20多处,是以郑氏宗祠为中心的建筑景观群,为全国重点文物保护单位。"江南第一家"以它独具的古代儒家文化沉积、明清古建筑遗存和山乡民俗风情等成为极具特色的山乡古镇,它是全国 AAAA 级旅游景区,2002 年被列为国家级文保单位、浙江省廉政建设文化教育基地、浙江省爱国主义教育基地,是中国古代家族文化的典范。主要景点有郑氏宗祠、九世同居碑亭、孝感泉、东明书院、老佛社、十桥九闸等;每年举办试水龙(农历二月十九)、翘脚灯(正月十一到十五)等节事旅游活动。

"江南第一家"十分重视德与廉,它立下"子孙出仕,有以赃墨闻者,生则削谱除族籍,死则牌位不许入祠堂"的家规,历宋、元、明三个朝代,长达三百数十载,出仕173位官员,上至礼部尚书,下至税令,无一贪赃舞弊、徇私枉法,每一位都勤政为民、两袖清风。浦江郑氏家族如此义居,屡受朝廷旌表。明洪武十八年(1385),朱元璋正式赐封其为"江南第一家",时称义门郑氏,故又名"郑义门"。居住于此的历代郑氏家族,始终以孝义治家,崇尚孝顺父母、兄弟和睦、自强不息等人生格言,秉持尊师重教的教育思想、勤劳俭朴的持家原则、"和为贵"与"己所不欲,勿施于人"的人际关系原则。

自2007年"江南第一家"景区游客中心奠基以来,景区游客中心已接待游客逾140万人,其中,2019年接待游客高达13万人。10多年来,景区将全国廉政教育基地与文化旅游景区相结合,倾力打造张扬个性的特色文化旅游产业,以文为基、以旅赋能,塑造了一个有的游、有的看、有的听、有的学、有的玩、有的买的新兴旅游目的地,带动周边乡村朝着共同富裕现代化目标迈进。当下,为进一步利用江南第一家的旅游资源优势,发挥其品牌带动效应,名为"江南第一家"的互联网平台应运而生,借助互联网、大数据等先进技术,有效整合了当地优势资源,涵盖旅游、餐饮、住宿、教育、娱乐等各领域,将历史遗迹、灿烂文化、特色风俗、手工艺品、地域美食等极具特色的优势资源通过开放、共享的大平台展现在八方游客面前,"互联网+景区"营销模式创新最大化地创造了文化价值、商业价值和社会价值。

(二)孝廉文化与旅游休闲的融合探索

加强孝廉文化与旅游的深度融合,有利于推进孝廉文化建设,也是推进旅游产业转型升级的需要。目前,孝廉旅游建设仍有诸多成长空间,推动孝廉文化建设与旅游文化结合、促进以孝廉文化为主题的旅游景点开发、提升孝廉文化旅游促销宣传氛围、加强孝廉文化旅游载体建设创新等均是可行之策。

1. 统一思想认识,以实现孝廉文化与旅游协调发展

以思想观念的大解放推动孝廉文化旅游的大发展,由政府出面协调旅游和文化等相关部门,实施统筹安排,抓好孝廉文化旅游工作总体规划,设计工作载体,体现地方特色,确保孝廉文化旅游建设工作有机构、有责任、有活动,以实现资源共享和优势互补,实现孝廉文化建设与旅游工作的双赢。

2. 整合各方资源,共同打造一批孝廉旅游精品景区

结合孝廉文化历史底蕴,通过重修孝廉文化景点等形式,打造一批新的孝廉文化旅游景点。加大旅游产品开发力度,在产品开发中尽可能融入孝廉文化资源。进一步拓展投融资渠道,加大对现有孝廉旅游景区景点的投资力度,进一步整合现有孝廉旅游景区景点资源,提升其游客接待能力。

3. 加强宣传促销,不断扩大孝廉旅游影响力

利用电视、报纸、门户网站、微信、微博等传统媒体、新媒体的优势,展示孝廉文化旅游资源,充分利用现有孝廉文化旅游景区景点资源,推出孝廉文化"一日游""二日游"等旅游线路。加强对孝廉文化的挖掘、整理和包装,创作一批含有孝廉内容的戏曲、小说等文学作品,编写含有孝廉文化的导游词,印制含有孝廉文化的旅游宣传册和光碟,策划和包装一批以孝廉文化为主的旅游招商项目。落实好导游员、景区讲解员队伍关于孝廉文化讲解的培训,使游客能够接受更加直观和有效的孝廉文化教育。

4. 拓展工作思路,丰富和完善孝廉旅游载体建设

从吃、住、行、游、购、娱等多方面着手,不断丰富孝廉文化旅游载体建设,让游客在旅游过程中真实感受到孝廉文化的氛围。充分发挥景区电子显示屏、触摸屏、游客接待手册、景点门票、解说词、景区来电铃声等在传播孝廉文化方面的功能和作用,使其成为宣传孝廉文化思想内容的有效载体,达到春风化雨、润物无声、潜移默化的效果。注重基地化教育模式发展,将主要孝廉文化景点等命名为反腐倡廉传统教育基地,培育孝廉文化旅游载体。在旅游商品开发中注重与孝廉文化的融合,让游客在购物过程中无形接受孝廉文化教育和熏陶。

第二节　数字赋能乡村文化旅游资源开发与利用

加快推进乡村文旅高质量发展,既是促进农村经济社会发展的关键举措,亦是贯彻落实乡村振兴战略的内在要求。[①] 数智化技术与文化旅游产业与生

---

① 唐承财,秦珊,戴湘毅,等.文化和旅游视域下中国乡村振兴研究评述与展望[J].地理科学进展,2023,42(8):1437-1452.

俱来有着深度的关联①,数智化技术是文化旅游产业升级体验的重要手段与实现方式,文化旅游产业则为数智化技术提供了实际运用与优化改良的重要平台,而两者融合发展而成的数智文旅则为全面推进乡村文旅事业高质量发展提供了新路径、新手段、新动能、新生机和新活力,在文旅共富和乡村振兴事业中有着巨大的发展潜力。

乡村文旅数智化是基于大数据、人工智能、云计算等现代数字技术,实现乡村文旅产品智能化、安全化、可视化、便捷化的创新升级,以满足游客个性化需求,进而促进乡村文旅产业发展的新模式。从数字技术应用到数智技术融合,数智乡村文旅建设通过生产关系、生活方式、治理模式等一系列深刻变革,盘活数据要素,催生内生动能,变革空间治理,释放数字红利,加快了乡村文旅产业升级,并助力乡村产业振兴实现。

一、数智化时代乡村文旅产业发展面临的挑战

前段时间,由于疫情的原因,乡村旅游接待游客人数和旅游收入都受到了较大的冲击,但从整体上看,乡村文旅近些年来还是呈现出持续向好的发展态势,并表现出一定的发展韧性。但值得注意的是,在乡村文旅高速发展,为农村经济提供巨大助力的同时,制约其高质量发展的问题也逐渐显露。

(一)乡村基础设施建设需要持续性完善

乡村在公共服务设施、旅游基础设施、住宿餐饮设施、交通配套设施等方面都仍存在着一定短板。一方面,对多数乡村而言仍要重点解决旅游相关配套设施滞后的问题,以提升乡村文旅高质量发展的基础支撑;另一方面,一些乡村旅游热点区域,其基础设施也面临着时段性的承载压力(如国庆黄金周期间)。由于传统资源投入存在瓶颈,乡村基础设施完善已越来越依赖于数智化的新基建投入,从而有效应对土地、资源、环境等客观条件对传统基建的限制,并更好地提升已有设施的利用效率和效益。

(二)乡村文旅资源开发需要进一步规范

乡村文旅在资源开发的过程中存在过度开发和水平较低的问题。一方面,有些乡村文旅过度开发严重,破坏了原有的乡土文化,消解了乡愁,不合理的开发规划不仅没能有效提升乡村文旅的体验感,同质化的重复建设反而令

---

① 张祝平.文旅融合赋能乡村文化振兴:目标定位、逻辑理路与路径选择[J].艺术百家,2023,39(2):58-65.

商业化氛围击碎了原有的乡村风貌与韵味。另一方面,有些乡村没有形成清晰的思路和明确的定位,发展存在着一定的无序性和盲目性,乡村文旅项目仍仅停留在农业观光、果蔬采摘、农家乐等初级业态阶段,经营方式单一,产品结构单一,缺乏明显特色,导致产品内容趋同化、乡土文化城市化、产业组织自发化等问题,低水平开发使得乡村文旅项目对游客难以形成可持续的吸引力。在乡村文旅资源开发提升上,数智技术可以在智能开发决策、智能产品打造等多方面赋能特色文旅产品开发和目的地吸引力提升。

（三）乡村文旅民众参与积极性有待提升

乡村村民参与乡村文旅发展积极性也仍需进一步调动。乡村文旅中民俗文化、非遗文化和节庆文化等资源开发与村民的热情与活力参与密不可分,引导村民成为乡村文化的创造者、生产者、传承者、推广者和受益者是乡村文旅发展的一大关键。但乡村文旅开发带来的利益分配冲突会影响到村民参与旅游的热情,并进一步作用于旅游目的地的形象和口碑。为保障利益分配的公平合理、实现分配制度的有序运转,可以借助数智平台推动实现股东多元化（如本村村民、邻村村民、外来商户等）和入股方式多样化（现金入股、土地入股、技术入股等）,还可通过建立创新创业平台实现村民收益来源多样化,进而更好促进文旅产业升级转型和乡村文旅共生系统生态稳定。

（四）乡村数字贫困问题仍亟待有效破解

乡村文旅产业经营者存在网络运用能力欠缺、互联网应用范围单一、网络发展成果无法共享等数字贫困问题。当下乡村虽然在互联网接入方面已经迈出一大步,但在有效利用数智技术提升产品研发、营销推广、运营管理等方面,仍旧迟滞不前。乡村旅游电子商务平台建设及功能滞后、乡村文旅经营者的数字化素养和数字化能力不足、旅游信息网站内容及服务欠缺等严重制约了乡村文旅产业的数智化转型,而应对上述挑战,一方面需要解决个体的数字脱贫意愿、目的和能力问题,另一方面,也需要从硬件设施和网络服务完善来保障其数字脱贫意愿、目的和能力的实现。此外,政策扶持条件、社会支持条件、市场开发条件亦不可或缺。

二、乡村文旅资源数智化开发与利用的主要问题

随着以 95、00 后为代表的"Z 世代"成为新兴消费主体,周边游、碎片化、当地玩乐亦成为文旅新趋势。乡村文旅与数字经济对接,是数字经济时代各行各业数字化发展的趋势所需,其也有助进一步优化乡村文旅核心竞争力培

育,从而进一步助力于乡村振兴战略实施。乡村文旅发展要摆脱"农家乐"的发展桎梏,探索走向精品化、高附加值和可持续发展道路,必须从产品打造、营销传播到服务治理进行全方位的数智化改造。从数智赋能的视角来看,乡村文旅在发展过程中仍面临着诸多挑战。

(一)数字基建仍不完善

乡村互联网基本实现了互联互通,但在乡村宽带、5G 基站以及信息网络成本等方面仍有改善空间。乡村在旅游信息资源的有效收集、加工、分析和利用上仍面临诸多障碍,物联网等基础设施建设薄弱也导致了大数据、人工智能等信息技术应用到乡村旅游实际场景之中仍困难重重。数字乡村文旅建设成本包括购买硬件设备、数字系统开发和应用、数字平台搭建以及相关服务费用等大额支出,且信息基础设施在后期的维护成本也不低,建设资金不足掣肘了乡村数字基建水平的提升,也进一步影响了数智设施和技术对乡村文旅发展的持续有效支持。

(二)数智转型动力不足

乡村基本分布呈现出高度分散化、村庄小规模聚集、人口分布不均的特征,这种家庭为单位、自给自足的小农经济模式使得数字规模效应在乡村不易实现。在市场机制下,乡村地区规模分摊不足导致线下物流成本过高,网络销售交易受阻,乡村企业的用户规模较小,缺乏市场竞争力而易被边缘化等问题渐次浮现。与此同时,乡村文旅的数智化转型还会涉及设备、技术、人员等方面的高投入,这都直接降低了市场主体的数字化转型动力和意愿,造成数字红利在乡村文旅领域得不到有效释放,制约了产业的高质量发展。

(三)专业运营人才缺乏

数智乡村建设对农村的信息服务水平、数字信息服务平台建设、信息资源的后续加工、信息传输以及专业服务等方面均提出较高要求。但是,乡村对大学毕业生、高技能人才的吸引力天生不足,使得本地缺乏建设数智乡村文旅的人力资源。整体上看,乡村特殊的区域位置、生活环境、创业氛围、人才政策等原因,导致懂信息、懂数据、懂技术的数智文旅人才引进难度较大,且或多或少面临着"招不来人,留不住人"难题,这也直接制约了数智乡村文旅建设的进程。

(四)数智场景打造薄弱

随着数字化水平的提升和乡村生产生活方式的多样化,数智乡村场景应然的丰富性不断拓深,但从乡村文旅所提供的产品来看,数智场景应用普遍存在水平较低且重复建设的问题,实际开发应用不足,适用场景欠缺,未能充分满足乡村文旅发展对数智场景应用的迫切需求。在数智技术改造升级乡村现有的生态、休闲、观光等文旅产品时,数智文旅产品尚未实现加强游客体验深度与广度的创新性、体验性变革,有效活化乡村传统优秀文化资源的定制化、网络化、个性化、体验化和多元化消费新形态也仍待培育。

(五)发展存在同质倾向

传统乡村文旅大多是为游客提供田园乡村游、休闲农业观光、农家乐等观光、住宿、采摘、垂钓产品及服务,而数字经济时代乡村文旅也迎来了变革发展空间,智能民宿、智能采摘等一系列新型产品及服务得以催生。但当下在推进数智乡村文旅发展中存在着"炒概念""赶时髦"等盲目发展的情况,开发缺乏深度,存在规划模仿、产品复制等现象,导致数智乡村文旅项目"千村一面"。同质化的数智乡村文旅严重影响了地方的辨识度,也使得游客出现审美疲劳,这既无法满足旅游者多样化的需求,导致旅游者获得感、满意度降低,也无法有效支撑乡村文旅数智融合和健康可持续发展。

(六)营销推广路径不明

一方面,以民宿为代表的乡村旅游运营市场主体过于依赖传统的 OTA 平台,新媒体和自媒体营销模式运用严重不足,还引发了诸如刷单等在内的非正常营销操作,这无论是对其自身品牌建设还是对乡村文旅目的地发展都造成了严重的危害。另一方面,多数乡村文旅目的地无法被传统 OTA 的服务所覆盖,出于成本和收益的考虑,传统 OTA 旅游电商大多经营或主推的都是较为成熟的乡村旅游项目,造成大量乡村旅游景点景区的票务、攻略等信息仍是"藏在深闺无人知",而城市居民外出旅游时已被培养在线查询和预定的习惯——在安排行程时一般是通过 OTA 对既定的目的地进行预定消费,乡村文旅营销上存在着信息传播断链问题。缺乏链接乡村旅游景点和旅游者之间的高效、优质、便捷 OTA 平台,市场主体自身微信(朋友圈、微信群、公众号)、微博、微网站及微视频等自媒体渠道又影响微弱,这都表明乡村文旅营销传播仍存在着一定的系统性问题,数智时代的乡村文旅营销路径尚有待进一步探明。

三、数智赋能文旅资源开发的博弈分析与理论解释

乡村文旅产品消费从本质上而言是一个涉及多方利益博弈的复杂过程。事实上,其还是一个不断博弈的动态过程,当乡村文旅市场需求火爆(有利可

图)时,企业通常会选择加强乡村文旅产品的供给;但经历一段时间后,由于产品利润率或市场竞争等原因,企业发现投入获得的收益低于预期,则将可能改变原先的决策行为,减少乡村文旅产品提供直至放弃这一市场。对游客而言亦是如此,其对乡村文旅产品的选择亦受到出行限制(疫情原因)、时间、预算以及其他产品吸引力等诸多因素的复合影响。为进一步明晰乡村文旅发展的内在机理,研究构建了旅游企业(乡村文旅产品提供方)和游客(乡村文旅产品消费方)两者间动态演化博弈模型以便进一步开展深入分析。

(一)基本假设与博弈模型构建

1. 乡村文旅博弈主体分别为企业(E)和游客(C)

为聚焦两者博弈的机理分析并简化分析模型,模型并未纳入政府、行业协会等博弈主体。假设双方在博弈参与中都是追求收益最大化,但是两个主体行动决策不能够保证是完全理性的,也就是说在博弈过程中双方会根据情况变化不断调整行为策略以谋求最终的最优策略。

2. 旅游企业在博弈过程中可以选择"销售乡村文旅产品"(S)或者"销售其他文旅产品"(NS)

假设旅游企业选择"销售乡村文旅产品"(S)策略的群体比例为 X,选择"销售其他文旅产品"(NS)策略的群体比例为 $1-X$,其中 $X \in [0,1]$。当旅游企业"销售乡村文旅产品"(S)时其收益计为 R_S,旅游企业"销售其他文旅产品"(NS)时其收益计为 R_{NS}。理论上说,并不能严格界定 R_S 和 R_{NS} 的大小关系。为简化模型,暂不考虑游客是否购买对营销成本所产生的影响,同时为了简化计算,假设旅游企业在不同博弈策略下的营销支出成本均为 M_{S1},包括产品交付在内的其他成本均为 M_{S2}。

3. 游客在博弈过程中可以选择"购买乡村文旅产品"(B)或者"购买其他文旅产品"(NB)

假设游客选择"购买乡村文旅产品"(B)策略的群体比例为 Y,选择"购买其他文旅产品"(NB)策略的群体比例为 $1-Y$,其中 $Y \in [0,1]$。当游客"购买乡村文旅产品"(B)其收益计为 R_B,游客"购买其他文旅产品"(NB)时其收益计为 R_{NB}。理论上说,也并不能严格界定 R_B 和 R_{NB} 的大小关系。为简化模型,暂不考虑旅游企业是否销售乡村文旅产品对游客信息搜集等决策成本的影响,同时为了简化计算,假设游客在不同博弈策略下的决策支出成本均为 M_{B1},包括购买履约在内的其他支出成本均为 M_{B2}。

4. 乡村文旅演化博弈支付矩阵见表7.1

表7.1　乡村文旅演化博弈支付矩阵

		消费者(C)	
		购买(B)	购买其他(NB)
旅游企业(E)	销售(S)	$R_S - M_{S1} - M_{S2}, R_B - M_{B1} - M_{B2}$	$-M_{S1}, -M_{B1}$
	销售其他(NS)	$-M_{S1}, -M_{B1}$	$R_{NS} - M_{S1} - M_{S2}, R_{NB} - M_{B1} - M_{B2}$

(二)两方演化博弈模型的分析

对旅游企业而言,选择"销售乡村文旅产品"(S)、"销售其他文旅产品"(NS)策略和混合策略的平均收益分别为:

$$R_{ES} = Y \times (R_S - M_{S1} - M_{S2}) + (1-Y) \times (-M_{S1}) = (R_S - M_{S2})Y - M_{S1} \quad (1)$$

$$R_{ENS} = Y \times (-M_{S1}) + (1-Y) \times (R_{NS} - M_{S1} - M_{S2})$$
$$= (M_{S2} - R_{NS})Y + R_{NS} - M_{S1} - M_{S2} \quad (2)$$

$$\overline{R_E} = X \times R_{ES} + (1-X)R_{ENS} = (R_S + R_{NS} - 2M_{S2})XY + (M_{S2} - R_{NS})X$$
$$+ (M_{S2} - R_{NS})Y + R_{NS} - M_{S1} - M_{S2} \quad (3)$$

该群体的复制动态方程 $F_E(X)$ 为:

$$F_E(X) = \frac{dX}{dt} = X \times (R_{ES} - \overline{R_E})$$
$$= X \times (1-X) \times [(R_S + R_{NS} - 2M_{S2})Y + (M_{S2} - R_{NS})] \quad (4)$$

旅游企业的群体复制动态相位图如图7.1所示。可以看到,当游客选择"购买乡村文旅产品"(B)策略的比例高于 $\dfrac{R_{NS} - M_{S2}}{R_S + R_{NS} - 2M_{S2}}$ 时,旅游企业最终都将选择"销售乡村文旅产品"(S)策略。

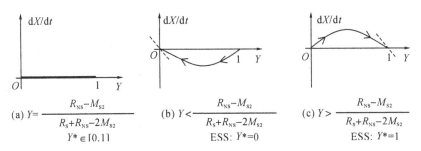

图7.1　旅游企业的群体复制动态相位图

对游客而言,选择"购买乡村文旅产品"(B)策略、"购买其他文旅产品"(NB)策略和混合策略的平均收益分别为:

$$R_{CB} = X \times (R_B - M_{B1} - M_{B2}) + (1-X) \times (-M_{B1})$$
$$= (R_B - M_{B2})X - M_{B1} \tag{5}$$

$$R_{CNB} = X \times (-M_{B1}) + (1-X) \times (R_{NB} - M_{B1} - M_{B2})$$
$$= (M_{B2} - R_{NB})X + R_{NB} - M_{B1} - M_{B2} \tag{6}$$

$$\overline{R_C} = Y \times R_{CB} + (1-Y)R_{CNB} = (R_B + R_{NB} - 2M_{B2})XY + (M_{B2} - R_{NB})X$$
$$+ (M_{B2} - R_{NB})Y + R_{NB} - M_{B1} - M_{B2} \tag{7}$$

同样可求出消费者群体的复制动态方程 $F_C(Y)$ 为:

$$F_C(Y) = \frac{dY}{dt} = Y \times (R_{CB} - \overline{RC})$$
$$= Y \times (1-Y) \times [(R_B + R_{NB} - 2M_{B2})X + (M_{B2} - R_{NB})] \tag{8}$$

游客的群体复制动态相位图如图 7.2 所示。可以看到,旅游企业选择"销售乡村文旅产品"(S)策略的比例超过 $\dfrac{R_{NB} - M_{B2}}{R_B + R_{NB} - 2M_{B2}}$ 时,游客也都会选择"购买乡村文旅产品"(B)。

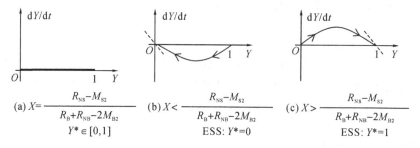

图 7.2　游客的群体复制动态相位图

基于旅游企业和游客的复制动态方程,联立式(4)和式(8),令 $F_E(X) = F_C(Y) = 0$,得到旅游企业和游客的演化博弈局部平衡点 (x, y) 分别为,$P_1(0,0)$,$P_2(0,1)$,$P_3(1,0)$,$P_4(1,1)$ 和 $P_5(x^*, y^*)$,其中 $x^* = \dfrac{R_{NB} - M_{B2}}{R_B + R_{NB} - 2M_{B2}}$,$y^* = \dfrac{R_{NS} - M_{S2}}{R_S + R_{NS} - 2M_{S2}}$。对式(4)和式(8)计算偏导数,得到雅可比矩阵。

$$J = \begin{bmatrix} \dfrac{\partial F(x)}{\partial x} & \dfrac{\partial F(x)}{\partial y} \\ \dfrac{\partial F(y)}{\partial x} & \dfrac{\partial F(y)}{\partial y} \end{bmatrix} \tag{9}$$

$$\frac{\partial F(x)}{\partial x} = (1-2X)[(R_S + R_{NS} - 2M_{S2})Y + (M_{S2} - R_{NS})] \tag{10}$$

$$\frac{\partial F(y)}{\partial y} = (1-2Y)[(R_B + R_{NB} - 2M_{B2})X + (M_{B2} - R_{NB})] \tag{11}$$

$$\frac{\partial F(x)}{\partial y} = X(1-X)(R_S + R_{NS} - 2M_{S2}) \tag{12}$$

$$\frac{\partial F(y)}{\partial x} = Y(1-Y)(R_B + R_{NB} - 2M_{B2}) \tag{13}$$

雅可比矩阵行列式为：

$$\begin{aligned} \text{Det J} = &(1-2X)(1-2Y)[(R_S + R_{NS} - 2M_{S2})Y \\ &+ (M_{S2} - R_{NS})][(R_B + R_{NB} - 2M_{B2})X \\ &+ (M_{B2} - R_{NB})] - XY(1-X)(1-Y)(R_S \\ &+ R_{NS} - 2M_{S2})(R_B + R_{NB} - 2M_{B2}) \end{aligned} \tag{14}$$

雅可比矩阵的迹为：

$$\begin{aligned} \text{Tr J} = &(1-2X)[(R_S + R_{NS} - 2M_{S2})Y + (M_{S2} - R_{NS})] \\ &+ (1-2Y)[(R_B + R_{NB} - 2M_{B2})X + (M_{B2} - R_{NB})] \end{aligned} \tag{15}$$

根据雅可比矩阵判断均衡点的稳定性需要看行列式是否满足 Det J$>$0，同时也要看迹 Tr J$<$0 是否得到满足。由于 $x^* = \dfrac{R_{NB} - M_{B2}}{R_B + R_{NB} - 2M_{B2}} \in (0,1)$，

$y^* = \dfrac{R_{NS} - M_{S2}}{R_S + R_{NS} - 2M_{S2}} \in (0,1)$，可分别将五个均衡点带入矩阵计算迹和秩，从而进一步判断均衡点的稳定性，结果可见表 7.2。

表 7.2　旅游企业和游客合作演化博弈的均衡点与稳定性

均衡点	行列式	迹	性质
$E_1(0,0)$	$+$	$-$	ESS
$E_2(0,1)$	$+$	$+$	不稳定
$E_3(1,0)$	$+$	$+$	不稳定
$E_4(1,1)$	$+$	$-$	ESS
$E_5(x^*,y^*)$	$-$	0	鞍点

由表 7.2 和图 7.3 可知,双方演化博弈中 E_2 和 E_3 是不稳定点,而 E_1 和 E_4 是稳定点,也即博弈的演化稳定状态。E_2、E_3 和 E_5 三种博弈最终都收敛于 E_1 或 E_4,这也就是说,双方要么在乡村文旅消费上合作共赢,要么在其他文旅消费上合作共赢。当双方博弈处于 $E_1E_3E_5E_2$ 区域时,最终博弈均衡将向点 E_1 演进,最终收敛于背离乡村文旅消费的稳定策略组合;当双方的博弈落在 $E_2E_5E_3E_4$ 区域时,最终的博弈均衡将向点 E_4 演进,并最终收敛于乡村文旅消费领域。毫无疑问,对于乡村文旅发展而言,后一种演化的结果是众所乐见的。

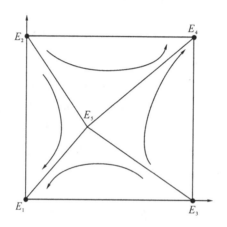

图 7.3　旅游企业与游客的演化博弈相位图

(三)基于博弈结果的机理解释

1. 博弈结论

由上述两者间博弈可知,旅游企业和游客间博弈最终将会朝着深化发展乡村文旅还是背离的稳定策略演化,取决于博弈双方对对手策略选择的判断和预期。当游客选择"购买乡村文旅产品"(B)策略的比例高于 $\dfrac{R_{NS}-M_{S2}}{R_S+R_{NS}-2M_{S2}}$ 时,旅游企业最终都将选择"销售乡村文旅产品"(S)策略,这也意味着,如果要吸引更多旅游企业选择"销售乡村文旅产品"(S)策略,就要提升游客选择"购买乡村文旅产品"(B)策略的比例,其核心在于两点:一是提升旅游企业"销售乡村文旅产品"(S)时的收益 R_S,二是降低包括产品交付在内的其他成本 M_{S2}。换个角度再看,当旅游企业选择"销售乡村文旅产品"(S)策略的比例超过 $\dfrac{R_{NB}-M_{B2}}{R_B+R_{NB}-2M_{B2}}$ 时,游客也都会热衷选择"购买乡村文旅产品"(B),这也意味着,如果要吸引更多游客选择"购买乡村文旅产品"(B)策略,就要提升旅游企业选择"销售乡村文旅产品"(S)策略的比例,其核心也在于两点:一是:提升游客"购买乡村文旅产品"(B)的收益 R_B,二是降低游客包括购买履约在内的其他支出成本 M_{B2}。

2．对策分析

基于上述博弈结论,从企业视角一言以蔽之,乡村文旅产品只有降本增效了,才能有力刺激供给,但问题在于,乡村文旅产品存在着更加明显非标化、小规模的特征,相对于其他旅游类型,如采取传统的降低成本、提升效益的方法恐怕难以实现,于是,利用数字技术提升资源内涵价值、利用数智管理降低运营成本或将是可能的应对之策。再从游客视角来看,提升其选择乡村旅游的策略简单说就是品优价廉,这也存在着一定挑战,因为对于近郊乡村而言,旅游资源丰富度可能都存在着一定的问题,要让游客感受到物超所值的价值感受,同样也离不开数智赋能。值得注意的是,在上述博弈模型中,研究还有两个重要的方面未纳入考虑:一是没有考虑旅游企业在不同博弈策略下的营销支出成本和包括产品交付在内的其他成本之间的差异,如果非乡村旅游产品在成本支出上更有优势,那将进一步放大乡村文旅数智化转型的压力;二是也未将政府对乡村文旅产品的奖励扶持纳入模型,显而易见,政府的支持是有利于乡村文旅产品获得盈利优势的——特别是发展初期,但其有可能会降低旅游企业数智化转型的动力,因此,在激励政策设计上就必须附带数智化导向条件,以防政策初衷异味。

四、数智赋能乡村文旅资源开发的主要模式与路径

乡村文旅在数字经济时代迎来了高质量发展的重要机遇期,数智乡村旅游新技术、新场景、新产品和新模式缩小了城乡数字技术差距,加快了乡村文旅产业升级步伐。在带动和释放乡村文旅产业活力上,文旅行业已经开展了丰富多彩的数智赋能实践探索,在提升文旅产业系统的供给能力和激发持续性的原生动能上价值初显。

（一）数智赋能乡村文旅资源开发的主要模式

数字乡村建设与乡村旅游发展间存在诸多耦合之处（见图 7.4）,数智赋能乡村文旅产业发展模式则主要有三种。

1．数智资源旅游化模式

此种模式将数智技术发展成为乡村文旅新的旅游吸引物,智慧耕作、智慧

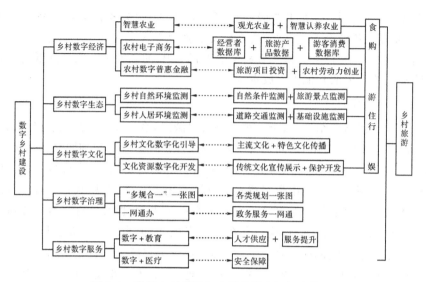

图 7.4　数字乡村建设与乡村旅游发展耦合模型

插秧、智慧植保等一系列数智场景成为吸引游客再识乡村的新载体——数智旅游吸引物已经成为游客寻求美好生活的重要对象。

2. 旅游运营数智化模式

此种模式在传统乡村旅游基础上应用数智技术,通过在规划、营销、运营、服务、管理各环节的数智化改造,变革管理流程,提升运营效率,实现乡村文旅产业链上服务方式和管理模式等创新。

3. 数智文旅融合化模式

此种模式是乡村文旅与数智技术融合而成的乡村数智旅游,其以旅游者为中心,利用物联网、大数据、虚拟现实、云计算以及人工智能等现代信息技术,借助移动设备和智能终端等信息设备,通过对旅游数据和信息的采集、清洗、分析、传输及至自动感应,全方位地为旅游者提供个性化的旅游产品、服务和体验感受。

(二)数智赋能乡村文旅资源开发的技术路径

梳理来看,影响旅游业发展的数智创新已多达数十项,其主要包括五个方面:一是旅游交通相关创新,主要有高速铁路、ETC(不停车电子收费系统)、电子乘车码、特色值机、电子地图、智能行李箱、打车软件、无人接驳车、自动驾驶技术等;二是旅游营销相关创新,主要包括社会化媒体、新媒体、自媒体和全球分销系统等;三是旅游产品相关创新,主要包括旅游资源数字化、文物修复、虚拟现实技术、增强现实技术、超高清视频技术(4K/8K)、全景投影技术、神经界面、无人机等;四是旅游服务相关创新,主要包括在线旅行商、社交型在线旅行商、在线预约、智能导游、智能语音讲解、智能语音技术、热像筛查技术、人脸识别、便携式 Wi-Fi 和多功能热点、移动支付、LBS 位置定位服务、智慧零售、智能机器人、自主配送技术、数字化劳动力、信任构建、区块链、可穿戴设备、人机交互技术等;五是通用创新,主要包括智能手机、第五代移动通信技术、云计算、大数据技术、物联网技术、人工智能、量子计算、空间技术、新能源技术、低碳技术等。在数智赋能乡村文旅产业发展具体应用上,目前已有探索包括乡村社区元宇宙、乡村智慧旅游平台、乡村旅游电商平台、数字化体验空间、乡村智能民宿、乡村旅游大数据等多种形态。

(三)国外数智赋能乡村文旅产业发展经验

整体来看,国外乡村旅游业数智化发展呈现出以下几个特点:一是数智化技术的应用已经成为乡村旅游业发展的重要驱动力,如在线预订、虚拟旅游等;二是数智化技术的应用提高了乡村旅游业的可持续性和创新能力,增加了游客数量和旅游收入;三是数智化技术的应用也带来了新的挑战和风险,如安全问题、隐私保护等。国外数智赋能乡村旅游发展主要有以下经验。

1. 数据分析与市场预测

利用大数据和人工智能技术,对乡村旅游的市场需求和趋势进行准确预测,确定目标客群和产品定位。

2. 在线预订与体验分享平台

建立方便快捷的在线预订系统和专业的旅游体验分享平台,提供个性化的行程规划和交流互动,增强游客参与感。

3. 特色推广与品牌建设

通过数字营销手段(例如社交媒体、搜索引擎优化等),将乡村旅游的特色文化和资源推广给更多潜在游客,并打造独特的品牌形象。

4. 数字化导览与互动体验

利用移动应用程序和虚拟现实技术,提供丰富的数字导览功能和沉浸式的互动体验,增强游客对乡村旅游景点和故事的理解和参与度。

5. 社区参与与共享经济

倡导居民参与乡村旅游发展,通过合作经营、农家乐等方式,鼓励农民成为旅游服务提供者,实现资源共享和经济共赢。

6. 环境保护与可持续发展

将数智技术应用于环境监测、节能减排等方面,促进乡村旅游的可持续发展,保护自然资源和生态环境。

五、数智赋能乡村文旅资源开发的建议

乡村地区是数字消费的重要体验场域。当下,数智技术在乡村文旅发展中的重要性已获得共识,但具体落实到资金扶持、政策支持、技术服务和人才培养等方面却还存在着一定提升空间。推动乡村信息、人才、资本、土地、科技等要素的重配以实现"乡村文旅＋数智化"发展,构建集电商平台引流、乡村文旅体验和展示中心直销为一体的乡村文旅发展新模式,进一步丰富和拓展乡村文旅数智应用场景和应用成效,将是擘画乡村数智、高质量、共富发展新蓝图的重要支撑。

(一)明确数智文旅发展顶层设计

当前乡村文旅高质量发展重点需要解决收入结构不完善、游客停留时间短、产品供给同质化、营销传播效率低等突出问题,并应进一步提升乡村文旅利益相关者参与积极性,从而激发乡村文旅产业活力,为实现乡村振兴"产业兴旺、乡风文明、生态宜居、治理有效、生活富裕"总目标提供助力。应进一步完善文旅领域科技融合发展的顶层设计,协同有关部门建立和完善文旅科技创新政策体系,推动财政加强对文旅科技创新的投入,加强文旅专利技术和知识产权保护体系,强化文化和旅游科技研发和成果转化。构建以企业为主体、市场为导向、产学研相结合的乡村文旅科技创新体系。建立包括文旅、农办、规资等部门的协同推进机制。设立文旅科技专项(项目),采取直接补贴、先建后补、以奖代补、贴息等方式推动科技创新及应用示范。改变乡村文旅发展组织协同程度低的面貌,从整体上规划布局乡村文旅集聚区,引导区域差异化、特色化发展,建设一批乡村文旅数智创新示范区(集聚区)。基于区、县、市已有数智乡村文旅实践经验,总结提炼并继续探索乡村文旅数智化发展模式。

(二)完善乡村数智文旅设施建设

完善基础设施建设是乡村数智文旅发展的前提。在数字经济时代,乡村文旅发展对数字基础设施的依赖不断攀升,宽带网络与通信基础设施的建设与提升迫在眉睫。应推进预约、错峰、限量常态化技术研究,针对文化旅游特

点研发消费行为的智能追踪与分析技术,开展博物馆、文化馆、旅游景区、度假区、休闲城市和街区、乡村旅游点等智慧化服务技术研究,研发文化旅游场所的智能感知与信息协同技术。此外,还要通过财政转移等手段来进一步降低乡村使用互联网和大数据的成本,并多方筹措资金,用于促进乡村数智文旅基础设施升级改造。

(三)打造乡村数智文旅应用场景

创新技术应用场景是乡村数智文旅发展的抓手。加快大数据、物联网、先进感知技术、人工智能、区块链等现代信息技术在数智文旅产业中的运用,充分借助大数据、人工智能和互联网探索乡村旅游的数智发展模式。推动乡村旅游景区的智能化和数字化升级,在人脸识别、语音导览系统、智能民宿和数字化展示系统等方面全面提升乡村数智体验感。探索与乡村禀赋、社会民生深度融合的元宇宙标志性场景,集合元宇宙产品技术类、娱乐类体验项目,按照"网红打卡地"的理念营造整体氛围,打造爆款潮流基地。利用数智技术变革农事体验等活动的季节性限制,保障乡村旅游体验的常态化开展。深挖农业产业大脑牵引下农场、渔场、牧场智慧化改革的文旅融合机遇。适时推出乡村数智文旅十佳体验点(场景)。推动智能交通导引、智能休闲社区、数字博物馆/艺术馆、智能信息系统监管平台等数字化项目的建设。鼓励智能机器人、VR/AR眼镜、穿戴式设备、智能导览等智能服务和娱乐装备技术在乡村文旅领域的应用。重点组织乡村民俗文化挖掘、乡村非遗数字化展示、民宿产业数字化提升等专项开展。制定激励政策,择优遴选应用示范项目,可按其实际投资额的30%给予一次性补贴。

(四)推出系列乡村数智文旅产品

文旅产品和线路设计打造是乡村数智文旅发展的核心。要丰富和优化数字文旅产品和服务供给,培育乡村文化旅游和科技融合消费的新业态、新模式,提升文旅业现代化水平。参考"浙里田园""三江两岸"水上黄金旅游线路(产品)开发思路,整合遍布地方乡村的包括"体验点、景点、文化、住宿"等在内的文化和旅游推荐点,探索乡村数智文旅产品策划与开发的常态化模式。在组织机构上,联合文化广电旅游局,农业农村局,教育局,园林文物局,总工会,共青团,妇女联合会,文学艺术界联合会,区、县(市)人民政府等共同组建开发工作专班,并充分整合地方媒体和相关协会力量。具体实施上,可推出"发现美丽乡村"数字文旅平台,并举办"发现美丽乡村"旅游线路(产品)设计大赛,开展"发现美丽乡村"旅游线路(产品)推广季活动,开通乡村文旅游览的"交通数字专线"（定制），改变乡村文旅资源点小、散、弱面貌，串珠成线，在全域范围内打造不少于50条乡村智慧文旅共富体验精品线路，最终实现村村有点（体验点）、乡乡有品（产品）的协同发展格局，推动乡村特色文旅产品、优势文旅产品的协同发展。

（五）搭建智慧化乡村文旅云平台

搭建信息化平台是乡村数智文旅发展的载体。虽然目前旅游业OTA平台众多，但为提升市民及游客对乡村文旅的关注，避免"信息在大众化平台湮没"和"销售渠道单一导致发展受限"的现实困境，在充分利用"城市大脑"等地方平台基础上，筹划建设"智游乡村"平台（网站/APP）还是具有一定的必要性。平台可将各乡村的人文环境、自然景观、风土人情、星级民宿、特色饮食等各类旅游信息和资源进行分类、整理，建成充分展示乡村文旅信息的窗口，并实现"一部手机乡村自由游"。乡村可利用平台实现景区景点智能管理，利用实名线上购票、无接触入园等技术减少人力成本的同时，亦可通过预定量监测等手段保证景区的安全性。平台中游客出行时间、出行原因、交通工具的选择以及对企业的评价等都会形成大量数据，这也有助于"乡村文旅产业决策云"打造。

（六）发挥乡村数智文旅带动效应

后备箱经济是乡村数智文旅发展的拓展。以乡村数智文旅为流量入口，开发旅游商品"后备箱"工程，推动农产品、手工艺产品等向文化旅游商品转化，促进文旅富民，助推乡村振兴。加大特色旅游商品研发，推出一批优质农副产品和特色手工艺品名录，筹划推出"乡村臻品"名单，通过郊野公园乡村集市、水上集市、连锁售卖门店（点）等方式就地就近销售。重塑传统旅游"后备箱"工程形态，引入电子商务平台拓展旅游"后备箱"的时空存在，依托"智游乡村"平台（网站/APP），将农副产品及其他旅游衍生品通过线下体验线上购、满意体验常年购等线上线下相结合的方式售卖，推动乡村数智文旅的多元化内涵发展，助力共同富裕的同时满足旅游者的乡土依恋与现实所需，推动实现乡村旅游发展的经济化和产业化。开展乡村文旅代言人活动，启动"乡村臻品"营销攻擂赛，组织院校学生参与，逐步打造具有一定知名度的区域品牌。

（七）构建乡村数智文旅推广体系

多类型的宣传推广是乡村数智文旅发展的手段。组织参加展销会、论坛和专业技能大赛等会展活动，谋划搭建"乡村数智文旅推介会"等平台，展示新时代美丽乡村和乡村文旅产品。鼓励市场主体在报纸、电视等大众媒体以及抖音、小红书、哗哩哗哩、快手和微博等新媒体平台推介乡村旅游(产品),政府可实施连续三年的宣传经费补贴 30%计划。支持市场主体在去哪儿、携程、美团旅行和马蜂窝等 OTA 平台以及淘宝、京东等平台进行产品宣传和销售,政府在相关平台每年投放总金额不低于 1000 万元的乡村文旅消费券,助力企业拓宽销售渠道。由文旅部门牵头,邀请知名"大 V"并发动全体市民参与乡村文旅宣传和推广,充分利用短视频、微信、直播等平台的流量红利。推动成立乡村文旅行业联盟,充分运用短视频、直播、微信公众号等新媒体手段对联盟成员及其产品进行宣传,并拍摄以乡村文旅资源为主体的短视频进行整体对外传播,潜移默化地改变本地及周边游客对乡村文旅的认知,激发好奇心和向往之情。通过培训、竞赛、激励等多种形式推动乡村文旅企业利用抖音等新媒体方式开展营销,切实提升乡村文旅的数字化营销水平。谋划开展乡村旅游年(季),通过移动支付、数字消费券、先游后买、拼团出游、露营旅游、研学旅游等多种手段和形式,将公众熟悉的消费方式嵌入乡村场景,实现乡村数智文旅的整合推广。

(八)加强乡村数智文旅人才培养

文化旅游数字化人才是乡村数智文旅发展的支持。教育、人社和文旅部门要探索建立短期培训、职业培训和学历教育衔接贯通的乡村数智人才常态化培养机制,引导优质教育资源下沉乡村。充分发挥数字推广机构、旅游经营机构、院校乡村振兴学院、示范文旅企业等的作用,通过对乡村发放培训券的形式调动社会参与人才的积极性。推动乡村数智文旅富民培训项目,重点培育经营管理型、专业生产型、技能服务型的高素质乡村数智文旅人才。支持在杭高校以基层组织带头人、乡村产业带头人及青年数智文旅人才为重点,开展产品策划、营销推广以及运营管理等在内的多方面专业培训和教育。通过提供政策、资金和技术支持,鼓励乡村青年外出进行数智文旅专项学习,培育一批具有数据挖掘分析能力和文旅项目运营管理知识与技能的数智文旅人才。

(九)理顺乡村数智文旅治理机制

理顺管理机制是乡村数智文旅发展的保障。加强各部门之间的有效合作,打破传统乡村旅游治理的信息孤岛,推动实现信息资源配置优化与共建共享。要进一步细化和落实地方"十四五"数字文旅发展行动方案要求,数据资源局、文广旅游局、宣传部、发改委、气象局、商务局负责加快城市大脑应用场景覆盖乡村,综合集成气象、文化、休闲、健身、购物等各类日常应用场景,实现乡村生活集成,丰富乡村数字生活,全面支撑乡村振兴。重点要完善乡村旅游点客流、乡村住宿设施入住率等数据采集,为数字乡村文旅提供决策支撑。积极探索乡村文旅数智治理体系,优化"基层治理四平台",加快将大数据、云计算、智能管理广泛运用于"四治融合",通过对设施、道路、人流等情况进行监测,实现乡村文旅治理的智能化,进一步完善乡村文旅数智公共服务体系。提升乡村文旅产业治理效率,简化游客在反映、投诉、建议等方面的受理反馈流程,推动在线实时办理乡村文旅相关业务,实现乡村数智文旅的治理创新。研究制定一系列覆盖技术、产品、管理和服务运营等方面的文旅数智化标准,形成数智文旅发展与管理运营标准体系。对乡村数智文旅治理中的典型做法进行表彰和复制推广,总结新环境下乡村文旅数智治理的经验。

（十）推动数字乡村基因库的建设

建设数字乡村基因库是乡村数智文旅发展的遗产。传统村落传承着地方的记忆和人们的乡愁,乡村文旅事业的快速发展,有可能会对乡村的有形风貌和无形民俗等产生冲击,因此需要妥善处理好保护与开发、传承与创新的平衡关系。为落实乡村传统建筑修缮和保护的任务,可探索建设数字乡村基因库,通过"实体模型＋数字化信息模型"方式有效留存乡村的多维度信息,为游客提供虚实结合的游览支持,既拓宽乡村文旅的数字化资源,亦有助于传统村落的保护。数字乡村基因库包括两部分,一是乡村物质遗产记忆库,二是乡村非物质遗产记忆库,采取边建设边使用的方式,通过提供在线搜索、对比和验证以及在资源点设置游览辅助二维码形式,实现数字乡村基因库的"双线"利用。利用图像记录、VR 和 3D 扫描等技术手段,筹划建立线上线下相结合的数字乡村博物馆,借助数字化还原来保持乡村文化的"虚拟在场"状态,从而满足游客的乡土依恋需求。

第八章 文化旅游资源开发与利用效应评估

第一节 文化产业对旅游业增长的空间溢出效应

一、文化与旅游的产业关联

从统计角度来看,即便不考虑旅游相关产业类目的情况下,文化产业和旅游产业在诸多中类上已存在着高度关联(如表 8.1 所示),而如果考虑旅游相关产业的情况下,文化和旅游的产业联系则更为紧密。从产业发展实践来看,文化产业与旅游产业从耦合正走向融合,产业间的边界也逐渐模糊,以物质遗产、非物质遗产、生活文化和技术手段展示为核心的文化旅游产品模式日趋成熟[①],文化旅游已经成为推动全域旅游发展的有力支撑。

单纯旅游项目已经不能满足消费者个性化和精神层面的追求,文化旅游聚焦于游客对旅游体验更深层次的需求,有助于解决传统旅游模式的遗产依赖、淡旺不均、产品单一等诸多弊病。[②] 文旅融合背景下,体育文化旅游产业、文化创意旅游产业等新产业得以催生,博物馆旅游、生态文化旅游、乡村文化旅游和冰雪文化旅游等新业态得以浮现,以文创小镇为代表的文化旅游目的地、以文化研学为代表的主题文化旅游线路和以文化演出为代表的文化娱乐项目如火如荼,极大地丰富了我国文化旅游产品的供给,文化与旅游"宜融则

---

① 张朝枝,朱敏敏.文化和旅游融合:多层次关系内涵、挑战与践行路径[J].旅游学刊,2020,35(3):62-71.

② 许秀文.文化旅游与城市经济协调发展的内在机制研究[J].社会科学家,2018(8):95-101.

融、能融则融"已迈向纵深发展。[①]

表 8.1 文化与旅游的产业关联[②]

文化产业	创作表演服务	内容保存服务	工艺美术品制造	艺术陶瓷制造	艺术表演	工艺美术品销售	娱乐服务	景区游览服务	休闲观光游览服务	会议展览服务	文化经济代理服务
旅游产业	旅游文化娱乐	其他旅游游览	其他旅游游览、旅游商品购物	其他旅游游览	旅游文化娱乐	旅游商品购物	旅游文化娱乐	公园景区游览	旅游休闲娱乐	其他旅游游览	其他旅游综合服务

旅游是文化的载体,文化则是旅游的灵魂。在传统优质旅游资源开发殆尽的情况下,文化资源为旅游业发展提供了新的广阔生机:一方面,文化资源通过可参观性生产形成新的旅游产品乃至产业链、价值链;与此同时,文化资源也可为旅游业提供智力支持——通过丰富和提升旅游的文化内涵从而助推旅游业的发展。以档案文化为例,无论是将档案馆作为旅游景点还是利用馆藏支持文化旅游都已得到成功实践。[③]文化产业具有能源资源消耗低的特点,而旅游业则能够将地方的文化优势转变为经济优势,从而成为推动经济高质量发展的重要爆发点。[④]作为一种从深层次满足游客物质与精神消费需求的全新生活和生产方式,文化旅游是继劳动对象化之后的又一伟大实践——生活对象化,也是从简单使用价值开发不断演进到满足人们日益增长的物质与精神双重需求的二元价值容介态(Rong-Jie State)的有力探索,其通过改变发展方式、转化增长方式和提升生活方式,丰富了游客的体验,提升了旅游的品位,促进了消费与产业的转型升级,实现了"幸福指数"与经济发展的同步

---

① 李先跃.中国文化产业与旅游产业融合研究进展及趋势——基于 Citespace 计量分析[J].经济地理,2019,39(12):212-220+229.

② 文化产业统计以《文化及相关产业分类(2018)》为依据,共有 9 个大类、43 个中类和 146 个小类列入文化及相关产业统计分类之中;旅游产业统计以《国家旅游及相关产业统计分类(2018)》为依据,共有 9 个大类、27 个中类的 65 个小类列入旅游及相关产业统计分类之中。

③ 黄霄羽,柴耀鸿.国内外案例视角探讨档案助力文化旅游的必要性与可行性[J].档案与建设,2019(11):37-41.

④ 刘治彦.文旅融合发展:理论、实践与未来方向[J].人民论坛·学术前沿,2019(16):92-97.

提升。[①]

二、文化与旅游产业空间关联的研究设计

基于 2018 年度文化产业、旅游产业等相关数据,本书以空间杜宾模型为分析出发点,借助空间计量方法探讨文化产业对旅游业增长的空间溢出效应。

（一）研究对象概况

从全国来看,旅游对国民经济和社会就业的综合贡献率已超过 11%[②],旅游业正成为经济结构调整、产业转型升级、城乡统筹一体的助推器,在地方经济社会发展中发挥着重要作用。文化是旅游的根与魂,旅游是文化的形与体,推进文化与旅游融合已成为全国上下的自觉实践。[③] 从省级层面来看,既有从建设文化大省和旅游强省的战略高度来强化文化部门和旅游部门的相互合作,也涌现了一批在景区建设中深度挖掘文化内涵的文化旅游企业,还有充分挖掘地方历史、民族、民俗等文化资源的文化旅游产品（线路）,中国旅游业正在突破传统资源依赖并着力实现依托文化内涵的高层次发展。

（二）研究方法

1. 空间面板杜宾模型

相关研究表明[④⑤⑥⑦⑧],文化资源优势可转化为旅游发展优势,文化在增进旅游内涵、提高旅游吸引力和推动旅游产业提质升级上发挥了重要作用,与

---

① 梁学成.全域旅游发展与旅游幸福感的增强逻辑[J].社会科学家,2017(12):90-94.

② 中国旅游研究院课题组.大众旅游点亮假日经济[N].经济日报,2022-02-21(11).

③ 乔丽.大力推进文化旅游融合发展的思考[J].改革与战略,2015,31(3):144-146.

④ Chen H, Rahman I. Cultural tourism: An analysis of engagement, cultural contact, memorable tourism experience and destination loyalty[J]. Tourism Management Perspectives, 2018, 26: 153-163.

⑤ Esiyok B, Çakar M, Kurtulmuşoğlu F B. The effect of cultural distance on medical tourism[J]. Journal of Destination Marketing & Management, 2017, 6(1): 66-75.

⑥ 孙剑锋,李世泰,纪晓萌,秦伟山,王富喜.山东省文化资源与旅游产业协调发展评价与优化[J].经济地理,2019,39(8):207-215.

⑦ 石琳.语言经济视域下少数民族文化和旅游产业的深度融合与发展[J].社会科学家,2019(2):101-106.

⑧ 方忠,张华荣.文化产业与旅游产业耦合发展的实证研究——以福建省为例[J].福建师范大学学报(哲学社会科学版),2018(1):39-45+169.

此同时,文化产业发展在区域间也呈现出显著的正溢出效应[1][2],考虑到旅游业本身存在的空间溢出效应[3],由此构建文化产业与旅游业增长的空间面板杜宾模型(SPDM):一方面,该模型充分考虑了旅游业增长这一因变量存在的空间依赖状况,空间分析可以减少遗漏变量(空间依赖程度)对自变量以及误差项参数估计的影响;与此同时,空间分析模型通过反映文化产业发展对某一区域旅游业增长直接影响,还能有效测度文化产业发展对周边区域旅游业增长的间接影响——也即溢出效应。

设定的模型表达式为:

$$\ln tour_i = \rho W_{ij} \ln tour_j + \beta \ln X_i + \theta W_{ij} \ln X_j + \varepsilon_i \tag{1}$$

式中:$tour$ 为旅游发展变量,ρ 为因变量的空间自相关系数,W 为空间权重矩阵,β 为解释变量的回归系数,θ 为自变量的空间回归系数,X 为自变量,主要包括文化发展变量和控制变量,ε 是与时空均无关的服从独立分布的随机扰动项,i 表示省份,j 表示其余省份($j \neq i$)。考虑到各地级市存在显著的异质性,为减少遗漏变量造成的参数估计偏误,根据相关研究[4][5],选取的控制变量主要包括经济发展水平(pgdp)、城镇化水平(urban)、旅游资源禀赋(res)、旅游基础设施(inf)、旅游服务能力(ser)、交通条件(tra)。

2. 空间计量估计与检验

首先,采用莫兰指数对文化产业发展和旅游业增长的空间自相关进行分析,从而确定是否有必要使用空间计量模型。莫兰指数的计算方法如下:

$$\text{Moran}'I = \frac{\sum_{i=1}^{n}\sum_{j=1}^{n}(-)(-)}{{}^{2}\sum_{i=1}\sum_{j=1}} \tag{2}$$

其中,$S^2 = \frac{1}{n}\sum_{i=1}^{n}(Y_i - \bar{Y})$;$\bar{Y} = \frac{1}{n}\sum_{i=1}^{n}Y_i$,$Y_i$ 表示第 i 地区的观测值;n 为地区

① 魏和清,李颖.我国文化产业聚集特征及溢出效应的空间计量分析[J].江西财经大学学报,2016(6):27-36.

② 孙智君,李响.文化产业集聚的空间溢出效应与收敛形态实证研究[J].中国软科学,2015(8):173-183.

③ 向艺,郑林,王成璋.旅游经济空间特征及其溢出效应研究[J].经济体制改革,2014(5):68-72.

④ 王明康,刘彦平.旅游产业集聚、城镇化与城乡收入差距——基于省级面板数据的实证研究[J].华中农业大学学报(社会科学版),2019(6):78-88+163.

⑤ 徐冬,黄震方,黄睿.基于空间面板计量模型的雾霾对中国城市旅游流影响的空间效应[J].地理学报,2019,74(4):814-830.

总数(本书为 31);W_{ij} 为空间权重矩阵,根据研究需要,可选用的空间权重矩阵包括基于地理距离的空间权重矩阵、基于社会经济距离的空间权重矩阵和嵌套空间矩阵,本书采用地理距离空间权重矩阵中的二进制邻接空间权重矩阵形式,W_{ij} 计算方法为:

$$W_{ij} = \begin{cases} 1 & \text{当区域 } i \text{ 和区域 } j \text{ 相邻}; \\ 0 & \text{当区域 } i \text{ 和区域 } j \text{ 不相邻}; \end{cases} \tag{3}$$

式中:$i=1,2,\cdots,n$;$j=1,2,\cdots,m$;$m=n$ 或者 $n \neq m$,其中,W 的所有对角线元素 $W_{ii}=0$。在确认适合运用空间计量模型进行分析的前提下,本书将接着进一步采用 LM 和 Robust LM 检验去选择空间滞后还是误差抑或是杜宾模型、运用 Hausman 检验确定固定效应还是随机效应、运用 LR 检验确定是个体固定还是时间固定抑或是双固定模型,最终揭示文化产业对旅游业发展的溢出效应。

3. 指标选取与数据来源

本书的被解释变量为旅游发展水平(tour),核心解释变量为文化发展水平(cul),主要控制变量有经济发展水平(pgdp)、城镇化水平(urban)、旅游资源禀赋(res)、旅游基础设施(inf)、旅游服务能力(ser)和交通条件(tra)。

为减少变量波动及降低异方差,本书在模型分析前对所涉变量统一执行对数化处理。样本对象为全国行政区划内的 31 个省级单元,数据主要来源为2018 年度的《中国旅游统计年鉴》《中国文化统计年鉴》《中国统计年鉴》和各省份统计年鉴。各变量的简单统计描述见表 8.2。

表 8.2　各变量描述性统计[①]

变量类型	变量	符号	定义	极小值	极大值	均值	标准差
被解释变量	旅游发展水平	tour	旅游业总收入(亿元)	5.63	9.39	8.23	0.99
核心解释变量	文化发展水平	cul	人均文化事业费(元)	3.27	5.52	4.19	0.55

---

① 变量计算均取自然对数。

续表

变量类型	变量	符号	定义	极小值	极大值	均值	标准差
控制变量	经济发展水平	pgdp	人均GDP(元)	10.26	11.77	10.93	0.40
	城镇化水平	urban	城镇人口比重(%)	3.43	4.47	4.06	0.21
	旅游资源禀赋	res	旅游景区数量(个)	3.99	7.07	5.65	0.69
	旅游基础设施	inf	星级饭店数量(家)	4.25	6.49	5.59	0.59
	旅游服务能力	ser	旅行社数(家)	4.84	7.80	6.65	0.71
	交通条件	tra	客运量(万人)	7.18	11.83	10.61	1.04

三、文化产业发展与旅游业增长的空间相关性检验

（一）文化与旅游的空间分布特征

基于 ArcMap10.2 绘制的中国省级行政单元文化产业和旅游业区域空间分布图来看,文化产业和旅游产业分布具有东高西低的特点,其变化与地理位置和区域城市发展等具有较为明显的空间耦合性。

（二）文化与旅游的全局空间关联

利用 Stata15 软件计算出邻接权重(W)下的文化产业发展和旅游业增长的全局 Moran's I 指数,并采用 P 值检验其显著性(表 8.3)。文化产业发展和旅游业增长的全局 Moran's I 指数均为正,且 P 值均通过显著性检验,表明文化产业和旅游业在空间分布上并非随机分布的状态,两个产业都存在着发展水平较高省份倾向于与其他较高省份在空间上集聚的趋势,反之亦然。

表 8.3　文化产业、旅游业及相关变量的 Moran's *I* 指数

Variables	*I*	E(*I*)	sd(*I*)	*z*	*p*-value*
cul	0.165	−0.033	0.118	1.684	0.046
tour	0.303	−0.033	0.116	2.909	0.002
ser	0.360	−0.033	0.118	3.326	0.000
res	−0.024	−0.033	0.118	0.079	0.469
inf	−0.039	−0.033	0.119	−0.050	0.480
pgdp	0.420	−0.033	0.119	3.817	0.000
tra	0.191	−0.033	0.113	1.980	0.024
urban	0.409	−0.033	0.114	3.870	0.000

（三）文化与旅游的局部空间关联

全局空间自相关仅能解释文化产业发展与旅游业发展在地理空间维度上的总体关联特征和变化,其并不能有效揭示文化产业发展与旅游业发展在局部视域下的关联性演变。因此,为进一步探索两者间局部空间关联特征,本书运用 Geoda 软件进行双变量局部空间自相关检验,结果显示,从集聚的情况来看,文化产业对旅游业的溢出效应还在形成当中,样本期形成高高集聚的省份已达到四个。

四、文化产业对旅游业增长影响的空间计量检验

研究采用王庆喜教授公布的空间截面分析 R 语言程序范本,检验结果如下。

（一）普通最小二乘回归

从表 8.4 可以看到,除了旅游服务能力和交通条件外,主要解释变量和大多数控制变量对因变量的影响都表现出不显著,这与实际情况是相悖的,结合之前对各变量全局莫兰指数的测算,可推断出加入空间影响因素的必要性。

表 8.4　文化产业对旅游业增长的线性影响分析

Source	SS	df	MS	Number of obs	=	31
Model	26.2415834	7	3.74879763	$F(7;23)$	=	27.09
				Prob$>F$	=	0.0000
Residual	3.18295158	23	0.138389199	R-squared	=	0.8918
				Adj. R-squared	=	0.8589
Total	29.424535	30	0.980817833	Root MSE	=	0.37201

tour	Coef.	Std. Err.	t	P$>$|t|	[95%Conf. Interval]	
cul	0.451296	0.3497843	1.29	0.210	−0.272288	1.17488
ser	0.6058219	0.2793601	2.17	0.041	0.0279215	1.183722
res	−0.0534088	0.1979795	−0.27	0.790	−0.4629605	0.356143
inf	−0.3693804	0.2480261	−1.49	0.150	−0.8824615	0.1437007
pgdp	0.1655241	0.4217162	0.39	0.698	−0.7068623	1.037911
tra	0.6045204	0.1371017	4.41	0.000	0.320904	0.8881369
urban	−0.9291372	0.7823914	−1.19	0.247	−2.547637	0.6893627
_cons	−3.458816	2.716414	−1.27	0.216	−9.078147	2.160514

（二）空间计量模型检验

从空间计量的七种模型结果来看（见表 8.5），SDM 模型并未获得支持，GNS 模型获得支持。其中空间误差项的系数 λ 表现出显著，文化产业和交通条件两个变量的滞后项对旅游业增长具有溢出效应。

表 8.5　文化产业对旅游业增长的空间溢出分析

	OLS	SAR	SEM	SAC	SLX	SDM	SDEM	GNS
(Intercept)	1063.783	1112.708	1382.954	3507.624	−4975.053	−4855.389	−4119.331	−2167.945
	(1920.578)	(1892.883)	(1613.060)	(3790.471)	(6661.278)	(4243.449)	(4487.441)	(4639.908)
cul	0.003	0.003	0.003	−0.000	0.000	0.000	−0.000	−0.003
	(0.004)	(0.004)	(0.004)	(0.008)	(0.005)		(0.004)	(0.006)
ser	1.132	1.141	1.080	1.386	1.856	1.987 ***	2.074 *	2.484
	(1.235)	(1.081)	(1.061)	(1.346)	(1.302)	(0.500)	(0.944)	(1.413)
res	1.080	1.072	1.332	1.183	0.845	0.616	0.650	0.250
	(1.845)	(1.611)	(1.581)	(1.808)	(1.861)	(1.099)	(1.882)	(1.907)
inf	2.036	2.016	2.261	2.376	1.816	1.923	1.937	1.107
	(3.148)	(2.74)	(2.784)	(2.811)	(3.386)	(2.230)	(2.483)	(2.286)

续表

	OLS	SAR	SEM	SAC	SLX	SDM	SDEM	GNS
pgdp	0.012	0.012	0.015	0.026	0.026	0.027	0.031	0.038*
	(0.021)	(0.018)	(0.018)	(0.027)	(0.024)	(0.016)	(0.016)	(0.016)
ixa	0.038***	0.038***	0.040***	0.045***	0.046**	0.045***	0.044***	0.047***
	(0.010)	(0.009)	(0.009)	(0.012)	(0.011)	(0.007)	(0.008)	(0.009)
urban	−31.784	−31.830	−40.875	−63,159	−45.344	−46.586	−56.796	−65.348*
	(45.598)	(39.624)	(38.601)	(53.416)	(54.933)	(38.181)	(37.557)	(31.064)
rho		−0.008		−0.212		−0.229		0.549
		(0.144)		(0.321)		(0.278)		(0.406)
lambda			0.184	0.515			−0.452	−1.160*
			(0.341)	(0.458)			(0.376)	(0.509)
lag. cul					0.013	0.016*	0.017**	0.017*
					(0.008)	(0.007)	(0.005)	(0.007)
lag. ser					−1.804	−1.758	−2.460	−3.864
					(2.140)	(1.351)	(1.459)	(2.552)
lag. res					0.576	1.562	2.746	2.560
					(5.034)	(3.678)	(3.316)	(3.099)
lag. inf					−0.039	−1.193	−1.331	−0.041
					(6.823)	(4.947)	(5.014)	(4.907)
lag. pgdp					−0.022	−0.014	0.003	0.012
					(0.086)	(0.051)	(0.058)	(0.059)
lag. tra				−0.031	−0.028	−0.035	−0.054**	0.017*
					(0.030)	(0.020)	(0.020)	(0.021)
la. urhan					119.272	107.601	77.22,8	31.698
					(172.328)	(95.163)	(121.266)	(139.409)
R^2	0.872				0.921			
Adj. R^2	0.833				0.853			
Num. obs.	31	31	31	31	31	31	31	31
RMSE	1271.348				1194.029			
Parameters		10	10	11		17	17	18
Log Likelihood		−260.941	−260.814	−260.413		−253.034	−252.580	−252.174
AI(Linear model)		539.887	539.887	539.887		538.746	535.746	539.887
AIC (Spatial; model)		541.582	541.629	542.827		540.068	539.161	540.348
LR test; statistic		0.005	0.255	1.060		0.675	1.555	17.535
LR test; p-value		0.946	0.612	0.589		0.410	0.208	0.041

*** $p < 0.001$, ** $p < 0.01$, * $p < 0.05$

五、文化产业发展对旅游业增长的空间影响分析

基于上述研究结果,从产业发展来看,文化产业和旅游业已经形成了东高西低的发展格局,同时高高集聚已初步显现。进一步的研究表明,文化产业发展对旅游业增长的溢出效应已初步显现。从空间计量模型检验的结果来看,GNS 模型虽然表现出显著性,但主要解释变量(cul)的系数以及空间自回归系数 ρ 都不显著,理论上模型应该退化,但是 GNS 之外的六个空间模型都不具有显著性,其原因可能是变量指标度量误差,也可能是遗漏关键变量,当然也可能存在当期溢出效应本身就不显著的问题,在后续的研究中,可以通过面板数据来对上述疑问进行进一步的检验。

第二节　基于文化旅游融合指数的文化旅游发展评价

文化旅游已经成为当今旅游形态中不可或缺的一部分。在全球化时代,不同国家和地区的文化交流日益频繁,这也使得人们对于异域文化的兴趣越来越浓厚。作为一种突出文化体验、学习和欣赏为目的的旅游形式,文化旅游通过让游客深入了解和体验不同地域包括历史、民俗、艺术、美食等在内的文化特色,满足了人们对于多样性和差异性的追求。与此同时,传统的观光旅游已经不能满足当下人们对于旅游体验的追求,而文化旅游恰恰能够为游客提供更为深入的文化体验和学习机会,使得游客在了解和体验不同文化的基础上提升自我文化素养和审美水平。此外,文化旅游对于地方经济社会的发展也具有重要意义,其不仅能够带动当地旅游业的发展,还能够促进当地文化的传承和发展,提高地方文化软实力,同时亦能够为当地创造更多的就业机会和经济效益,助力经济、社会与文化全面发展。

将各种旅游资源创造性转化为旅游产品是旅游经济活动的本质。[①] 文化旅游资源在文化旅游发展中的重要性不言而喻,加强文化旅游资源的保护与传承,创新性地开发和利用文化旅游资源,不断提升旅游的文化内涵和特色品质成为文旅发展新时期的重要挑战。首先,文化旅游资源是文化旅游发展的

---

① 张海燕,王忠云.旅游产业与文化产业融合发展研究[J].资源开发与市场,2010,26(4):322-326.

关键基础和重要依托,没有这些资源支撑,文化旅游发展就如同无源之水。其次,文化旅游资源的开发与利用是推动旅游发展的重要动力,通过对文化旅游资源的深入挖掘、整理和整合,可以打造出独特的文化旅游产品和品牌,吸引更多的游客前来参观和旅游,同时,通过不断推出新的文化旅游项目和活动,可以持续推动旅游的多样性和创新性,满足游客的不同需求和喜好。最后,文化旅游资源的保护和传承也是旅游发展的重要环节,文化旅游资源是具有不可替代性和不可再生性的文化遗产,只有在保护和传承的基础上,才能更好地开发和利用,并为旅游业发展注入持久性的文化内涵和特色。

文化资源的独特性与原真性是文化旅游的灵魂,通过活化开发和合理利用,其能够转化成为具有显著竞争优势和持续开发潜力的价值。[1] 从资源的质量、多样性、特色、吸引力等方面对文化旅游资源本身进行评价非常重要,其不仅有助于了解当地文化旅游资源的状况和市场需求,还可以指导资源的开发和保护,提高资源的利用效率,促进地方旅游业发展和文化传承。文化旅游资源的开发与利用影响着地方旅游业的发展,而对地方文化旅游发展水平的评价,将有助于检测文化旅游资源开发是否达到预期目标,并发现可能存在的问题,从而为改进未来的开发策略提供有益参考。

一、文化旅游融合指数构建

1963 年,美国学者罗森博格(Rosenberg)在提出产业融合概念时指出,技术创新模糊了产业边界,促使产业融合,此后随着科技的进步和社会需求的变化,产业融合开始更加广泛地出现在其他产业中,并不断扩展和深化。[2] 文化旅游是文化与旅游产业融合而成的新兴产业,有着高附加值和厚盈利空间的发展特性[3],从融合视角来看,文化旅游的发展与理念融合、职能融合、资源融合、产业融合和科技融合密切相关[4],而基于文化资源及旅游元素的开发而形成的文旅产品可以说是融合的标志物。

---

[1] 范周. 文旅融合的理论与实践[J]. 人民论坛・学术前沿,2019(11):43-49.

[2] Rosenberg N. Technological change in the machine tool industry, 1840-1910[J]. The Journal of Economic History, 1963, 23(4): 414-443.

[3] 张海燕,王忠云. 旅游产业与文化产业融合运作模式研究[J]. 山东社会科学,2013(1): 169-172.

[4] 范周. 文旅融合的理论与实践[J]. 人民论坛・学术前沿,2019(11):43-49.

在石燕和詹国辉[①]、陈世香和宋广强[②]等研究的基础上,本书提出文化产业与旅游产业融合发展评价指标体系(见表 8.6)。其中,一级指标参照投入产出基本原理,分为投入要素和产出绩效两个方面,二级指标综合考虑了指标代表性和数据可得性,数据主要来源于《中国文化文物统计年鉴》《中国新闻出版统计资料汇编》《中国文化文物和旅游统计年鉴》《中国文化及相关产业统计年鉴》《中国旅游统计年鉴》《中国统计年鉴》和各地方统计年鉴。

表 8.6　文化产业与旅游产业融合发展评价指标体系

指标层	一级指标	二级指标	代码
文化发展	文化产业要素	文化事业费(万元)	X1
		人均文化事业费(元)	X2
		公共图书馆机构数(个)	X3
		群众文化机构数(个)	X4
		艺术表演团体机构数(个)	X5
		文化市场经营机构数(个)	X6
		文物业机构数(个)	X7
	文化产业绩效	文化及相关产业增加值(亿元)	X8
		文化及相关产业增加值占 GDP 比重(%)	X9
		公共图书馆总流通人次(万人次)	X10
		群众文化机构年收入(千元)	X11
		艺术表演团体演出收入(千元)	X12
		文化市场经营机构营业收入(千元)	X13
		文物业本年收入合计(千元)	X14

---

① 石燕,詹国辉.文旅融合高质量发展的指数建构、影响因素与提升策略——以江苏为例[J].南京社会科学,2021(7):165-172.

② 陈世香,宋广强.山地省域文体旅产业融合发展测度与分析——以贵州为例[J].贵州社会科学,2022(3):134-142.

续表

指标层	一级指标	二级指标	代码
旅游发展	旅游产业要素	星级饭店饭店数（家）	X15
		旅行社总数（家）	X16
		旅游景区总数（家）	X17
		旅游业从业人数（人）	X18
	旅游产业绩效	旅游收入（亿元）	X19
		旅游人次（万人次）	X20
		星级饭店营业收入（千元）	X21
		旅行社接待人天数（人天）	X22
		旅游景区营业收入（亿元）	X23
融合发展	文化旅游要素	文化和旅游事业费占财政支出比重（%）	X24
		人均文化和旅游事业费（元）	X25
		文化和旅游机构数（个）	X26
		文化和旅游机构从业人员数（人）	X27
		图书馆举办展览（个）	X28
		群众文化机构组织品牌节庆活动（个）	X29
		群众文化机构组织文艺活动次数（次）	X30
		群众文化机构举办展览个数（个）	X31
		艺术表演团体演出场次（万场次）	X32
		文物业基本陈列（个）	X33
		文物业举办展览（个）	X34
	文化旅游绩效	群众文化机构组织文艺活动参加人次（万人次）	X35
		群众文化机构举办展览参观人次（万人次）	X36
		艺术表演团体国内演出观众人次（万人次）	X37
		文物业参观人次（万人次）	X38
		图书馆展览参加人次（万人次）	X39

二、综合评价研究方法设计

(一)主成分分析法

主成分分析(Principal Component Analysis,简称 PCA)是一种在统计学领域广泛使用的技术,它通过正交变换将有可能存在相关性的一组变量转换为线性不相关的一组变量,转换后的这组新变量便称为主成分。在现实情境中,为了全面分析问题,通常会提出很多与其有关的变量,由于每个变量都在不同程度上反映这个问题的某些信息,因此这些变量之间就可能会存在相关性,主成分分析的目的就是找到这些变量的线性组合,使得这些组合之间尽可能无关,并且方差最大。

利用主成分分析进行综合评价的主要步骤有:第一步,对原始数据进行标准化处理,这是因为 PCA 对数据的缩放敏感,如果某个特征的尺度远远大于其他特征,那么这个特征就可能会主导 PCA 的结果。第二步,计算协方差矩阵,PCA 基于数据协方差矩阵进行,对于标准化后的数据,协方差矩阵就是数据的方差矩阵。第三步,对协方差矩阵进行特征值分解,计算协方差矩阵的特征值和特征向量,特征向量形成了数据的主成分,而特征值给出了每个主成分的解释方差百分比。第四步,选择特征值最大的几个主成分,所选择的主成分数目应该根据实际问题来定,一般选择特征值大于 1 的主成分或总方差 80%及以上的主成分。第五步,将原始数据投影到选定的主成分上,得到新的低维数据。第六步,在得到的主成分上,可以计算每个样本的得分,然后根据得分便可进行综合评价。

(二)样本描述性统计

研究基于 2018—2020 年中国大陆 31 个省级行政区的相关数据,样本的描述性统计如表 8.7 所示。

表 8.7 样本描述性统计

Variable	N	Mean	SD	Median	Min	Max
x1	93	320000	215000	265000	69172	1.110e+06
x2	93	90.31	60.04	74.89	28.91	309.7
x3	93	103.0	47.44	111	23	207
x4	93	1422	868.1	1430	239	4781
x5	93	564.0	626.2	370	30	2859

续表

Variable	N	Mean	SD	Median	Min	Max
x6	93	7127	5568	5101	624	22340
x7	93	344.1	262.8	277	47	1399
x8	93	1392	1504	721	49.40	6227
x9	93	3.710	1.770	3.570	1.140	10.49
x10	93	2421	2770	1604	26.44	13935
x11	93	944000	796000	635000	138000	4.080e+06
x12	93	386000	524000	330000	1771	4.420e+06
x13	93	2.690e+07	5.940e+07	5.200e+06	222000	3.960e+08
x14	93	1.870e+06	1.660e+06	1.020e+06	265000	9.580e+06
x15	93	281.8	130.4	293	69	598
x16	93	1254	826.8	1105	161	3390
x17	93	404.3	242.7	414	53	1292
x18	93	91511	64057	81592	4385	309000
x19	93	5686	3696	5370	199.1	15156
x20	93	45582	28678	46040	3296	114000
x21	93	5.600e+06	5.580e+06	3.710e+06	154000	2.200e+07
x22	93	1.150e+07	1.200e+07	6.260e+06	162000	7.340e+07
x23	93	126.8	145.8	75.42	0.630	708.9
x24	93	48.81	12.25	48	28	84
x25	93	90.31	60.04	74.89	28.91	309.7
x26	93	4283	2135	4030	742	8805
x27	93	119000	75171	106000	13605	344000
x28	93	1127	867.8	986	100	4374
x29	93	224.0	144.0	204	17	662
x30	93	39566	29769	30490	3111	149000
x31	93	4953	3698	4379	365	17739
x32	93	8.940	11.59	4.630	0.290	50.52
x33	93	481.0	390.1	354	3	2066
x34	93	453.6	358.1	371	4	1469
x35	93	1691	1471	1299	200.6	7498
x36	93	346.2	327.6	253.4	25.70	1703
x37	93	3536	4635	2238	135.1	20788
x38	93	3324	2760	2687	121.3	12006
x39	93	251.7	355.0	181.3	1.430	2076

三、文化旅游发展评价结果

(一)指标间相关系数分析

相关系数是衡量两个指标之间线性相关程度的指标,其值越大,表明两个指标之间的相关性越强。在进行主成分分析时,如果相关系数普遍较小,说明这些指标之间的线性相关性较弱,这种情况下,就可能需要较多的主成分才能较好地解释数据的变化,这会导致分析的维度过高,使得计算变得复杂且难以解释。与之相对,如果一组指标之间的相关性过强,这可能意味着这些指标所反映的信息有很多是重叠的,在这种情况下,就可能需要进行一些数据清理工作,如删除一些冗余指标或者对一些指标进行合并。从指标间相关系数结果来看(见表8.8),整体上表现出相关性且值在合理区间。

表8.8　指标间相关系数

	x1	x2	x3	x4	x5	x6	x7
x1	1						
x2	0.0380	1					
x3	0.317***	−0.559***	1				
x4	0.261**	−0.544***	0.892***	1			
x5	0.215**	−0.317***	0.346***	0.369***	1		
x6	0.683***	−0.386***	0.609***	0.603***	0.607***	1	
x7	0.152	0.264**	0.412***	0.317***	0.246**	0.265**	1
x8	0.924***	0.0300	0.220**	0.196*	0.343***	0.731***	0.139
x9	0.558***	0.373***	−0.159	−0.0580	0.281***	0.326***	0.121
x10	0.814***	−0.100	0.297***	0.217**	0.380***	0.732***	0.168
x11	0.935***	0.0990	0.231**	0.199*	0.195*	0.634***	0.136
x12	0.412***	−0.0590	0.143	0.152	0.574***	0.508***	0.149
x13	0.567***	0.327***	−0.186*	−0.151	−0.00700	0.121	−0.0970
x14	0.623***	0.135	0.150	0.155	0.267***	0.363***	0.308***
x15	0.740***	−0.231**	0.583***	0.450***	0.305***	0.679***	0.245**
x16	0.862***	0.0250	0.251**	0.158	0.301***	0.630***	0.124
x17	0.428***	−0.446***	0.661***	0.574***	0.474***	0.664***	0.323***
x18	0.688***	−0.282***	0.603***	0.598***	0.332***	0.732***	0.209**

续表

	x1	x2	x3	x4	x5	x6	x7
x19	0.597***	−0.384***	0.551***	0.525***	0.338***	0.716***	0.114
x20	0.302***	−0.534***	0.571***	0.556***	0.477***	0.599***	0.144
x21	0.773***	0.161	0.0740	0.102	0.210**	0.521***	0.0420
x22	0.462***	−0.124	0.136	0.0880	0.155	0.548***	−0.00100
x23	0.267***	−0.320***	0.439***	0.605***	0.257**	0.468***	0.0920
x24	0.506***	0.557***	−0.327***	−0.349***	−0.182*	−0.0100	−0.0400
x25	0.0380	1	−0.559***	−0.544***	−0.317***	−0.386***	0.264**
x26	0.655***	−0.410***	0.739***	0.729***	0.690***	0.864***	0.344***
x27	0.707***	−0.314***	0.637***	0.628***	0.480***	0.796***	0.266***
x28	0.762***	−0.292***	0.483***	0.379***	0.492***	0.773***	0.264**
x29	0.696***	−0.318***	0.618***	0.510***	0.423***	0.729***	0.316***
x30	0.698***	−0.107	0.411***	0.388***	0.509***	0.686***	0.305***
x31	0.693***	−0.279***	0.557***	0.587***	0.628***	0.826***	0.349***
x32	0.207**	−0.291***	0.323***	0.321***	0.826***	0.547***	0.212**
x33	0.623***	−0.302***	0.501***	0.400***	0.459***	0.683***	0.373***
x34	0.778***	−0.244**	0.404***	0.331***	0.459***	0.765***	0.248**
x35	0.781***	−0.186*	0.456***	0.396***	0.473***	0.738***	0.264**
x36	0.780***	−0.140	0.395***	0.392***	0.478***	0.765***	0.249**
x37	0.266***	−0.270***	0.358***	0.304***	0.859***	0.575***	0.306***
x38	0.556***	−0.282***	0.463***	0.505***	0.447***	0.731***	0.321***
x39	0.773***	−0.0910	0.282***	0.193*	0.201*	0.591***	0.0820

	x8	x9	x10	x11	x12	x13	x14
x8	1						
x9	0.732***	1					
x10	0.836***	0.470***	1				
x11	0.863***	0.552***	0.789***	1			
x12	0.464***	0.423***	0.645***	0.448***	1		
x13	0.638***	0.720***	0.339***	0.546***	0.152	1	
x14	0.662***	0.635***	0.502***	0.522***	0.377***	0.674***	1
x15	0.734***	0.429***	0.708***	0.688***	0.444***	0.372***	0.553***

续表

	x8	x9	x10	x11	x12	x13	x14
x16	0.910***	0.678***	0.759***	0.755***	0.436***	0.645***	0.696***
x17	0.429***	0.0960	0.503***	0.307***	0.358***	−0.0590	0.277***
x18	0.685***	0.434***	0.606***	0.597***	0.351***	0.304***	0.485***
x19	0.609***	0.331***	0.692***	0.563***	0.422***	0.177*	0.364***
x20	0.334***	0.167	0.440***	0.280***	0.392***	−0.0630	0.247**
x21	0.828***	0.736***	0.723***	0.771***	0.496***	0.576***	0.600***
x22	0.544***	0.389***	0.652***	0.495***	0.461***	0.150	0.278***
x23	0.289***	0.214**	0.377***	0.288***	0.273***	0.0250	0.197*
x24	0.382***	0.361***	0.362***	0.471***	0.262**	0.375***	0.329***
x25	0.0300	0.373***	−0.100	0.0990	−0.0590	0.327***	0.135
x26	0.682***	0.373***	0.661***	0.554***	0.517***	0.204*	0.528***
x27	0.719***	0.460***	0.659***	0.614***	0.451***	0.289***	0.545***
x28	0.744***	0.334***	0.859***	0.689***	0.588***	0.205**	0.473***
x29	0.649***	0.213**	0.688***	0.566***	0.447***	0.105	0.404***
x30	0.679***	0.419***	0.756***	0.640***	0.574***	0.222**	0.510***
x31	0.681***	0.363***	0.791***	0.652***	0.630***	0.106	0.488***
x32	0.312***	0.258**	0.424***	0.225**	0.627***	−0.0510	0.226**
x33	0.602***	0.221**	0.610***	0.522***	0.389***	0.122	0.490***
x34	0.801***	0.391***	0.878***	0.725***	0.588***	0.258**	0.502***
x35	0.750***	0.389***	0.883***	0.776***	0.598***	0.321***	0.512***
x36	0.758***	0.429***	0.895***	0.762***	0.629***	0.237**	0.488***
x37	0.365***	0.270***	0.515***	0.244**	0.742***	−0.00100	0.323***
x38	0.615***	0.375***	0.732***	0.513***	0.579***	0.117	0.567***
x39	0.747***	0.362***	0.852***	0.765***	0.375***	0.426***	0.447***

	x15	x16	x17	x18	x19	x20	x21
x15	1						
x16	0.774***	1					
x17	0.695***	0.524***	1				
x18	0.781***	0.706***	0.682***	1			
x19	0.699***	0.563***	0.541***	0.732***	1		
x20	0.551***	0.322***	0.555***	0.580***	0.872***	1	

	x15	x16	x17	x18	x19	x20	x21
x21	0.659***	0.829***	0.316***	0.627***	0.578***	0.301***	1
x22	0.517***	0.488***	0.303***	0.495***	0.617***	0.476***	0.575***
x23	0.398***	0.214**	0.432***	0.484***	0.620***	0.594***	0.316***
x24	0.141	0.339***	−0.154	0.0750	0.0230	−0.221**	0.381***
x25	−0.231**	0.0250	−0.446***	−0.282***	−0.384***	−0.534***	0.161
x26	0.779***	0.705***	0.813***	0.806***	0.695***	0.645***	0.540***
x27	0.804***	0.730***	0.726***	0.981***	0.747***	0.625***	0.637***
x28	0.759***	0.709***	0.696***	0.634***	0.637***	0.494***	0.539***
x29	0.723***	0.673***	0.799***	0.636***	0.510***	0.398***	0.424***
x30	0.722***	0.706***	0.744***	0.683***	0.604***	0.490***	0.677***
x31	0.721***	0.608***	0.724***	0.709***	0.683***	0.603***	0.567***
x32	0.346***	0.253**	0.441***	0.322***	0.359***	0.495***	0.208**
x33	0.698***	0.656***	0.799***	0.674***	0.504***	0.452***	0.455***
x34	0.747***	0.745***	0.633***	0.645***	0.647***	0.465***	0.664***
x35	0.793***	0.708***	0.669***	0.697***	0.704***	0.517***	0.657***
x36	0.712***	0.670***	0.599***	0.669***	0.686***	0.517***	0.666***
x37	0.416***	0.342***	0.518***	0.346***	0.388***	0.486***	0.266**
x38	0.650***	0.553***	0.591***	0.672***	0.757***	0.679***	0.602***
x39	0.610***	0.655***	0.288***	0.510***	0.588***	0.288***	0.619***

	x22	x23	x24	x25	x26	x27	x28
x22	1						
x23	0.363***	1					
x24	0.242**	−0.151	1				
x25	−0.124	−0.320***	0.557***	1			
x26	0.373***	0.521***	−0.0760	−0.410***	1		
x27	0.486***	0.493***	0.0580	−0.314***	0.887***	1	
x28	0.435***	0.405***	0.193*	−0.292***	0.777***	0.705***	1
x29	0.335***	0.306***	0.147	−0.318***	0.808***	0.696***	0.830***
x30	0.416***	0.435***	0.198*	−0.107	0.789***	0.748***	0.778***
x31	0.471***	0.565***	0.156	−0.279***	0.870***	0.794***	0.847***
x32	0.290***	0.308***	−0.0940	−0.291***	0.595***	0.449***	0.460***

续表

	x22	x23	x24	x25	x26	x27	x28
x33	0.336***	0.320***	0.100	−0.302***	0.770***	0.732***	0.773***
x34	0.567***	0.338***	0.272***	−0.244**	0.753***	0.712***	0.848***
x35	0.500***	0.464***	0.248**	−0.186*	0.774***	0.754***	0.856***
x36	0.539***	0.497***	0.330***	−0.140	0.744***	0.730***	0.862***
x37	0.255**	0.272***	−0.0530	−0.270***	0.657***	0.491***	0.575***
x38	0.633***	0.613***	0.0760	−0.282***	0.735***	0.732***	0.661***
x39	0.419***	0.295***	0.297***	−0.0910	0.508***	0.530***	0.770***

	x29	x30	x31	x32	x33	x34	x35
x29	1						
x30	0.716***	1					
x31	0.764***	0.885***	1				
x32	0.394***	0.477***	0.613***	1			
x33	0.781***	0.765***	0.773***	0.401***	1		
x34	0.764***	0.767***	0.830***	0.473***	0.819***	1	
x35	0.754***	0.871***	0.867***	0.472***	0.738***	0.832***	1
x36	0.712***	0.850***	0.927***	0.504***	0.706***	0.857***	0.911***
x37	0.493***	0.590***	0.662***	0.818***	0.526***	0.564***	0.581***
x38	0.564***	0.702***	0.812***	0.512***	0.657***	0.764***	0.720***
x39	0.521***	0.533***	0.581***	0.203*	0.431***	0.677***	0.759***

	x36	x37	x38	x39
x36	1			
x37	0.554***	1		
x38	0.776***	0.552***	1	
x39	0.747***	0.263**	0.501***	1

*** $p<0.001$, ** $p<0.01$, * $p<0.05$

（二）KMO 和 Bartlett's 球形检验

KMO 检验和 Bartlett's 球形检验都是用于检验数据是否适合进行因子分析的方法。其中,KMO 检验是用来衡量数据中公共因子与原始变量之间的相关程度,取值范围为 0 到 1 之间,一般来说,KMO 值越接近 1,说明因子分析的效果越好,当 KMO 值小于 0.5 时,就不适合进行因子分析。Bartlett's 球形检验则是用于检验数据是否符合球形分布,即各变量之间是否相互独立。

在因子分析中,如果变量之间存在多重共线性,那么球形假设就被破坏,Bartlett's 球形检验的 P 值就会很小,从而拒绝原假设,即认为变量之间不独立——相互间可能存在着相关性,因此适合进行因子分析。对文化发展、旅游发展和融合发展的 KMO 和 Bartlett's 球形检验结果显示(表 8.9),KMO 值大于0.6,Bartlett's 球形度显著水平小于 0.01,表明指标适合进行主成分分析。

表 8.9 KMO 和 Bartlett's 球形检验

	文化发展	旅游发展	融合发展
KMO 检验(值)	0.714	0.838	0.874
Bartlett's 球形检验(显著性)	0.000	0.000	0.000

(三)主成分分析

因子的特征根与方差贡献率如表 8.10 所示。按照特征根大于 1 且累计方差贡献率大于 80% 的原则,主成分分析结果可选择 6 个公共因子,计算得到的累计方差贡献率为 84.53%。从主成分的因子载荷矩阵来看(见表 8.11),没有唯一性(Uniqueness)超过 0.6 的因子,因此无需做指标变量的剔除工作。

表 8.10 因子的特征根与方差贡献率

Component	Eigenvalue	Difference	Proportion	Cumulative
Comp1	20.3081	14.7175	0.5207	0.5207
Comp2	5.59063	3.26753	0.1433	0.6641
Comp3	2.32309	0.487251	0.0596	0.7236
Comp4	1.83584	0.24028	0.0471	0.7707
Comp5	1.59556	0.281047	0.0409	0.8116
Comp6	1.31452	0.446597	0.0337	0.8453
Comp7	0.867919	0.198242	0.0223	0.8676
Comp8	0.669677	0.0323178	0.0172	0.8848
Comp9	0.637359	0.0914212	0.0163	0.9011
Comp10	0.545938	0.0733782	0.014	0.9151
Comp11	0.47256	0.0674469	0.0121	0.9272
Comp12	0.405113	0.061701	0.0104	0.9376

续表

Component	Eigenvalue	Difference	Proportion	Cumulative
Comp13	0.343412	0.0559292	0.0088	0.9464
Comp14	0.287483	0.0200281	0.0074	0.9538
Comp15	0.267454	0.0445061	0.0069	0.9606
Comp16	0.222948	0.0291921	0.0057	0.9663
Comp17	0.193756	0.0191615	0.005	0.9713
Comp18	0.174595	0.0302891	0.0045	0.9758
Comp19	0.144306	0.00393545	0.0037	0.9795
Comp20	0.14037	0.0244734	0.0036	0.9831
Comp21	0.115897	0.0190036	0.003	0.9861
Comp22	0.0968932	0.01339	0.0025	0.9886
Comp23	0.0835031	0.0210019	0.0021	0.9907
Comp24	0.0625012	0.00900636	0.0016	0.9923
Comp25	0.0534949	0.00692789	0.0014	0.9937
Comp26	0.046567	0.0093848	0.0012	0.9949
Comp27	0.0371822	0.00261265	0.001	0.9958
Comp28	0.0345695	0.00321127	0.0009	0.9967
Comp29	0.0313583	0.00785074	0.0008	0.9975
Comp30	0.0235075	0.00228611	0.0006	0.9981
Comp31	0.0212214	0.00451024	0.0005	0.9987
Comp32	0.0167112	0.00400444	0.0004	0.9991
Comp33	0.0127067	0.0018977	0.0003	0.9994
Comp34	0.010809	0.00331828	0.0003	0.9997
Comp35	0.00749075	0.00421133	0.0002	0.9999
Comp36	0.00327942	0.00222049	0.0001	1
Comp37	0.00105893	0.000477114	0	1
Comp38	0.000581816	0.000581816	0	1
Comp39	0	.	0	1

表 8.11　因子载荷矩阵

Variable	Factor1	Factor2	Factor3	Factor4	Factor5	Factor6	Uniqueness
x1	0.8259	0.4195	−0.2137	0.0907	−0.1287	−0.0603	0.0678
x2	−0.2721	0.783	0.264	0.2958	0.1496	0.3094	0.0376
x3	0.5655	−0.6068	−0.2487	0.3328	0.0614	0.064	0.1314
x4	0.5266	−0.6091	−0.236	0.2355	0.2433	0.108	0.1697
x5	0.5616	−0.3332	0.607	−0.0714	0.1297	−0.267	0.112
x6	0.8731	−0.1913	−0.0108	−0.0327	−0.0297	−0.0132	0.1988
x7	0.2931	−0.0736	0.3123	0.6775	0.1734	0.3974	0.1642
x8	0.8433	0.4288	−0.0975	−0.0322	0.0256	−0.16	0.0681
x9	0.5014	0.597	0.1596	−0.1058	0.4769	−0.1245	0.1126
x10	0.8773	0.2388	0.0293	−0.177	−0.2568	0.1047	0.0642
x11	0.7646	0.4514	−0.1618	−0.0165	−0.1257	0.0419	0.1676
x12	0.6311	0.0714	0.5227	−0.2768	−0.0496	0.0621	0.2405
x13	0.3233	0.6926	−0.158	−0.017	0.3309	−0.3943	0.1256
x14	0.6044	0.3948	0.0513	0.1759	0.3385	−0.1746	0.3002
x15	0.8584	0.0397	−0.2091	0.1036	0.035	−0.0552	0.2028
x16	0.8109	0.4038	−0.1287	0.0708	0.0552	−0.2654	0.0843
x17	0.7381	−0.3971	−0.0195	0.2672	−0.0817	−0.0635	0.215
x18	0.8281	−0.0635	−0.2936	0.0946	0.2276	−0.0216	0.1628
x19	0.7928	−0.1515	−0.2637	−0.2895	0.1628	0.2138	0.1229
x20	0.641	−0.4441	−0.0733	−0.2994	0.2627	0.1688	0.1993
x21	0.7243	0.4992	−0.0957	−0.1554	0.1651	0.0078	0.1656
x22	0.5835	0.143	−0.0919	−0.4698	0.0065	0.3024	0.3183
x23	0.5275	−0.2945	−0.1699	−0.2146	0.3163	0.362	0.329
x24	0.18	0.734	0.0781	0.0109	−0.2773	0.2114	0.301
x25	−0.2721	0.783	0.264	0.2958	0.1496	0.3094	0.0376
x26	0.9138	−0.2615	0.0267	0.1608	0.1416	−0.1476	0.0282
x27	0.892	−0.1037	−0.1563	0.0971	0.2177	−0.0609	0.1086
x28	0.8905	−0.0104	0.0318	0.0452	−0.306	−0.0456	0.1081

续表

Variable	Factor1	Factor2	Factor3	Factor4	Factor5	Factor6	Uniqueness
x29	0.8107	−0.1278	−0.0365	0.2931	−0.2901	−0.1124	0.1424
x30	0.8683	0.0393	0.1385	0.1266	−0.0665	0.0639	0.2008
x31	0.925	−0.1337	0.1541	0.0479	−0.0728	0.1345	0.0771
x32	0.5526	−0.3058	0.6088	−0.1939	0.0898	−0.1033	0.1742
x33	0.8009	−0.1246	0.0282	0.2881	−0.181	−0.0985	0.2168
x34	0.8953	0.0771	0.0459	−0.0238	−0.2544	−0.0142	0.1249
x35	0.9164	0.0717	0.0274	0.0088	−0.1776	0.0633	0.1186
x36	0.9082	0.0971	0.0834	−0.0578	−0.1914	0.1795	0.0865
x37	0.6257	−0.266	0.6484	−0.0846	0.0156	−0.1342	0.092
x38	0.8328	−0.1158	0.0503	−0.1445	0.1442	0.2719	0.175
x39	0.7093	0.2901	−0.2066	−0.1223	−0.2739	0.0033	0.2801

（四）文化旅游发展指数（2018—2020 年）

经过测算，2018－2020 年全国省级行政区文化旅游发展指数详见表8.12。进一步分析可见（见表8.13），2018－2020 年全国省级行政区文化旅游发展指数总体格局并未发生太大改变：一方面，文化旅游发展指数排名前 10 的省份中，有 9 个省份连续三年在榜，分别为浙江、广东、江苏、山东、四川、河南、北京、安徽、上海，排名前 10 的省份唯一变化是湖北 2018 年进入前 10，而2019—2020 年湖南取而代之进入排名前 10；另一方面，排名末 10 位的省份整体上是毫无变动，分别为辽宁、内蒙古、贵州、新疆、黑龙江、天津、吉林、青海、海南、宁夏。

表 8.12 文化旅游发展指数（2018—2020 年）

省份	2018	2019	2020
北京	1.286723	1.487714	1.501831
天津	0.2961257	0.2609926	0.1415708
河北	0.8171628	0.8895488	0.7283007
山西	0.6425697	0.731109	0.6365402
内蒙古	0.5015067	0.5293191	0.4630559

续表

省份	2018	2019	2020
辽宁	0.5139922	0.5724002	0.3594237
吉林	0.2610138	0.295179	0.1749679
黑龙江	0.317744	0.329573	0.283475
上海	1.179501	1.416859	1.015134
江苏	1.917369	1.957395	2.006146
浙江	2.85866	3.010606	2.484046
安徽	1.228936	1.181733	0.9468013
福建	0.8819204	0.9255989	0.7642078
江西	0.6365596	0.6999943	0.6718929
山东	1.873191	2.008024	1.823393
河南	1.371546	1.507684	1.264798
湖北	1.113304	1.046582	0.8300613
湖南	0.9574097	1.151486	0.9701025
广东	2.215675	2.504041	1.984576
广西	0.551107	0.6115074	0.5585351
海南	0.0907507	0.159684	0.0971137
重庆	0.6959524	0.7353843	0.5914684
四川	1.458448	1.611104	1.363392
贵州	0.4222741	0.4410932	0.3999361
云南	0.8350714	1.068661	0.7109737
西藏	0.7398378	0.7182788	0.7430125
陕西	0.977203	0.983068	0.8233286
甘肃	0.5373117	0.5995476	0.5454987
青海	0.1323625	0.3116805	0.2668373
宁夏	0.0648903	0.1075846	0.1273966
新疆	0.3693435	0.432242	0.3910473

表 8.13　文化旅游发展指数排名前 10 和后 10 名单

文化旅游发展指数排名 1～10			文化旅游发展指数排名 22～31		
2018 年	2019 年	2020 年	2018 年	2019 年	2020 年
浙江	浙江	浙江	辽宁	辽宁	内蒙古
广东	广东	江苏	内蒙古	内蒙古	贵州
江苏	山东	广东	贵州	贵州	新疆
山东	江苏	山东	新疆	新疆	辽宁
四川	四川	北京	黑龙江	黑龙江	黑龙江
河南	河南	四川	天津	青海	青海
北京	北京	河南	吉林	吉林	吉林
安徽	上海	上海	青海	天津	天津
上海	安徽	湖南	海南	海南	宁夏
湖北	湖南	安徽	宁夏	宁夏	海南

结合图 8.1 来看具体细节,文化旅游发展指数前 10 省份中,浙江牢固占据了领头羊的地位,北京、上海、湖南呈现出上升趋势;文化旅游发展指数后10 省份中,内蒙古、贵州、新疆、青海、宁夏呈现向好趋势;从应对疫情冲击情况来看,宁夏、西藏、江苏和北京呈现出较高的发展韧性,辽宁、海南、吉林和天津则在应对外部冲击时表现不足。

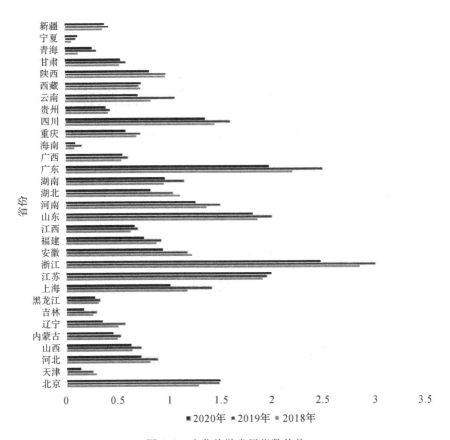

图 8.1　文化旅游发展指数趋势

第九章　面向未来的文化旅游资源开发与利用

第一节　基于可持续发展理论的文化旅游资源开发与利用

一、可持续发展理论概念与内涵

可持续发展理论（Sustainable Development Theory）是随着人类社会的不断发展而逐渐形成的一种新型发展理念，强调在满足当代人需求的同时，不损害未来世代的需求，实现可持续的发展。作为优化人文世界系统内人地关系、区际关系以及代际关系的基础性理论①，可持续发展理论旨在解决人类发展与自然环境之间的突出矛盾，进而实现经济社会环境的协调发展。可持续发展理论的发展经历了多个阶段。最早的可持续发展理念可以追溯至 20 世纪 70 年代，联合国首次环境峰会提出了"人类与环境"的概念，这标志着可持续发展的开始。1987 年，世界环境与发展委员会在其著名的《我们共同的未来》报告中首次提出了可持续发展的概念和原则。② 此后，随着全球环境问题的日益突出和人类社会发展面临的诸多挑战，可持续发展逐渐成为全球范围内

---

① 杨萌萌,龚胜生.中国地理学者"可持续"研究的文献分析(1994—2021)[J].华中师范大学学报(自然科学版):1-17.[2023-10-13].htpp://kns.cnki.net/kcms/detail/42.1178.N.20230913.2335.002.html.

② 世界环境与发展委员会.我们共同的未来[M].王之佳,等译.长春:吉林人民出版社,1997:52.

的共识。

可持续发展理论的概念可以从不同角度理解。① 从广义上来说,可持续发展指在人类社会的发展过程中,通过采用合理的发展模式和管理方法,实现社会、经济、生态和环境四个方面的协调和持续发展。从狭义上来说,可持续发展主要指的是在自然环境不受到损害的前提下,实现经济的持续增长和社会进步,同时保持生态平衡和环境质量。可持续发展理论的核心是"持续发展",强调在人类社会的发展过程中,应充分注重生态环境的保护、资源的可持续利用以及社会经济的协调发展。

具体而言,可以从以下几个方面进一步把握可持续发展的内涵。一是强调发展的可持续性,这是可持续发展的核心。它要求在满足当代人需求的同时,不损害未来世代的需求,其也意味着需要在经济发展的同时,注重节约资源、保护环境,实现经济社会环境的协调发展。二是注重生态环境的保护,这是可持续发展的前提和基础。要顺利实现可持续发展,就必须保护生态环境,加强生态建设,建立科学合理的生态体系,促进自然环境的良性循环。三是注重经济社会的协调发展,这是可持续发展的关键。它要求在经济发展的同时,注重社会进步和环境保护,从而实现经济、社会和环境三个方面的协调统一。四是追求社会公正,可持续发展的目标是实现人类社会的公正和进步。它强调在经济发展和社会进步的过程中,关注贫困人群、弱势群体和全体人民的福祉,促进社会公正和平等。

在可持续发展实践中,各国纷纷根据自身国情和发展需要,制定了符合自身国情的可持续发展战略和政策。在中国,早在 2003 年就提出了坚持以人为本,全面、协调、可持续的科学发展观,旨在推动经济社会环境的协调发展。此外,一些国际组织和机构也在积极推动可持续发展方面的合作,如联合国开发计划署、世界银行等机构都制定了一系列支持可持续发展的政策和项目。总而言之,作为一种新型的发展理念,可持续发展理论的最终指向是共同、协调、公平、高效、多维的发展,在未来社会发展中,其也将成为人类社会的重要发展方向和战略选择。

---

① 金泓汎.人、自然、社会三位一体的可持续发展理论[J].福建论坛(人文社会科学版),2005(10):9-14.

二、资源永续利用视角下的文化旅游资源开发与利用

资源永续利用理论是可持续发展理论的重要组成部分,其基本思想是人类社会能否可持续发展取决于自然资源能否被永远地使用下去。这一理论注重探讨使自然资源得到永续利用的理论和方法,其中包括使用资源的最低安全标准,即使用可再生资源的速度不得超过可再生资源的更新速度,使用不可再生资源的速度不得超过其替代品的开发速度等。同时,资源永续利用理论也强调代际公平,认为当代人必须保障未来世代的资源需求,保证资源在时间上的永续利用。

资源永续利用理论的出现源于人类社会对自然资源的过度利用和生态环境的恶化。在人类社会的发展过程中,过度的资源消耗和环境破坏成为一个突出的问题,正因如此,资源永续利用理论强调在满足人类需求的同时,也要保护自然资源和生态环境,保障未来世代的资源需求和生态环境需求。资源永续利用理论在文化旅游资源开发与利用中的意义在于它提供了一种新的发展思路和模式,即通过科学合理地利用和管理文化旅游资源,保障旅游经济的可持续发展同时,提醒人们要重视文化旅游资源的有限性和不可替代性,应在旅游地资源环境与人类旅游活动间构筑和谐共生关系的基础上实现文化旅游资源的永续利用(见图 9.1)。①②

(一)优化文化旅游资源开发与利用的整体规划

对文化旅游资源开发与利用进行合理规划,是确保文化旅游发展与当地环境和社会经济状况相匹配的首要之举,主要涉及旅游设施的建设、游客数量的控制以及旅游活动的规划等诸多方面。第一,文化旅游资源的开发与利用应具备整体性和综合性,需全面了解当地的自然、历史、文化、社会和经济等多方面的状况,然后再进行全方位的整体规划,制定出可持续发展的总体方案。其既要保持开发与保护的平衡,也要尽可能地利用资源创造经济价值,还要确保文化旅游资源的永续利用。第二,要规划和优化旅游线路,以更好地展示当地的自然风光和人文景观,同时也避免对环境造成过度破坏。文化旅游线路设计要尽量使用如步行、自行车等在内的绿色交通方式,减少对环境的影响,

---

① 郭旭,赵宝福,邢贵和.资源的可持续性:民族文化旅游资源开发规划的基本导向[J].贵州民族研究,2016,37(6):172-175.

② 黄震方,葛军莲,储少莹.国家战略背景下旅游资源的理论内涵与科学问题[J].自然资源学报,2020,35(7):1511-1524.

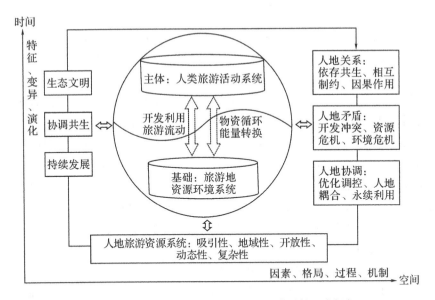

图 9.1　人地旅游资源系统与旅游人地关系的理论框架

此外还可以考虑设计一些主题线路,如非遗、民俗、节庆等①,以满足不同类型文化游客的需求。第三,合理控制游客数量和行为。过多的游客可能会对当地的环境和文化造成压力,因此需要对文化游客的数量和行为进行合理控制,如可以采取预约限流、分时段游览等措施,以减少游客对文化旅游资源的负面影响。② 与此同时,还可以通过教育来引导游客文明旅游、尊重当地风俗习惯和保护当地生态环境。第四,加强区域合作顶层设计。通过加强与周边地区的合作,如共同开发旅游线路、共同推广旅游产品等,参与方可以共享文化旅游资源,实现文化的交流与互动,增强文化旅游的多样性,进而提高文化旅游资源的利用效率,并最终实现区域整体竞争力提升。第五,注重培育和保护当地文化。当地的文化是文化旅游资源的核心,故而需要对其进行重点保护和培育。可通过设立文化保护基金、开展非遗保护工作、鼓励当地居民传承传统文化等方式来保护和传承当地的文化,当然也可以通过开展文化活动、建设文化设施等措施,让文化游客更深入地了解和体验当地文化。

---

① 刘天,杨添朝.四川民族村寨旅游振兴的现实瓶颈和路径选择——基于 14 村的实地调研[J].西南民族大学学报(人文社会科学版),2023,44(4):45-52.

② 王森,李占祥,冯凌乐.城市设计视角下陕北地区文化旅游街区控制性详细规划编制研究——以绥德名州文化旅游街区为例[J].城市发展研究,2019,26(S1):65-73.

（二）提升文化旅游资源开发与利用的社区参与

要实现文化旅游资源由"公有"到"共有"的转变，社区参与至关重要。[①]当地居民是文化旅游资源的重要载体，他们的生活、故事和传统习俗都是文化旅游的重要组成部分，鼓励社区参与亦是增强他们对本地文化认同和保护的重要路径。首先是社区参与决策。在文化旅游资源的开发与利用过程中，应充分听取当地社区的意见和建议，这可以通过组织社区会议、听取居民对旅游开发的看法和建议，以及邀请他们参与旅游规划的制定等方式来实现。通过社区参与，可以确保旅游开发方案符合当地居民的期望和需求，同时也有助于增强他们的主人翁意识和参与感。其次是社区技能培训。为了实现文化旅游的长期发展，需要培养当地社区居民的相关技能，如可以开设导游培训、手工艺技能培训、餐饮服务培训等课程，以提高当地居民的文化素养和旅游服务能力，这不仅可以增强当地居民的就业竞争力，也为文化旅游的可持续发展提供了人力资源保障。再次是社区环境维护。文化旅游资源的永续利用离不开对当地环境的保护，可以通过宣传环保理念、开展社区环保活动等方式，提高当地居民的环保意识，同时也可以倡导绿色生活方式，如使用环保袋、减少一次性塑料制品的使用等，以实际行动保护当地环境。从次是社区经济发展。文化旅游资源的开发与利用应考虑社区的经济发展，如可以鼓励当地居民投入家庭旅馆、餐馆、手工艺品店等旅游相关产业，以提供更多的就业机会和增加当地居民的经济收入。此外还可以通过设立旅游发展专项基金，优先支持社区居民开展的旅游相关项目。最后是社区文化传承，当地的文化是文化旅游资源的核心，因此需要重视社区的文化传承，可以通过开展文化活动、组织文化比赛、开设非遗传承课程等方式，弘扬地方文化，并推动年轻一代传承优秀的传统文化。

（三）推动文化旅游资源开发与利用的创新实践

从创造性开发的角度来看，文化旅游资源的可持续开发与利用需要充分发挥想象力和创造力，以独特的视角和方式挖掘和利用文化旅游资源，从而为特色文化品牌打造奠定一个良好的基础。[②] 一是创新旅游产品开发。这可以借助现代科技手段，如虚拟现实（VR）技术、增强现实（AR）技术等，将文化旅游资源以更加生动、立体的方式呈现给游客，也可以通过开发互动性强、体验

---

① 唐兵，惠红.民族地区原住民参与旅游开发的法律赋权研究——兼与左冰、保继刚商榷[J].旅游学刊,2014,29(7):39-46.

② 马孟丽.特色文化主题下的区域旅游产业化策略[J].社会科学家,2020(3):100-106.

感佳的旅游产品,如文化体验馆、主题公园等,使游客更深入地了解和体验当地的文化。二是创新旅游线路设计。针对不同的文化旅游群体,可以设计创新性的文化旅游线路。如针对家庭游,可以设计亲子互动、博物博览等主题的旅游线路;针对年轻人,可以设计节庆体验、文娱演出等主题的旅游线路。此外,还可以根据季节、节日等变化,设计相应的特色文化旅游线路,以吸引更多的游客。三是创新营销推广。可以通过社交媒体、短视频平台等新媒体渠道进行宣传和推广,也可以利用网络直播、短视频等形式与网红、明星合作,进行旅游线路的推广,还可以通过举办旅游节、文化节等活动,招引游客前来参观和体验。四是创新发展体制机制。在文化旅游资源的管理上应注重创新性管理模式的运用,如可以引入智能化管理系统,提高管理效率和服务质量,可推行"旅游＋农业""旅游＋工业"等跨界融合发展模式,实现旅游产业与其他产业的融合发展,还可以推行"政府主导＋社会参与"的管理模式,吸引更多的社会力量参与文化旅游资源的开发与利用。五是创新人才培养。可以通过与高校、研究机构等合作,培养专业的文化旅游人才,也可以开展职业技能培训、经验交流等活动,提升从业人员的专业素养和服务水平,还可以通过设立奖励机制、创新人才培养模式等方式,鼓励更多的人才投身于文化旅游资源的开发与利用。

（四）加强文化旅游资源开发与利用的游客参与

资源开发同游客体验是相辅相成的[1],从旅游者体验与参与视角来看,文化旅游资源的可持续开发与利用需要充分考虑旅游者的需求和期望,通过提升旅游者的体验和参与度,来实现文化旅游的长远发展。第一是提升旅游者体验。通过创新性的旅游产品和活动设计,为旅游者提供独特、深刻的旅游体验。例如可以借助元宇宙等现代科技手段,让旅游者更加深入地了解和体验当地的文化和历史,同时也需关注旅游者的需求和反馈,不断优化文化旅游产品和活动。第二是培养旅游者参与意识。文化旅游资源的开发需要培养旅游者的参与意识,可以通过开展文化体验活动、互动游戏、志愿者项目等形式,鼓励旅游者主动参与当地的旅游活动,进而增强其对当地文化的认知和认同。第三是促进旅游者与当地社区的互动。文化旅游资源的开发需要让旅游者更加深入地了解当地的文化和生活,可以开展社区体验活动让旅游者参与当地的日常活动,也可以组织旅游者与当地居民的交流活动,让旅游者了解当地的

---

[1]　胡冬临.我国体育旅游资源开发分析[J].体育文化导刊,2014(11):92-94＋134.

生活和文化。第四是推广可持续旅游理念。让旅游者在参与旅游活动的同时,也承担起环保、节约等社会责任,可以通过开展环保教育活动、推广绿色旅游出行方式、合理规划旅游线路等方式,引导旅游者参与可持续旅游。第五是加强旅游者教育。不断提高旅游者的素质和能力,如可以开展旅游安全知识教育、文化礼仪培训等,帮助旅游者更好地了解当地的文化和习俗,从而避免不文明行为甚至冲突的发生。

(五)兼顾文化旅游资源开发利用与传承保护

文化旅游资源的传承和保护是实现可持续开发与利用的基础和关键。①文化旅游资源在开发成为旅游产品后,可能会受到不同程度的影响、破坏或者异化,因此需要采取措施来予以保护,以防止其受到侵害。同时,还需要对文化旅游资源进行分类、评估和监测,确保其在开发过程中不会对生态环境造成破坏。文化旅游资源的传承和发扬,可以通过开展文化活动、举办文化节、建设文化博物馆等途径来实现,而文化旅游资源的创新性开发与利用,则可以结合当地的文化特色和现代科技手段,通过开发出更具吸引力和竞争力的旅游产品来实现,也可以通过创新性经营模式和市场运作方式来提高旅游资源的市场竞争力和吸引力,并最终实现文化旅游资源开发利用与传承保护相得益彰。具体来看,首先,应建立一套完善的资源保护机制,这包括制定严格的保护政策和法规,对文化旅游资源的开发与利用进行监督和管理,同时也需要加大对文化旅游资源的保护力度,如对历史遗迹、文化景观、非物质文化遗产等资源进行分类、评估和监测。其次,制定科学的保护和传承发展规划。其也是实现文化旅游资源可持续开发与利用的基础,在制定规划时,需要综合考虑资源的特点、保护的要求、旅游市场的需求等因素,确保文化旅游资源的开发与保护相协调,兼顾资源的承载能力和未来发展潜力。最后,要把握合理利用和传承保护的尺度。在传承保护的前提下,合理开发和利用文化旅游资源。可以通过开展旅游活动、开发旅游产品、举办文化节庆等方式,吸引游客,促进当地经济发展,也让更多人了解和认识当地的文化与传统。

---

① 张仲炎,唐林,杨红梅,等.四川文化旅游发展现状与对策研究[J].四川戏剧,2005(1):39-43.

第二节　新时代背景下文化旅游资源开发的国际化

一、"一带一路"背景下的文化旅游业

"一带一路"(The Belt and Road,缩写 B&R)是 2013 年习近平主席提出的"丝绸之路经济带"与"21 世纪海上丝绸之路"的简称。依靠既有双多边机制与区域合作平台,"一带一路"倡议通过借用古代丝绸之路这一历史符号,旨在积极促进沿线各国间的经贸合作伙伴关系,一致打造以"政治互信、经济融合、文化包容"为特征的利益共同体、责任共同体和命运共同体。如今,"一带一路"已发展成为根植于历史厚土和顺应时代大势的重大国际合作倡议。[①]

2021 年 7 月,《"十四五""一带一路"文化和旅游发展行动计划》(以下简称《行动计划》)印发,其从总体设计和任务谋划角度对"十四五"和"一带一路"文化和旅游交流与合作工作进行部署,成为我国推进"一带一路"文化和旅游工作在新时期实现高质量发展的纲要指南。《行动计划》细化了任务书和路线图,设置了 12 个具有针对性和可操作性的专栏(见图 9.2)。

可以看到,"一带一路"跨越了东西方文化带和三大经济发展形态[②],在共建国家的文化传播和繁荣以及跨区域旅游合作深化上都发挥着十分重要的作用。就我国而言,作为连续多年位居世界前列的旅游目的地国家,不断增长的入境游客人数有力印证了中华文化对全球游客的强大吸引力。作为最具融合性的综合产业,文化旅游业发展不仅促进了我国旅游相关产业的发展,还带动了基础设施的改善和生产方式的转变。未来,以旅游节点城市为载体、以旅游基础设施为支撑、以旅游文化资源为纽带、以良好旅游服务为保障的"一带一路"国际旅游走廊,不仅可以很好地促进沿线文化旅游发展,对于提升沿线城市经济社会发展亦有着积极作用。[③]

---

①　齐爽.中国与"一带一路"共建国家十年经贸发展图景:历程、特征、经验与展望[J].区域经济评论,2023(5):144-153.

②　赫玉玮,张辉."一带一路"共建城市国际旅游合作的现实基础与路径选择[J].青海社会科学,2019(2):58-65.

③　王漪,王梅霖.世界旅游城市联合会:为世界旅游业发展注入新活力[J].投资北京,2017(9):38-42.

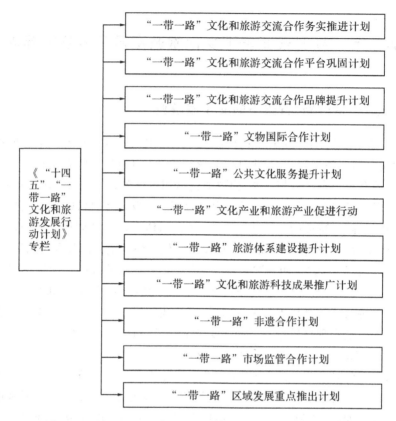

图 9.2 《"十四五""一带一路"文化和旅游发展行动计划》专栏

二、新时期文化旅游资源走出去策略

文化旅游资源的开发是一个综合性和系统性的过程[①],需充分考虑当地的文化、自然环境、历史和社会经济等因素,以满足不同游客的需求,而将文化旅游资源国际化[②],则是一种更进一步的开发方式。首先,国际化是文化旅游资源开发的重要方向。文化旅游资源的核心是文化内涵与文化特色,这些特色在国际上往往具有很强的吸引力,通过国际化的开发方式,可以将我国丰富

---

① 马昂.河南省黄河文化旅游高质量发展研究[J].统计与咨询,2022(4):34-37.

② 赵磊."一带一路"建设与边疆民族地区的发展——兼论新疆的发展机遇与实践[J].学习与探索,2019(5):46-54.

的文化旅游资源推向全球市场,从而提升我国在国际上的知名度和影响力。其次,文化旅游资源的国际化开发可以促进国际文化交流。通过将我国的文化旅游资源推向国际市场,可以吸引越来越多的国际游客慕名前来参观和体验,从而促进不同文化之间的交流和理解,这种跨文化的交流还可以增强人民的文化自信和民族自豪感,并进一步促进世界文化的多元化发展。再次,文化旅游资源的国际化开发可以为经济发展作出贡献。通过国际化的开发方式,可以将我国丰富的文化旅游资源转化为经济价值,如可将我国的历史文化遗产、自然景观、民俗文化等元素融入文化旅游产品中,通过开发成具有国际吸引力的旅游线路和旅游产品,吸引更多的国际游客前来消费,从而有力推动目的地经济发展。最后,文化旅游资源的国际化开发可以促进我国文化旅游产业的转型和升级。通过将文化旅游资源转化为产业优势、借鉴国际先进发展经验和技术等形式,有助于提升我国文化旅游产业的核心竞争力,并推动我国相关产业的进一步发展和创新。

（一）深化文化旅游资源国际化开发认知

文化内涵和文化特色是文化旅游资源的核心[1],要充分发挥这些特色在国际上的吸引力,将我国的文化旅游资源推向国际市场,首先需要深化对文化旅游资源国际化的认识和理解。国际接轨是文化旅游资源开发国际化的重要标志,要将我国的文化旅游资源推向国际市场,必须符合国际标准和文化需求,只有通过深化这一认识和理解,才能更好地与国际接轨,实现国际化开发的目标。此外,要从国际化视角上更深层次理解当地的文化内涵和特色,加强文化旅游资源的挖掘和研究,不断提升当地文化的全球认知度和认同感。

（二）创新文化旅游资源的国际化表达

注重文化旅游资源的创新表达,通过引入国际流行的文化元素和表现方式,将当地的文化特色与国际文化元素相融合,有助于打造具有国际吸引力的文化旅游产品。首先,可以充分挖掘当地的文化历史、民俗传统、自然景观等资源内涵,找出其独特的文化价值和特色,并将其融入旅游产品,从而形成具有独特魅力和市场竞争力的文化旅游品牌。在这一过程中,要注意与国际接轨,将品牌推向国际市场,提高其在国际上的知名度和影响力。其次,需要创新文化表达以吸引国际游客的眼球,这可以通过引入新的文化表现方式和旅游体验模式来实现。如通过引入国际先进的旅游演艺、节庆活动、展览展示等

---

[1]　蔡芳坤.石狮市文化旅游业发展研究[J].上海商业,2023(7):177-179.

方式,将我国的文化旅游资源以更加生动、形象、有趣的方式呈现给国际游客。最后,要引入国际文化活动和节日,丰富文化旅游产品的内容。可以考虑引入国际电影节、音乐节、艺术展览等文化活动和节日,将我国的文化旅游资源与国际文化活动和节日相结合,打造出极具国际吸引力的文化旅游产品。同时,也可以充分借鉴国际上成功的文化旅游项目、经验和活动模式,创新文化旅游产品和服务,不断提升我国文化旅游资源的吸引力和竞争力。

（三）拓宽文化旅游资源国际化市场渠道

拓宽市场渠道是推动文化旅游资源开发国际化的关键举措之一。[1] 通过加强国际旅游合作、引入国际旅游投资和构建国际化旅游营销渠道等举措,可以扩大我国文化旅游资源的影响力和吸引力,进而提高其开发水平和质量。第一,要加强国际旅游合作,共同开发文化旅游市场。可以通过与周边国家、区域和全球的旅游组织、旅游目的地等建立合作关系,共同开展旅游推广和营销活动,扩大我国文化旅游资源的影响力和吸引力。同时,可以借鉴国际上成功的旅游合作模式和经验,推动我国与国际旅游业的接轨和融合。第二,要引入国际旅游投资,提高文化旅游资源开发水平。可以通过吸引国际知名的旅游投资公司、国际金融机构等投资主体,引入资金、技术和管理经验等资源,推动我国文化旅游资源的开发和保护,提高其开发水平和质量。第三,要构建国际化旅游营销渠道,提高我国文化旅游资源的国际竞争力。可以通过在海外市场建立旅游推广中心、开展跨境旅游合作、参加国际旅游交易会等形式,将我国的文化旅游资源推向国际市场,提高我国在国际旅游市场的知名度和影响力,还可利用互联网、社交媒体等新兴媒体手段,开展数字化营销和品牌推广,扩大我国文化旅游资源的影响范围和受众群体。

（四）提升文化旅游服务的国际化水平

提升服务质量是推动文化旅游资源开发国际化的重要举措之一,既要建立接轨国际的旅游服务标准和质量管理体系,提高旅游服务水平和游客满意度,也要注重培养国际化旅游人才,提高旅游从业人员的专业素质与服务水平。首先,要建立国际化的文化旅游服务标准和质量管理体系。通过借鉴国际上成功的旅游服务标准和质量管理经验,制定出符合我国实际情况的文化旅游服务标准和质量管理规范,以提高我国文化旅游服务的质量和水平,还可引入国际先进的旅游服务质量认证体系,建立我国文化旅游服务的品牌和信

---

[1] 李麦产,张月.建设国际文化旅游名城初论[J].中国名城,2018(3):4-9.

誉,从而增强国际游客的信任度和满意度。其次,要加强旅游服务人员的培训和管理。通过建立旅游服务人员培训基地、与国际旅游培训机构合作、引进国际先进的培训理念和技术等途径,为旅游服务人员提供全面、系统、专业的培训,提升其服务水平和素质。此外,还可以借鉴国际上成功的旅游服务人员管理经验和模式,建立健全旅游服务人员管理体系,提高服务人员的责任感和归属感,从而为游客提供更好的服务体验。最后,要引入国际先进的旅游服务模式和技术,提高服务效率和质量。如可以引入智能旅游服务系统、旅游在线预订平台、旅游大数据分析等新技术和服务模式,提高旅游服务的科技含量和效率,为游客提供更加便捷、高效、精准的服务体验。

（五）加强文化旅游资源开发的国际化合作

通过加强与国际旅游组织、文化机构、科研机构等的合作,可以引入国际先进的文化旅游资源开发理念、技术和经验,从而提升我国文化旅游资源开发的整体水平。一是要加强与国际旅游组织的合作,参与国际旅游规则制定。通过加入国际旅游组织、参与国际旅游论坛和会议等途径,了解国际旅游发展趋势和最新动态,学习借鉴国际旅游开发的成功经验和做法,提升我国文化旅游资源的开发水平与层次,还可积极向国际旅游组织提出合作倡议和方案,争取在国际旅游规则制定中发挥更大作用,为我国文化旅游发展争取更多机会和资源。二是要加强与国际旅游企业的合作,拓展海外市场。可以通过与国际知名旅游企业进行战略合作、共同开发文化旅游项目等方式,将我国的文化旅游资源推向国际市场,通过学习借鉴国际旅游企业的管理经验和运营模式,助力我国文化旅游企业的管理水平和市场竞争力提升。三是要加强与国际文化机构的合作,促进文化交流与互鉴。可以通过与国际文化机构进行合作、举办国际文化交流活动等方式,将我国的文化旅游资源与国际文化元素相结合,不断丰富文化旅游的内涵和形式。同时,还可充分借鉴国际文化机构的成功经验和做法,推动我国文化旅游资源的保护与传承,进一步提升我国文化旅游的品牌形象和全球影响力。

参考文献

一、英文文献

[1] Apostolakis A, Jaffry S. An analysis of monetary voluntary contributions for cultural resources: The Case of the British Museum[J]. Tourism Economics, 2013, 19(3): 631-651.

[2] Aranburu I, Plaza B, Esteban M. Sustainable cultural tourism in urban destinations: Does space matter? [J]. Sustainability, 2016, 8(8): 699.

[3] Armenski T, Dwyer L, Pavluković V. Destination competitiveness: Public and private sector tourism management in Serbia[J]. Journal of Travel Research, 2018, 57(3): 384-398.

[4] Bafaluy D, Amengual A, Romero R, et al. Present and future climate resources for various types of tourism in the Bay of Palma, Spain[J]. Regional Environmental Change, 2014, 14: 1995-2006.

[5] Bargeman B, Richards G. A new approach to understanding tourism practices [J]. Annals of Tourism Research, 2020, 84: 102988.

[6] Barron P, Leask A. Visitor engagement at museums: Generation Y and 'Lates' events at the National Museum of Scotland[J]. Museum Management and Curatorship, 2017, 32(5): 473-490.

[7] Bello-Orgaz G, Jung J J, Camacho D. Social big data: Recent achievements and new challenges[J]. Information Fusion, 2016, 28: 45-59.

[8] Bergadaà M, Lorey T. Preservation of living cultural heritage: The

case of Basque choirs and their audience[J]. International Journal of Arts Management, 2015, 17(3): 4-15.

[9] Bertacchini E E, Dalle Nogare C, Scuderi R. Ownership, organization structure and public service provision: The case of museums [J]. Journal of Cultural Economics, 2018, 42(4): 619-643.

[10] Boes K, Buhalis D, Inversini A. Smart tourism destinations: Ecosystems for tourism destination competitiveness[J]. International Journal of Tourism Cities, 2016.

[11] Booyens I, Rogerson C M. Creative tourism: South African township explorations[J]. Tourism Review, 2019, 74(2): 256-267.

[12] Bowen H E. Cultural tourism: The partnership between tourism and cultural heritage management[J]. Journal of Park and Recreation Administration, 2003, 21(3).

[13] Božić S, Tomić N. Developing the cultural route evaluation model (CREM) and its application on the Trail of Roman Emperors, Serbia[J]. Tourism Management Perspectives, 2016, 17: 26-35.

[14] Brida J G, Meleddu M, Pulina M. Factors influencing length of stay of cultural tourists[J]. Tourism Economics, 2013, 19(6): 1273-1292.

[15] Butler G, Khoo-Lattimore C, Mura P. Heritage tourism in Malaysia: Fostering a collective national identity in an ethnically diverse country[J]. Asia Pacific Journal of Tourism Research, 2014, 19 (2): 199-218.

[16] Buzinde C N. Theoretical linkages between well-being and tourism: The case of self-determination theory and spiritual tourism[J]. Annals of Tourism Research, 2020, 83: 102920.

[17] Carter R W, Thok S, O'Rourke V, et al. Sustainable tourism and its use as a development strategy in Cambodia: A systematic literature review[J]. Journal of Sustainable Tourism, 2015, 23(5): 797-818.

[18] Cetin G, Bilgihan A. Components of cultural tourists' experiences in destinations [J]. Current Issues in Tourism, 2016, 19 (2):

137-154.

[19] Chen G, Huang S. Towards an improved typology approach to segmenting cultural tourists[J]. International Journal of Tourism Research, 2018, 20(2): 247-255.

[20] Chen H, Rahman I. Cultural tourism: An analysis of engagement, cultural contact, memorable tourism experience and destination loyalty[J]. Tourism Management Perspectives, 2018, 26: 153-163.

[21] Chen Z, Haynes K E. Impact of high-speed rail on regional economic disparity in China[J]. Journal of Transport Geography, 2017, 65: 80-91.

[22] Chhabra D. Positioning museums on an authenticity continuum [J]. Annals of Tourism Research, 2008, 35(2): 427-447.

[23] Choi A, Berridge G, Kim C. The urban museum as a creative tourism attraction: London museum lates visitor motivation[J]. Sustainability, 2020, 12(22): 9382.

[24] Christou E. Heritage and cultural tourism: A marketing-focused approach[M]//International Cultural Tourism. London: Routledge, 2006: 3-15.

[25] Confer J C, Kerstetter D L. Past perfect: Explorations of heritage tourism[J]. Parks and Recreation—West Virginia, 2000, 35(2): 28-34.

[26] Croes R, Lee S H, Olson E D. Authenticity in tourism in small island destinations: A local perspective[J]. Journal of Tourism and Cultural Change, 2013, 11(1-2): 1-20.

[27] Cronjé D F, du Plessis E. A review on tourism destination competitiveness[J]. Journal of Hospitality and Tourism Management, 2020, 45: 256-265.

[28] de Graaff T, Boter J, Rouwendal J. On spatial differences in the attractiveness of Dutch museums[J]. Environment and Planning A, 2009, 41(11): 2778-2797.

[29] de Paula Aguiar-Barbosa A, Chim-Miki A F, Kozak M. Two dec-

ades of evolution in tourism competitiveness: A co-word analysis [J]. International Journal of Tourism Cities, 2021.

[30] Deffner A, Metaxas T, Syrakoulis K, et al. Museums, marketing and tourism development: The case of the tobacco museum of Kavala[J]. Tourismos: An International Multidisciplinary Journal of Tourism, 2009, 4(4): 57-76.

[31] Diaconescu R, Stanciugelu S, Copot D, et al. State and private sector involvement in developing and promoting cultural and religious heritage[J]. European Journal of Science and Theology, 2013, 9(3): 207-217.

[32] Dixon-Woods M. Systematic reviews and qualitative methods [C]// Silverman D. Qualitati ve Research: Theory, Method and Practice. 3rd edn. London: Sage, 2010: 331-46.

[33] Dolnicar S. A review of data-driven market segmentation in tourism[J]. Journal of Travel & Tourism Marketing, 2002, 12 (1): 1-22.

[34] Du Cros H, McKercher B. Cultural Tourism[M]. London: Routledge, 2015:109.

[35] Easson H, Leask A. After-hours events at the National Museum of Scotland: A product for attracting, engaging and retaining new museum audiences? [J]. Current Issues in Tourism, 2020, 23 (11): 1343-1356.

[36] Edensor T. Performing tourism, staging tourism: (Re) producing tourist space and practice[J]. Tourist Studies, 2001, 1(1): 59-81.

[37] Esiyok B, Çakar M, Kurtulmuşoğlu F B. The effect of cultural distance on medical tourism[J]. Journal of Destination Marketing & Management, 2017, 6(1): 66-75.

[38] Fang W. Cultural Tourism Industry Feature Extraction Based on Multiscale Feature Fusion Algorithm and Artificial Intelligence [J]. Mathematical Problems in Engineering, 2022:5946166.

[39] Figueroa V, Herrero L C, Báez A, et al. Analysing how cultural

factors influence the efficiency of tourist destinations in Chile[J]. International Journal of Tourism Research, 2018, 20(1): 11-24.

[40] García-Hernández M, De la Calle-Vaquero M, Yubero C. Cultural heritage and urban tourism: Historic city centres under pressure [J]. Sustainability, 2017, 9(8): 1346.

[41] Georgieva B, Oriade A, Rahimi R. The competitiveness of cultural tourism destinations: Case of Stara Zagora in Bulgaria[J]. Journal of Hat, 2017, 2(14):1-18.

[42] Gheyle W, Dossche R, Bourgeois J, et al. Integrating archaeology and landscape analysis for the cultural heritage management of a World War I militarised landscape: The German field defences in Antwerp[J]. Landscape Research, 2014, 39(5): 502-522.

[43] Goffi G, Cucculelli M, Masiero L. Fostering tourism destination competitiveness in developing countries: The role of sustainability [J]. Journal of Cleaner Production, 2019, 209: 101-115.

[44] González Santa Cruz F, Torres-Matovelle P, Molina-Molina G, et al. Tourist Clusters in a developing country in South America: The case of Manabí Province, Ecuador[J]. Sustainability, 2019, 11(16): 4329.

[45] Goodey B. Turismo cultural: Novos viajantes, novas descobertas [J]. Interpretar o Patrimônio: um exercício do olhar, 2002: 131-138.

[46] Graham B. Heritage as knowledge: Capital or culture? [J]. Urban Studies, 2002, 39(5-6): 1003-1017.

[47] Guccio C, Lisi D, Mignosa A, et al. Has cultural heritage monetary value an impact on visits? An assessment using Italian official data[R]. Association for Cultural Economics International, 2017.

[48] Guilarte Y P, González R C L, Quintá F X A, et al. Heritage information system to promote cultural tourism and the use of digital mapping in primary and secondary schools [C]//Cultural and Tourism Innovation in the Digital Era: Sixth International IACuD-iT Conference, Athens 2019. Basel: Springer International Pub-

lishing，2020：17-35.

[49] Helgadottir, G. Issues in Cultural Tourism Studies (2nd edn)[J]. Journal of Tourism History, 2011. 3(3)：339-340.

[50] Herreman Y. Museums and tourism：Culture and consumption [J]. Museum International, 1998, 50(3)：4-12.

[51] Herrero-Prieto L C, Gomez-Vega M. Cultural resources as a factor in cultural tourism attraction：Technical efficiency estimation of regional destinations in Spain[J]. Tourism Economics，2017, 23(2)：260-280.

[52] Hoang H T T, Truong Q H, Nguyen A T, et al. Multicriteria evaluation of tourism potential in the central highlands of Vietnam：Combining geographic information system (GIS), analytic hierarchy process (AHP) and principal component analysis (PCA)[J]. Sustainability, 2018, 10(9)：3097.

[53] Hou S, Zhang S. Application of artificial intelligence-based sensor technology in the recommendation model of cultural tourism resources[J]. Journal of Sensors, 2022,16(9)：3948298.

[54] Hughes H L. Redefining cultural tourism[J]. Annals of Tourism Research, 1996, 23(3)：707-709.

[55] Hunter W C. Syncretism and indigenous cultural tourism in Taiwan[J]. Annals of Tourism Research, 2020, 82：102919.

[56] Huo Y, Miller D. Satisfaction measurement of small tourism sector (museum)：Samoa[J]. Asia Pacific Journal of Tourism Research, 2007, 12(2)：103-117.

[57] Hurtado H, Dowling R, Sanders D. An exploratory study to develop a geotourism typology model[J]. International Journal of Tourism Research, 2014, 16(6)：608-613.

[58] ICCA. 2019 ICCA Statistics Report Country and City Rankings [R]. Amsterdam：ICCA,2020-07-20(8).

[59] ICOMOS. International cultural tourism charter[EB/OL]. (2011-11-11)[2022-12-15]. https://www. icomos. org/en/179-articles-en-francais/ressources/charters-and-standards/162-international-

cultural-tourism-charter.

［60］Io M U. Understanding the core attractiveness of performing arts heritage to international tourists［J］. Tourism Geographies, 2019, 21(4): 687-705.

［61］Istoc E M. Urban cultural tourism and sustainable development ［J］. International Journal for Responsible Tourism, 2012, 1(1): 38-57.

［62］Jansen-Verbeke M, Van Rekom J. Scanning museum visitors: Urban tourism marketing［J］. Annals of Tourism Research, 1996, 23 (2): 364-375.

［63］Jiang H, Yang Y, Bai Y. Evaluation of all-for-one tourism in mountain areas using multi-source data［J］. Sustainability, 2018, 10(11): 4065.

［64］Jiang L, Xu H. Reading, tourism, and geography consumption in literary places［J］. Tourism Geographies, 2016, 18(5): 483-502.

［65］Jiang L, Yu L. Consumption of a literary tourism place: A perspective of embodiment［J］. Tourism Geographies, 2020, 22(1): 127-150.

［66］Jovicic D. Cultural tourism in the context of relations between mass and alternative tourism［J］. Current Issues in Tourism, 2016, 19(6): 605-612.

［67］Katelieva M, Muhar A, Penker M. Nature-related knowledge as intangible cultural heritage: Safeguarding and tourism utilisation in Austria［J］. Journal of Tourism and Cultural Change, 2020, 18 (6): 673-689.

［68］Kelly-Holmes H, Pietikäinen S. Commodifying Sámi culture in an indigenous tourism site［J］. Journal of Sociolinguistics, 2014, 18 (4): 518-538.

［69］Kim M K. The effects of destination choice attributes on the perceived value of tourism resources in urban tourism［J］. J. Mice Tour. Res, 2014, 14: 25-43.

［70］Kirezli O. Museum marketing: Shift from traditional to experiential marketing[J]. International Journal of Management Cases, 2011, 13(4): 173-184.

[71] Kiselev E. The museum exhibition as the discovery of the regional specifity[J]. IJASOS—International E-journal of Advances in Social Sciences, 2018, 4(10): 174-177.

[72] Kotler N G, Kotler P, Kotler W I. Museum Marketing and Strategy: Designing Missions, Building Audiences, Generating Revenue and Resources[M]. Hoboken: John Wiley & Sons, 2008.

[73] Kotler N. New ways of experiencing culture: The role of museums and marketing implications[J]. Museum Management and Curatorship, 2001, 19(4): 417-425.

[74] Laing J, Wheeler F, Reeves K, et al. Assessing the experiential value of heritage assets: A case study of a Chinese heritage precinct, Bendigo, Australia[J]. Tourism Management, 2014, 40: 180-192.

[75] Lenao M. Community, state and power-relations in community-based tourism on Lekhubu Island, Botswana[J]. Tourism Geographies, 2017, 19(3): 483-501.

[76] Leyva E S. Proyección del Modelo FUZZY-SECTUR para evaluar el potencial turístico de un territorio/Proposal of the FUZZY-SECTUR model to evaluate the tourist potential of a territory[J]. Retos Turísticos, 2014, 13(3):1-12.

[77] Li D, Zhou S. Evaluating the authenticity of Naxi music in three stages from the perspective of Naxi musicians: An application of Lacan's mirror stage theory [J]. Sustainability, 2021, 13 (7): 3720.

[78] Liang F, Pan Y, Gu M, et al. Cultural tourism resource perceptions: Analyses based on tourists' online travel notes[J]. Sustainability, 2021, 13(2): 519.

[79] Lim S Y, Kim H Y, Yoo S H. Public willingness to pay for transforming Jogyesa Buddhist temple in Seoul, Korea into a cultural tourism resource[J]. Sustainability, 2016, 8(9): 900.

[80] Lin H H, Chen I Y, Lu S Y, et al. Can cultural tourism resources become a development feature helping rural areas to revitalize the local economy under the epidemic? An exploration of the perspective of attractiveness, satisfaction, and willingness by the revisit of Hakka cultural tourism[J]. Open Geosciences, 2022, 14(1): 590-606.

[81] Liou T S, Wang M J J. Ranking fuzzy numbers with integral value [J]. Fuzzy sets and systems, 1992, 50(3): 247-255.

[82] Liu S T. Comparing the perspectives of municipal tourism departments and cultural departments on urban cultural-tourism development[J]. Journal of Destination Marketing & Management, 2020, 16: 100432.

[83] Liu Y D. Cultural events and cultural tourism development: Lessons from the European Capitals of Culture[J]. European Planning Studies, 2014, 22(3): 498-514.

[84] Lourenço-Gomes L, Pinto L M C, Rebelo J F. Visitors' preferences for preserving the attributes of a world heritage site[J]. Journal of Cultural Heritage, 2014, 15(1): 64-67.

[85] Lu C, Liu S. Cultural tourism O2O business model innovation: A case study of CTrip[J]. Journal of Electronic Commerce in Organizations (JECO), 2016, 14(2): 16-31.

[86] Mcmanus P M. Archaeological Displays and the Public: Museology and Interpretation[M]. London: Routledge, 2016.

[87] Ma L. Cultural production and cultural consumption in tourism [J]. Tour. Trib, 2020, 35: 9-11.

[88] Markwick M. Malta's tourism industry since 1985: Diversification, cultural tourism and sustainability[J]. Scottish Geographical Journal, 1999, 115(3): 227-247.

[89] Markwick M. Valletta ECoC 2018 and cultural tourism development[J]. Journal of Tourism and Cultural Change, 2018, 16(3): 286-308.

[90] Mavragani E. Museum services in the era of tourism[M]//Bast

G, Carayannis E G, Campbell D F. The Future of Museums. Cham: Springer, 2018: 37-47.

[91] McKercher B, Du Cros H. Testing a cultural tourism typology [J]. International Journal of Tourism Research, 2003, 5 (1): 45-58.

[92] McKercher B, Wong C, Lau G. How tourists consume a destination[J]. Journal of Business Research, 2006, 59(5): 647-652.

[93] McKercher B. Towards a classification of cultural tourists[J]. International Journal of Tourism Research, 2002, 4(1): 29-38.

[94] McManus C, Carruthers C. Cultural quarters and urban regeneration-the case of Cathedral Quarter Belfast[J]. International Journal of Cultural Policy, 2014, 20(1): 78-98.

[95] Meimand S E, Khalifah Z, Zavadskas E K, et al. Residents' attitude toward tourism development: A sociocultural perspective[J]. Sustainability, 2017, 9(7): 1170.

[96] Mgonja J T, Sirima A, Backman K F, et al. Cultural community-based tourism in Tanzania: Lessons learned and way forward[J]. Development Southern Africa, 2015, 32(3): 377-391.

[97] Moreno Gil S, Ritchie J R B, Almeida-Santana A. Museum tourism in Canary Islands: Assessing image perception of directors and visitors[J]. Museum Management and Curatorship, 2019, 34 (5): 501-520.

[98] Murtagh B, Boland P, Shirlow P. Contested heritages and cultural tourism[J]. International Journal of Heritage Studies, 2017, 23 (6): 506-520.

[99] Nash D. Anthropology of Tourism [M]. Oxford: Pergamon, 1996:5.

[100] Nazmfar H, Eshghei A, Alavi S, et al. Analysis of travel and tourism competitiveness index in middle-east countries[J]. Asia Pacific Journal of Tourism Research, 2019, 24(6): 501-513.

[101] Neto A Q, Dimmock K, Lohmann G, et al. Destination competitiveness: How does travel experience influence choice? [J].

Current Issues in Tourism，2020，23(13)：1673-1687.

[102] Packer J，Ballantyne R. Motivational factors and the visitor experience：A comparison of three sites[J]. Curator：The Museum Journal，2002，45(3)：183-198.

[103] Park I J，Kim J，Kim S S，et al. Impact of the COVID-19 pandemic on travelers' preference for crowded versus non-crowded options[J]. Tourism Management，2021，87：104398.

[104] Phaswana-Mafuya N，Haydam N. Tourists' expectations and perceptions of the Robben Island Museum—A world heritage site [J]. Museum Management and Curatorship，2005，20(2)：149-169.

[105] Pintilii R D，Merciu F C，Peptenatu D，et al. Sports and leisure time tourism-a way of revitalising emergent spaces from the metropolitan area of Bucharest[J]. Analele Universității din Oradea-Seria Geografie，2011，2：323-332.

[106] Piva E，Prats L. Regional destination and brand identity：The case of piedmont，Italy[J]. Scienze Regionali，2021，20(1)：83-105.

[107] Plaza B. Valuing museums as economic engines：Willingness to pay or discounting of cash-flows？[J]. Journal of Cultural Heritage，2010，11(2)：155-162.

[108] Poter M E. Clusters and the new economics of competition[J]. Harvard Business Review，1998，11：77-90.

[109] Preko A，Gyepi-Garbrah T F，Arkorful H，et al. Museum experience and satisfaction：Moderating role of visiting frequency[J]. International Hospitality Review，2020.

[110] Preuss H. The conceptualisation and measurement of mega sport event legacies[J]. Journal of Sport & Tourism，2007，12(3-4)：207-228.

[111] Puchnarewicz E. Dziedzictwo kulturowe regionów świata i jego znaczenie w turystyce[M]. Kraków：przygotowanie do druku Libron，2011：43-44.

[112] Qi S, Wong C U I, Chen N, et al. Profiling Macau cultural tourists by using user-generated content from online social media[J]. Information Technology & Tourism, 2018, 20: 217-236.

[113] Qiu Q, Zheng T, Xiang Z, et al. Visiting intangible cultural heritage tourism sites: From value cognition to attitude and intention[J]. Sustainability, 2019, 12(1): 132.

[114] Ramírez-Guerrero G, García-Onetti J, Arcila-Garrido M, et al. A tourism potential index for cultural heritage management through the ecosystem services approach[J]. Sustainability, 2021, 13(11): 6415.

[115] Ramos S P. Desafios do planejamento e desenvolvimento do turismo cultural em centros históricos tombados: o caso de Penedo-Alagoas[J]. urbe. Revista Brasileira de Gestão Urbana, 2019, 11: e20180075.

[116] Rech G, Migliorati L. Social Representations about cultural tourism in the time of COVID-19: A case study of langhe, monferrato and Roero (Italy)[J]. Sustainability, 2021, 13(11): 6301.

[117] Richards G W. Cultural tourism 3.0. The future of urban tourism in Europe? [M]//Il turismo culturale europeo. Città rivisitate. Nuove idee e forme del turismo culturale. Milan: Franco Angeli, 2014: 25-38.

[118] Richards G, Palmer R. Eventful Cities[M]. London: Routledge, 2012.

[119] Richards G. Cultural tourism: A review of recent research and trends[J]. Journal of Hospitality and Tourism Management, 2018, 36: 12-21.

[120] Richards G. Increasing the attractiveness of places through cultural resources[J]. Tourism Culture & Communication, 2010, 10(1): 47-58.

[121] Richards G. Production and consumption of European cultural tourism[J]. Annals of Tourism Research, 1996, 23(2):

261-283.

[122] Richards G. Tourism attraction systems: Exploring cultural behavior [J]. Annals of Tourism Research, 2002, 29（4）: 1048-1064.

[123] Richards, G. Book Review[J]. Tourism Management, 2017. 60: 5-6.

[124] Richards, Greg, ed. Cultural Tourism in Europe [M]. New York: Oxford University Press, USA, 1996:67.

[125] Ritchie J R B, Crouch G I. The Competitive Destination: A Sustainable Tourism Perspective[M]. Wallingford: Cabi, 2003.

[126] Richards G. Cultural Attractions and European Tourism[M]. Wallingford: CABI publishing, 2001.

[127] Richards G. Cultural Tourism: Global and Local Perspectives [M]. Hove: Psychology Press, 2007.

[128] Rosenberg N. Technological change in the machine tool industry, 1840—1910[J]. The Journal of Economic History, 1963, 23(4): 414-443.

[129] Ross D, Saxena G. Participative co-creation of archaeological heritage: Case insights on creative tourism in Alentejo, Portugal [J]. Annals of Tourism Research, 2019, 79: 102790.

[130] Saaty T L. A scaling method for priorities in hierarchical structures[J]. Journal of Mathematical Psychology, 1977, 15（3）: 234-281.

[131] Sacco P L, Ferilli G, Tavano Blessi G. From culture 1.0 to culture 3.0: Three socio-technical regimes of social and economic value creation through culture, and their impact on European Cohesion Policies[J]. Sustainability, 2018, 10(11): 3923.

[132] Saintenoy T, Estefane F G, Jofré D, et al. Walking and stumbling on the paths of heritage-making for rural development in the Arica Highlands[J]. Mountain Research and Development, 2019, 39(4): D1.

[133] Sammells C A. Haute traditional cuisines: How UNESCO's list

of intangible heritage links the cosmopolitan to the local[M]//
Edible Identities: Food as Cultural Heritage. London: Rout-
ledge, 2016: 141-158.

[134] Sánchez Rivero M, Sánchez Martín J M, Rengifo Gallego J I.
Methodological approach for assessing the potential of a rural
tourism destination: An application in the province of Cáceres
(Spain) [J]. Current Issues in Tourism, 2016, 19 (11):
1084-1102.

[135] Sandaruwani R C, Gnanapala A C. Challenges and issues con-
fronting Sri Lanka in museum tourism development[J]. Curator:
The Museum Journal, 2021, 64(4): 751-778.

[136] Seidl A. Cultural ecosystem services and economic development:
World Heritage and early efforts at tourism in Albania[J]. Eco-
system Services, 2014, 10: 164-171.

[137] Shi Y, Gao Y, Cao R. Research on the construction of analytic
hierarchy process of cultural tourism competitiveness[C]//The
4th International Conference on Economy, Judicature, Adminis-
tration and Humanitarian Projects (JAHP 2019). Amsterdam
Press, 2019: 853-856.

[138] Silberberg T. Cultural tourism and business opportunities for
museums and heritage sites[J]. Tourism Management, 1995, 16
(5): 361-365.

[139] Sims C A. Macroeconomics and reality[J]. Econometrica: Jour-
nal of the Econometric Society, 1980: 1-48.

[140] Smith L. Visitor emotion, affect and registers of engagement at
museums and heritage sites[J]. Conservation Science in Cultural
Heritage, 2014, 14(2): 125-132.

[141] Smith V L. Hosts and Guests[M]. Philadelphia: University of
Pennsylvania Press, 1977:1-20.

[142] Sofield T H B, Birtles R A. Indigenous peoples' cultural oppor-
tunity spectrum for tourism (IPCOST)[M]//Butler R, Hinch
T. London: International Thomson Business Press Indigenous

Peoples' Cultural Opportunity Spectrum for Tourism (IP-COST), 1996: 396-433.

[143] Stankov U, Gretzel U. Tourism 4.0 technologies and tourist experiences: A human-centered design perspective[J]. Information Technology & Tourism, 2020, 22(3): 477-488.

[144] Stone P. Niche tourism: Contemporary issues, trends and cases [J]. Journal of Vacation Marketing, 2005, 11(2): 191.

[145] Stylianou-Lambert T. Gazing from home: Cultural tourism and art museums[J]. Annals of Tourism Research, 2011, 38(2): 403-421.

[146] Su J. Managing intangible cultural heritage in the context of tourism: Chinese officials' perspectives[J]. Journal of Tourism and Cultural Change, 2020, 18(2): 164-186.

[147] Su J. Understanding the changing Intangible Cultural Heritage in tourism commodification: The music players' perspective from Lijiang, China[J]. Journal of Tourism and Cultural Change, 2019, 17(3): 247-268.

[148] Su Y W, Lin H L. Analysis of international tourist arrivals worldwide: The role of world heritage sites[J]. Tourism Management, 2014, 40: 46-58.

[149] Tang C, Zheng Q, Ng P. A study on the coordinative green development of tourist experience and commercialization of tourism at cultural heritage sites [J]. Sustainability, 2019, 11(17): 4732.

[150] Tao Y, Steckel D, Klemeš J J, et al. Trend towards virtual and hybrid conferences may be an effective climate change mitigation strategy[J]. Nature Communications, 2021, 12(1): 1-14.

[151] Taylor S R. Issues in measuring success in community-based Indigenous tourism: Elites, kin groups, social capital, gender dynamics and income flows[J]. Journal of Sustainable Tourism, 2017, 25(3): 433-449.

[152] Terzi F, Türkoğlu H D, Bölen F, et al. Residents' perception of

cultural activities as quality of life in Istanbul[J]. Social Indicators Research, 2015, 122: 211-234.

[153] Terzić A, Bjeljac Ž, Jovičić A, et al. Cultural route and ecomuseum concepts as a synergy of nature, heritage and community oriented sustainable development ecomuseum "Ibar Valley" "in Serbia"[J]. European Journal of Sustainable Development, 2014, 3(2): 1-1.

[154] Terzić A, Jovičić A, Simeunović-Bajić N. Community role in heritage management and sustainable tourism development: Case study of the Danube region in Serbia[J]. Transylvanian Review of Administrative Sciences, 2014: 183-201.

[155] Thomson A, Cuskelly G, Toohey K, et al. Sport event legacy: A systematic quantitative review of literature[J]. Sport Management Review, 2019, 22(3): 295-321.

[156] Tighe A J. The arts/tourism partnership[J]. Journal of Travel Research, 1986, 24(3): 2-5.

[157] Timothy D J. Tourism and the personal heritage experience[J]. Annals of Tourism Research, 1997, 24(3): 751-754.

[158] Tomić N, Božić S. A modified geosite assessment model (M-GAM) and its application on the Lazar Canyon area (Serbia)[J]. International Journal of Environmental Research, 2014, 8(4): 1041-1052.

[159] Trinh T T, Ryan C. Heritage and cultural tourism: The role of the aesthetic when visiting M Sn and Cham Museum, Vietnam [J]. Current Issues in Tourism, 2016, 19(6): 564-589.

[160] Turok I. The distinctive city: Pitfalls in the pursuit of differential advantage[J]. Environment and Planning A, 2009, 41(1): 13-30.

[161] UFI. The Global Exhibition Barometer (July 2021)[EB/OL]. (2021-08-27)[2022-01-25]. https://www.ufi.org/archive-research/the-global-exhibition-barometer-july-2021/.

[162] van Ewijk S, Hoekman P. Emission reduction potentials for aca-

demic conference travel[J]. Journal of Industrial Ecology, 2021, 25(3): 778-788.

[163] Van Laarhoven P J M, Pedrycz W. A fuzzy extension of Saaty's priority theory[J]. Fuzzy Sets and Systems, 1983, 11 (1-3): 229-241.

[164] Vergori, A S, Arima S. Cultural and non-cultural tourism: Evidence from Italian experience[J]. Tourism Management, 2020, 78 (6): 104058.

[165] Vong F. Application of cultural tourist typology in a gaming destination-Macao[J]. Current Issues in ToQi S, Wong C U I, Chen N, et al. Profiling Macau cultural tourists by using user-generated content from online social media [J]. Information Technology & Tourism, 2018, 20: 217-236.

[166] Vu H Q, Luo J M, Ye B H, et al. Evaluating museum visitor experiences based on user-generated travel photos[J]. Journal of Travel & Tourism Marketing, 2018, 35(4): 493-506.

[167] Wang L. Sustainable utilization mode of international communication of cultural tourism resources based on the concept of green growth[J]. Mobile Information Systems, 2022:1938651.

[168] World Tourism Organization. Identification and Evaluation of Those Components of Tourism Services which Have a Bearing on Tourist Satisfaction and which Can[M]. World Tourism Organization, 1985.

[169] World Tourism Organization. Tourism and Culture Synergies [R].Madrid: UNWTO, 2018.

[170] Xiang Y, Wall G. Heritage conservation and local communities: Pressing issues in the developing countries[C]//The proceedings of the 3rd Sino-Korea International Tourism Conference, 2005.

[171] Xue Y, Sun Y. The relationship study on tourist brand recognition, perceived quality and brand loyalty of recreational tourism with nature resources: Taking Beijing as examples[J]. Resour. Sci, 2016, 38: 344-352.

[172] Yeniasır M, Gökbulut B. Perception and attitudes of local people on sustainable cultural tourism on the islands: The case of Nicosia[J]. Sustainability, 2018, 10(6): 1892.

[173] Yu H. A vernacular way of "safeguarding" intangible heritage: The fall and rise of rituals in Gouliang Miao village[J]. International Journal of Heritage Studies, 2015, 21(10): 1016-1035.

[174] Yuan C, Gan L, Zhuo H. Coupling mechanisms and development patterns of revitalizing intangible cultural heritage by integrating cultural tourism: The case of Hunan Province, China[J]. Sustainability, 2022, 14(12): 6994.

[175] Yuceer H, Vehbi B O. Adaptive reuse of carob warehouses in Northern Cyprus[J]. Open House International, 2014, 39(4): 65-77.

[176] Zhang J, Zhang Y. Tourism, transport infrastructure and income inequality: A panel data analysis of China[J]. Current Issues in Tourism, 2022, 25(10): 1607-1626.

[177] Zheng X. Countermeasures for development of Fujian cultural tourism based on SWOT analysis[C]//3rd International Conference on Culture, Education and Economic Development of Modern Society (ICCESE 2019). Amsterdam: Atlantis Press, 2019: 2125-2128.

[178] Zhu T X, Lu L. Progress of research on cultural tourism in the past decade: A research review of "tourism management", "Annals of Tourism Research" and "Tourism Tribune"[J]. Tourism Tribune, 2005, 20(6): 82-88.

[179] Zyzak W. Sustainable tourism-sensible tourism[J]. Chemistry-Didactics-Ecology-Metrology, 2015, 20(1-2): 105-112.

二、中文文献

[1] 北海.后疫情时代,会展旅游该如何发展——会展旅游对城市会展及产业升级的影响[J].中国会展,2021(19):36-41.

[2] 布特,李佼慕,邹新娴.使命与担当:奥林匹克运动全球化与逆全球化

[J].南京体育学院学报,2021,20(10):1-9+87.

[3] 蔡芳坤.石狮市文化旅游业发展研究[J].上海商业,2023(7):177-179.

[4] 陈朝晖.文化自信视阈下孝文化的国家战略传播[J].湖北工程学院学报,2023,43(1):5-14.

[5] 陈嘉欣,程静薇.非正式制度对普惠金融使用意愿的影响研究——以差序格局下儒家文化为例[J].北京印刷学院学报,2023,31(8):30-35.

[6] 陈丽军,夏庆利,王庆.农耕文化旅游资源开发的模式分析[J].湖北农业科学,2012,51(4):862-864.

[7] 陈世香,宋广强.山地省域文体旅产业融合发展测度与分析——以贵州为例[J].贵州社会科学,2022(3):134-142.

[8] 陈祥奎,张垒.大型体育赛事对城市旅游的负效应及其控制[J].体育成人教育学刊,2008(6):17-19.

[9] 陈颐.全球会奖旅游业日益红火[N].经济日报,2010-12-01(012).

[10] 程乾,方琳.生态位视角下长三角文化旅游创意产业竞争力评价模型构建及实证[J].经济地理,2015,35(7):183-189.

[11] 戴士权,刘绪均.吉林省满族体验型旅游产品开发研究[J].黑龙江民族丛刊,2018(1):80-84.

[12] 杜悦.风景里的会奖,文化中的旅游——杭州"会"不同[N].杭州日报,2014-06-25(A12).

[13] 范周.文旅融合的理论与实践[J].人民论坛·学术前沿,2019(11):43-49.

[14] 方舒.杭州锐意推出全新会奖品牌形象[N].青年时报,2016-11-15(A15).

[15] 方忠,张华荣.文化产业与旅游产业耦合发展的实证研究——以福建省为例[J].福建师范大学学报(哲学社会科学版),2018(1):39-45+169.

[16] 费军,余丽华.电子政务绩效评估的模糊层次分析模型——基于公共服务视角[J].情报科学,2009,27(6):894-899.

[17] 冯俊逸.浅谈如何改进博物馆陈列展览方式[J].文物鉴定与鉴赏,2020(10):142-143.

[18] 冯亮,党红艳,金媛媛.晋中市红色文化旅游资源的评价与开发优化[J].经济问题,2018(7):92-98.

[19] 冯正国.从中外博物馆交流看文化软实力的提升[J].学理论,2018(5):151-153.

[20] 高少帅."双碳"时代,见证城市发展新脉动[N].烟台日报,2021-10-27(001).

[21] 耿松涛,张伸阳.乡村振兴背景下乡村旅游与文化产业协同发展研究[J].南京农业大学学报(社会科学版),2021,21(2):44-52.

[22] 顾振清,肖波,张小朋,刘健,何也,岳小莉,柴秋霞,谭姗姗,周虹霞,姚菲,王开,李荔."探索 思考 展望:元宇宙与博物馆"学人笔谈[J].东南文化,2022(3):134-160+191-192.

[23] 关子辰,牛清妍.订单量较2019年增长2.9倍"文博游"走热[N].北京商报,2023-05-19(4).

[24] 郭丽.2020疫情影响下我国化妆品会展经济的变局与破局[J].中国化妆品,2020(8):52-59.

[25] 郭旭,赵宝福,邢贵和.资源的可持续性:民族文化旅游资源开发规划的基本导向[J].贵州民族研究,2016,37(6):172-175.

[26] 杭州市旅游形象推广中心.2014年杭州市旅游形象推广中心调研报告[R].杭州:杭州市旅游形象推广中心,2014:21-23.

[27] 何丹,李雪妍,周爱华,等.北京地区博物馆旅游体验研究——基于大众点评网的网络文本分析[J].资源开发与市场,2017,33(2):233-237.

[28] 何娅,黎彦.杭州"会"不同[N].中国旅游报,2014-06-20(01).

[29] 贺小荣,陈雪洁.中国文化旅游70年:发展历程、主要经验与未来方向[J].南京社会科学,2019(11):1-9.

[30] 赫玉玮,张辉."一带一路"共建城市国际旅游合作的现实基础与路径选择[J].青海社会科学,2019(2):58-65.

[31] 胡冬临.我国体育旅游资源开发分析[J].体育文化导刊,2014(11):92-94+134.

[32] 胡婷,许春晓,王甫园.文化旅游资源市场价值及其空间分布特征——以湖南湘西州为例[J].经济地理,2020,40(7):220-230.

[33] 胡婷,许春晓.等量齐观还是因群而异?文化旅游资源市场期望价

值差异研究[J].资源开发与市场,2022,38(5):595-602.

[34] 胡潇文,谭星叶,陈日燕,等.基于网络评论的高校博物馆公众体验研究[J].自然科学博物馆研究,2021,6(6):19-27+91-92.

[35] 胡心媛.今年中国展览业发展将呈现五个趋势[N].中国贸易报,2022-01-18(008).

[36] 黄细嘉,李雪瑞.我国旅游资源分类与评价方法对比研究[J].南昌大学学报(人文社会科学版),2011,42(2):96-100.

[37] 黄宵羽,柴耀鸿.国内外案例视角探讨档案助力文化旅游的必要性与可行性[J].档案与建设,2019(11):37-41.

[38] 黄永林.文旅融合发展的文化阐释与旅游实践[J].人民论坛·学术前沿,2019(11):16-23.

[39] 黄震方,葛军莲,储少莹.国家战略背景下旅游资源的理论内涵与科学问题[J].自然资源学报,2020,35(7):1511-1524.

[40] 简王华.广西民族村寨旅游开发与民族文化旅游品牌构建[J].广西民族研究,2005(4):187-191.

[41] 金泓汜.人、自然、社会三位一体的可持续发展理论[J].福建论坛(人文社会科学版),2005(10):9-14.

[42] 阚如良,王桂琴,刘晗.文化旅游业系统整合模式——基于当阳市的实证研究[J].资源开发与市场,2015,31(3):356-360.

[43] 柯静.杭州打造"亚洲会奖旅游目的地"新选择[N].杭州日报,2015-09-22(A10).

[44] 邝芮.出版界能否产生故宫文创?——出版文创与博物馆文创的比较研究[J].出版广角,2022(7):48-52.

[45] 李凤亮,古珍晶.我国博物馆文化新业态的产业特征与发展趋势[J].山东大学学报(哲学社会科学版),2022(1):96-106.

[46] 李付娥,梁留科,张中波.河南省旅游竞争力生态位对比分析[J].商业研究,2009(7):148-150.

[47] 李刚.京津冀城市群区域文化旅游竞争力评价及对策[J].社会科学家,2022(4):68-74.

[48] 李宏坤.浅析博物馆体验式管理"五步模式"[J].科学教育与博物馆,2022,8(5):97-102.

[49] 李军,单铁成.民族村寨文化旅游资源开发补偿的理论与实践——

以西江苗寨为例[J].湖北民族大学学报(哲学社会科学版),2022,
40(4):112-124.

[50] 李麦产,张月.建设国际文化旅游名城初论[J].中国名城,2018(3):
4-9.

[51] 李娜.融合发展:构建"老家河南"文化旅游发展新格局——基于整
体论的视角[J].新闻爱好者,2021(12):59-61.

[52] 李维航,张高军,陈森,邱子健.粤港澳大湾区旅游竞争力与城市化
的耦合协调度及其对地方经济的影响[J].自然资源学报,2022,37
(3):701-717.

[53] 李夏婷.基于互动仪式链理论的二次元垂直社区的互动传播研究
[D].武汉:中南民族大学,2019.

[54] 李先跃.中国文化产业与旅游产业融合研究进展及趋势——基于
Citespace 计量分析[J].经济地理,2019,39(12):212-220+229.

[55] 李烨,张广海.我国文化旅游资源功能区划研究[J].东岳论丛,
2016,37(7):78-84.

[56] 李韵,王笑妃.年轻人为何爱上博物馆[N].光明日报,2023-06-27
(007).

[57] 梁学成.全域旅游发展与旅游幸福感的增强逻辑[J].社会科学家,
2017(12):90-94.

[58] 林爽,赵磊.城镇化进程对旅游产业竞争力的门槛效应研究[J].旅
游学刊,2020,35(11):27-41.

[59] 林晓洁,陈钢华.影视名人的女性粉丝游客:类型与特征[J].旅游学
刊,2022,37(6):121-134.

[60] 刘伯凡,刘金辉.地方政府为何会对企业执行不同的环境规制[J].
财经科学,2021(9):110-120.

[61] 刘建国,张妍,黄杏灵.基于感知情境的北京不同类型旅游景区游客
满意度研究[J].地理科学,2018,38(4):564-574.

[62] 刘蕾.博物馆旅游发展研究[J].乐山师范学院学报,2008(9):95-97
+104.

[63] 刘容.免费开放博物馆文创产品开发的现状与观念困扰[J].东南文
化,2019(5):115-120+127-128.

[64] 刘润,任晓蕾,杨永春,等.成都市博物馆发展的过程、特征及空间效

应研究[J].地理研究,2021,40(1):279-291.

[65] 刘润,杨永春,任晓蕾,冯晓枫.制度转型背景下的成都市博物馆空间生产过程与机制[J].地域研究与开发,2017,36(6):76-81.

[66] 刘世杰,杨钊,刘永婷,等.长三角地区博物馆空间格局演变及影响因素研究[J].华南师范大学学报(自然科学版),2022,54(1):91-99.

[67] 刘天,杨添朝.四川民族村寨旅游振兴的现实瓶颈和路径选择——基于14村的实地调研[J].西南民族大学学报(人文社会科学版),2023,44(4):45-52.

[68] 刘晓光.数字经济背景下的"双碳"政策对产业升级的影响分析[J].中国发展,2021,21(S1):67-71.

[69] 刘新秀,徐珊珊,曹林奎.崇明岛乡村文化旅游资源及其开发策略研究[J].上海农业学报,2018,34(5):126-132.

[70] 刘旭.曲终场犹在,再算东京奥运会经济账[N].国际商报,2021-08-12(004).

[71] 刘峥,刘水良,刘洁,等.武陵山片区博物馆空间分布的特征及影响因素[J].吉首大学学报(自然科学版),2022,43(1):53-63.

[72] 刘治彦.文旅融合发展:理论、实践与未来方向[J].人民论坛·学术前沿,2019(16):92-97.

[73] 卢敦基,马智慧.文旅融合背景下金庸武侠地理学的价值与开发策略[J].浙江学刊,2020(1):55-60.

[74] 卢云亭.现代旅游地理学[M].南京:江苏人民出版社,1988:134-141.

[75] 鲁光银,朱自强,李华,等.公路隧道岩体质量分级的模糊层次分析法[J].中南大学学报(自然科学版),2008(2):368-374.

[76] 马昂.河南省黄河文化旅游高质量发展研究[J].统计与咨询,2022(4):34-37.

[77] 马孟丽.特色文化主题下的区域旅游产业化策略[J].社会科学家,2020(3):100-106.

[78] 马衍明,王重谕.成渝地区双城经济圈文旅融合的优化路径研究[J].四川戏剧,2022(10):164-169.

[79] 马勇,王宏坤.基于全产业链的我国文化旅游发展模式研究[J].世

界地理研究,2011,20(4):143-148.

[80] 蒙吉军,崔凤军.北京市文化旅游开发研究[J].北京联合大学学报,
2001(1):139-143.

[81] 裴超.迈向全球化——如何看待中国会议经济发展趋势[J].中国会
展(中国会议),2018(4):30-37+8.

[82] 裴超.攀登利润制高点,解读会奖新思维[J].中国会展,2016(22):
22-31+8.

[83] 裴超.穹顶之上——"双碳"经济对会展业发展带来的机遇与挑战
[J].中国会展,2021(11):26-33+10.

[84] 彭惠军,黄翅勤,罗文,王鹏.佛教寺庙旅游者类型研究——基于观
察法的实证分析[J].旅游科学,2012,26(2):50-58+66.

[85] 齐爽.中国与"一带一路"沿线国家十年经贸发展图景:历程、特征、
经验与展望[J].区域经济评论,2023(5):144-153.

[86] 乔丽.大力推进文化旅游融合发展的思考[J].改革与战略,2015,31
(3):144-146.

[87] 秦璇.开辟湘西民族区域文化旅游产业发展新路径[J].贵州民族研
究,2014,35(9):162-165.

[88] 单霁翔.博物馆的社会责任与社会教育[J].东南文化,2010(6):
9-16.

[89] 单纬东,许秋红,李想,等.科技创新、异质性文化旅游资源与旅游竞
争优势[J].科技管理研究,2014,34(24):182-187.

[90] 尚子娟,任禹崑.公益、基本、均等和便利:公共文化服务绩效的环境
影响因素研究[J].图书馆理论与实践,2022(1):7-17.

[91] 邵培仁.文化产业经营通论[M].成都:四川大学出版社,2007.

[92] 石琳.语言经济视域下少数民族文化和旅游产业的深度融合与发展
[J].社会科学家,2019(2):101-106.

[93] 石燕,詹国辉.文旅融合高质量发展的指数建构、影响因素与提升策
略——以江苏为例[J].南京社会科学,2021(7):165-172.

[94] 世界环境与发展委员会.我们共同的未来[M].王之佳,等译.长春:
吉林人民出版社,1997:52.

[95] 宋永永,薛东前,马蓓蓓,等.地理学视角下中国文化产业研究进展
与展望[J].经济地理,2021,41(11):129-140.

[96] 苏永华.技术到生态:网络会展的数字化变革[J].中国会展,2021
(9):68-71.

[97] 孙春,林志刚,陈浩.京杭运河生态体育文化旅游资源开发研究[J].
山东体育学院学报,2019,35(4):66-70.

[98] 孙剑锋,李世泰,纪晓萌,秦伟山,王富喜.山东省文化资源与旅游产
业协调发展评价与优化[J].经济地理,2019,39(8):207-215.

[99] 孙培贤,卜俊,周涛.基于旅游文化资源分析的厦门旅游纪念品设计
研究[J].包装工程,2023,44(4):343-350.

[100] 孙智君,李响.文化产业集聚的空间溢出效应与收敛形态实证研究
[J].中国软科学,2015(8):173-183.

[101] 唐兵,惠红.民族地区原住民参与旅游开发的法律赋权研究——兼
与左冰、保继刚商榷[J].旅游学刊,2014,29(7):39-46.

[102] 唐承财,秦珊,戴湘毅,等.文化和旅游视域下中国乡村振兴研究评
述与展望[J].地理科学进展,2023,42(8):1437-1452.

[103] 唐建军,姚丝雨.区域文化旅游资源价值评价研究[J].济南大学学
报(社会科学版),2022,32(6):35-43.

[104] 陶健.上海瞄准"亚太会议之都"[N].解放日报,2008-07-06(03)

[105] 汪婧,王吉刚,资源.新冠疫情下我国会展业:冲击与应对[J].商业
经济,2021(10):42-45+126.

[106] 王建军,李朝阳,田明中.生态旅游资源分类与评价体系构建[J].
地理研究,2006(3):507-516.

[107] 王京传,赵修华.我国茶文化旅游的发展[J].中国茶叶,2005(6):
22-23.

[108] 王美云,苏永华.数字与低碳:科技助力会展业变革前瞻[J].中国
会展,2022(3):64-69.

[109] 王明康,刘彦平.旅游产业集聚、城镇化与城乡收入差距——基于
省级面板数据的实证研究[J].华中农业大学学报(社会科学版),
2019(6):78-88+163.

[110] 王琪.国际奥林匹克运动发展新特点及人文追求——基于2011—
2020年中外核心期刊论文的文献计量研究[J].人民论坛,2021
(22):80-83.

[111] 王琪延,罗栋.中国城市旅游竞争力评价体系构建及应用研究——

基于我国 293 个地级以上城市的调查资料[J].统计研究,2009,26(7):49-54.

[112] 王润斌,李慧林.东京 2020 年奥运会赛事延期交付的多维影响与应对之道[J].体育学研究,2020,34(3):7-18.

[113] 王森,李占祥,冯凌乐.城市设计视角下陕北地区文化旅游街区控制性详细规划编制研究——以绥德名州文化旅游街区为例[J].城市发展研究,2019,26(S1):65-73.

[114] 王小鲁.中国经济增长的可持续性与制度变革[J].经济研究,2000(7):3-15+79.

[115] 王晓静.人文城市建设视域下的文化和旅游消费[J].江西社会科学,2021,41(9):246-253.

[116] 王新歌,张希月,陈田.基于游客的乡愁文化元素认知影响因素研究——以徽州地区为例[J].地理研究,2020,39(3):682-695.

[117] 王新文,刘克成,王晓敏.基于保护的考古遗址公园旅游产品设计初探[J].西北大学学报(自然科学版),2012,42(4):658-662.

[118] 王漪,王梅霖.世界旅游城市联合会:为世界旅游业发展注入新活力[J].投资北京,2017(9):38-42.

[119] 王英杰,张苏秋.文化符号对城市经济增长影响的实证研究[J].经济与管理研究,2017,38(5):24-33.

[120] 魏和清,李颖.我国文化产业聚集特征及溢出效应的空间计量分析[J].江西财经大学学报,2016(6):27-36.

[121] 魏峻.中国博物馆的发展新导向[J].东南文化,2019(2):107-112.

[122] 魏妮茜,项国鹏.“双碳”背景下文旅融合高质量发展的生态体系构建——基于绍兴的实践探索[J].社会科学家,2022(5):38-44.

[123] 文晓国,李忠斌,李军.论特色村寨建设中社区居民利益保障机制及实现方式[J].贵州民族研究,2016,37(5):27-32.

[124] 吴冬霞.用新理念推动广西旅游业再上新台阶[J].广西大学学报(哲学社会科学版),2003(4):11-13.

[125] 吴立元,刘研召.结构性冲击对中国经济的影响——兼论新冠肺炎疫情的经济影响[J].当代财经,2021(11):3-15.

[126] 吴香芝,张继民,侯喆,刘兵.我国体育服务产业“新冠”疫情影响和恢复策略研究[J].体育与科学,2020,41(3):17-24.

[127] 夏宇,刘阳,赵德品.陕西体育文化旅游资源评价与开发研究[J].体育文化导刊,2016(4):122-126+142.

[128] 向艺,郑林,王成璋.旅游经济空间特征及其溢出效应研究[J].经济体制改革,2014(5):68-72.

[129] 谢彦君,周广鹏.旅游文化及其相关范畴、命题的理论透视[J].旅游科学,2012,26(1):26-35.

[130] 谢雨婷.可及性:公众感知视角下的博物馆公共文化服务评价体系[J].东南文化,2021(2):165-171.

[131] 徐冬,黄震方,黄睿.基于空间面板计量模型的雾霾对中国城市旅游流影响的空间效应[J].地理学报,2019,74(4):814-830.

[132] 徐永红.博物馆旅游体验研究[D].郑州:河南大学,2006.

[133] 许春晓,胡婷.文化旅游资源分类赋权价值评估模型与实测[J].旅游科学,2017,31(1):44-56+95.

[134] 许继红.后现代语境下山西文化旅游产业发展的困境与反思[J].经济问题,2015(11):115-120.

[135] 许秀文.文化旅游与城市经济协调发展的内在机制研究[J].社会科学家,2018(8):95-101.

[136] 许亚元,姚国荣.基于在线点评的黄山风景区旅游形象感知研究[J].世界地理研究,2016,25(2):158-168.

[137] 杨保福,甘媛恬,王晓燕,陆彦莹.杭州打造新经济国际会议目的地路径研究[R].杭州:杭州市旅游形象推广中心,2019:1-14.

[138] 杨梅.在新时代背景要求下如何更好地推动博物馆的发展[J].甘肃科技,2018,34(22):90-93.

[139] 杨萌萌,龚胜生.中国地理学者"可持续"研究的文献分析(1994—2021)[J].华中师范大学学报(自然科学版):1-17.[2023-10-13].htpp://kns.cnki.net/kcms/detail/42.1178.N.20230913.2335.002.html.

[140] 余召臣.新时代文化创意旅游发展的内在逻辑与实践探索[J].四川师范大学学报(社会科学版),2022,49(2):80-87.

[141] 袁怀宇,李凤琦."双碳"目标影响供给侧结构性改革的机制与应对策略[J].理论探讨,2022(1):140-145.

[142] 袁晋锋,赵辉.基于百度指数的西咸地区国家级博物馆旅游关注度

对比研究[J].价值工程,2018,37(29):265-268.

[143] 曾博伟,安爽."十四五"时期文化和旅游融合体制机制改革的思考[J].旅游学刊,2020,35(6):3-6.

[144] 曾瑜.铜仁市民族特色村寨旅游业发展态势分析[J].贵州民族研究,2021,42(4):166-172.

[145] 张朝枝,朱敏敏.文化和旅游融合:多层次关系内涵、挑战与践行路径[J].旅游学刊,2020,35(3):62-71.

[146] 张飞.文旅融合:历程、趋势及河南路径[N].中国旅游报,2020-06-05(003).

[147] 张海燕,王忠云.旅游产业与文化产业融合发展研究[J].资源开发与市场,2010,26(4):322-326.

[148] 张佳怡,顾怡雯,鲍贤清.英美科技类博物馆面向特殊儿童及其家庭的教育现状研究[J].自然科学博物馆研究,2020,5(6):32-39＋92-93.

[149] 张捷.区域民俗文化旅游资源的定量评价研究——九寨沟藏族民俗文化与江苏吴文化民俗旅游资源比较研究之二[J].人文地理,1998(1):63-66＋62.

[150] 张鹏,王立明,张红雷.文旅融合背景下济南打造博物馆文化新地标的策略[J].人文天下,2022(3):48-52.

[151] 张新友.新疆多民族地区非物质文化遗产旅游资源评价[J].贵州民族研究,2018,39(10):152-157.

[152] 张仲炎,唐林,杨红梅,等.四川文化旅游发展现状与对策研究[J].四川戏剧,2005(1):39-43.

[153] 张祝平.文旅融合赋能乡村文化振兴:目标定位、逻辑理路与路径选择[J].艺术百家,2023,39(2):58-65.

[154] 章怡芳.文化旅游开发中的资源整合策略[J].思想战线,2003(6):58-61.

[155] 赵伯艳.大型活动策划与管理[M].重庆:重庆大学出版社,2016:8.

[156] 赵光辉.农业"地域营销"为什么吃不开?[J].中国农资,2021(10):13.

[157] 赵华.文旅融合下乡村公共文化服务创新体系研究[J].经济问题,

211

2021(5):111-116.

[158] 赵垒.中国会奖旅游这十年[N].中国旅游报,2013-01-07(009).

[159] 赵磊."一带一路"建设与边疆民族地区的发展——兼论新疆的发展机遇与实践[J].学习与探索,2019(5):46-54.

[160] 赵灵芝.宜兴市发展会奖旅游的可行性研究[J].旅游纵览,2020(18):111-113.

[161] 赵迎芳.论文旅融合背景下的博物馆旅游创新发展[J].东岳论丛,2021,42(5):14-22.

[162] 赵园.会奖旅游释义[J].中国会展,2008(3):65.

[163] 郑哲.文化旅游的符号建构[J].四川大学学报(哲学社会科学版),2013(5):90-95.

[164] 中国旅游研究院课题组.大众旅游点亮假日经济[N].经济日报,2022-02-21(11).

[165] 钟桂花.博物馆观众"回头率"问题刍议[J].中国博物馆,2019(1):101-106.

[166] 周彬,赵旭东,王宾梅,刘易文.渔文化旅游资源开发潜力评价研究——以浙江省象山县为例[J].长江流域资源与环境,2011,20(12):1440-1445.

[167] 周春波.文化旅游产业融合与产业升级:机理与路径[J].旅游论坛,2018,11(6):12-21.

[168] 朱琳.基于网络文本分析的博物馆观众体验探究——以安徽博物院新馆为例[J].科学教育与博物馆,2023,9(4):10-17.